Marco Nigsch

Das Wealth-Management-Team in der Kundenbetreuung

GABLER RESEARCH

Marco Nigsch

Das Wealth-Management-Team in der Kundenbetreuung

Eine Analyse am Beispiel
einer Schweizer Großbank

Mit einem Geleitwort von Prof. Dr. Teodoro D. Cocca

RESEARCH

Bibliografische Information der Deutschen Nationalbibliothek
Die Deutsche Nationalbibliothek verzeichnet diese Publikation in der
Deutschen Nationalbibliografie; detaillierte bibliografische Daten sind im Internet über
<http://dnb.d-nb.de> abrufbar.

Dissertation der Johannes-Kepler-Universität Linz, 2009

1. Auflage 2010

Alle Rechte vorbehalten
© Gabler Verlag | Springer Fachmedien Wiesbaden GmbH 2010

Lektorat: Ute Wrasmann | Hildegard Tischer

Gabler Verlag ist eine Marke von Springer Fachmedien.
Springer Fachmedien ist Teil der Fachverlagsgruppe Springer Science+Business Media.
www.gabler.de

Das Werk einschließlich aller seiner Teile ist urheberrechtlich geschützt. Jede Verwertung außerhalb der engen Grenzen des Urheberrechtsgesetzes ist ohne Zustimmung des Verlags unzulässig und strafbar. Das gilt insbesondere für Vervielfältigungen, Übersetzungen, Mikroverfilmungen und die Einspeicherung und Verarbeitung in elektronischen Systemen.

Die Wiedergabe von Gebrauchsnamen, Handelsnamen, Warenbezeichnungen usw. in diesem Werk berechtigt auch ohne besondere Kennzeichnung nicht zu der Annahme, dass solche Namen im Sinne der Warenzeichen- und Markenschutz-Gesetzgebung als frei zu betrachten wären und daher von jedermann benutzt werden dürften.

Umschlaggestaltung: KünkelLopka Medienentwicklung, Heidelberg
Gedruckt auf säurefreiem und chlorfrei gebleichtem Papier
Printed in Germany

ISBN 978-3-8349-2301-1

Geleitwort

Ändern sich die Marktbedingungen, so muss das Geschäftsmodell einer Bank unweigerlich adaptiert werden. Die Finanzkrise und – vielleicht wichtiger – die Angriffe auf das Bankgeheimnis stellen ohne Zweifel eine epochale Wende im Private Banking dar. Unklar bleibt lediglich, in welche Richtung sich die Branche verändern wird. Das Private Banking ist ein besonderes Geschäftsfeld, wenn man es unter dem Aspekt der Veränderungsbereitschaft in der Vergangenheit betrachtet. Vor großer Innovationskraft und Veränderungswillen strotzte die Branche nicht. Warum sollte man auch das Risiko einer Änderung oder echten Innovation auf sich nehmen – die Private-Banking-Branche blickt auf Jahrzehnte erfolgreicher Geschäftsabschlüsse zurück. Die Geschäftsmodelle der Anbieter im Private Banking sind folgerichtig alle sehr ähnlich aufgebaut und unterscheiden sich in den zentralen Punkten kaum. Ein Trugschluss wäre es allerdings zu glauben, dass die großen aktuellen Veränderungen keine weit reichenden Anpassungen bei den Anbietern von Private Banking auslösen werden.

Als Private-Banking-Kunde steht man vor der Wahl, für die zuverlässige Verwaltung und Vermehrung seines Vermögens das bestgeeignete Finanzinstitut auszuwählen. Keine einfache Aufgabe in der komplexen Welt der Finanzen. Der Kunde sollte sich dabei nicht von Äußerlichkeiten blenden lassen, sondern sich auf die Kerninhalte guter Vermögensverwaltung konzentrieren. Dabei wird gerne und etwas plakativ das Stichwort „Qualität" bemüht. Dies führt zur ersten wichtigen Frage: Was bedeutet Qualität im Private Banking bzw. was ist gutes Private Banking? Ein intensives Nachdenken über diese Frage ist aufgrund der Systemmängel der Branche, welche durch die Finanzkrise aufgedeckt wurden, höchst dringlich. Gutes Private Banking definiert sich nicht über den Verweis auf eine jahrhundertelange Existenz des Instituts, edel ausgestattete Beratungsräume, ein diskret gepflegtes Auftreten der Berater und eine breite, mit einigen exotischen Spezialitäten angereicherte Produktpalette. Das darf und wird heute – zumindest aus Sicht eines kritischen Kunden – nicht genügen. Es gilt eine Ebene tiefer in das Geschäftsmodell einer Bank zu gehen, um die echten Wertetreiber bzw. Wertezerstörer zu erkennen.

Qualität im Private Banking muss sich über den Anspruch definieren, Beratung auf höchstem Niveau anbieten zu können. Ein Anspruch, dem die wenigsten Anbieter in Wahrheit gerecht werden können, da sie kein entsprechendes Geschäftsmodell besitzen. Qualität ist folglich eine Frage des Geschäftsmodells, der Geschäftsprozesse und der Organisationsstrukturen. Ein Überdenken der Geschäftsmodelle muss allerdings auch andere Fragen ansprechen, welche die Qualität im neuen Zeitalter ausmachen werden. Die Beherrschung der zunehmenden Komplexität der Finanzwelt (Produkte und Dienstleistungen) wird zu einer immer größeren Herausforderung. Dieser Trend wird zu einer Anpassung des Berufsbildes eines Anlageberaters führen und stellt hohe Anforderungen an die „lernende Organisation". Wie kann die Bank sicherstellen, dass ihre Berater stets auf dem neusten Wissensstand sind? Wie kann überhaupt in einer Welt des Informationsüberflusses der Berater dem Kunden einen Mehrwert liefern? Wie stellt die Bank sicher, dass sie die Fähigkeit besitzt, aus dem „Information Overload" die relevanten Informationen zu filtern? Zudem gilt es, das Kundenbetreuungsmodell vor diesem Hintergrund weiter zu entwickeln. Ein einziger Kundenberater wird es immer schwerer haben, alle Produktbereich kompetent abdecken zu können. Qualität im Private Banking wird sich in Zukunft vermehrt an solchen Fragen messen lassen. Eigentlich eine erfreuliche Tatsache. Das Ziel besteht also darin, eine Institutionalisierung der Qualität innerhalb einer Bankorganisation zu erreichen.

Der Fokus der Kunden wird in Zukunft auf diesen wahren Qualitätsmerkmalen der Private-Banking-Dienstleistung liegen. Der Entwicklungsprozess hin zu einem neuen Private Banking führt einerseits über eine Anpassung der Geschäftsmodelle (hard factors) wie auch andererseits über einen kulturellen Verhaltenswandel (soft factors). Die hard factors sind der einfachere Teil des Wandlungsprozesses, wobei offenkundig ist, dass bereits hier viele scheitern werden. Der kulturelle Wandel hin zu einer neuen Berufsethik ist der wirklich herausfordernde Teil. Nicht zu vernachlässigen ist zudem die gegenseitige Beeinflussung der beiden Ebenen: Nur wer einen echten Veränderungswillen hat, wird in der Lage sein, sein Geschäftsmodell zu ändern. Und nur ein passendes Geschäftsmodell wird die Kräfte einer neuen Unternehmenskultur freisetzen können.

Vor diesem Hintergrund setzt sich Dr. Marco Nigsch in seiner Arbeit mit der Frage auseinander, wie sich das Wealth-Management-Team in der Kundenbetreuung wandeln muss, um den veränderten Ansprüchen gerecht zu werden. Dies stellt im Sinne der obigen Ausführungen ein sehr wichtiges Element zur Verbesserung der Qualität im Private Banking dar. Dabei geht er neben der Kundenberatung auch ganz gezielt auf die Kundenakquisition, Kundenentwicklung, Kundenbindung und Kundenrückgewinnung ein. Diese strategisch wichtigen Themen werden aus Sicht der größten im Wealth Management tätigen Bank der Welt dargestellt. Für das sehr diskrete Geschäftsfeld des Private Bankings stellt diese Arbeit mit ihrem starken Praxisbezug sowohl aus strategischer als auch aus organisatorischer Sicht einen besonders wertvollen Beitrag für die Forschung im Bereich des Wealth Managements dar. Die Arbeit liefert neben neuen Erkenntnissen für Wissenschaft und Praxis aber auch wertvolle Impulse für weitere Forschungsarbeiten.

Linz, im März 2010   Univ.-Prof. Dr. Teodoro D. Cocca

Vorwort

Die vorliegende Arbeit wurde im Dezember 2009 vom Institut für betriebliche Finanzwirtschaft der Johannes Kepler Universität Linz als Dissertationsschrift angenommen. Im Rahmen der Erstellung dieser Arbeit wurde mir vielfältige Hilfe zuteil, für die ich mich an dieser Stelle bedanken möchte.

Meinem akademischen Lehrer, Herrn Professor Dr. Teodoro D. Cocca, bin ich zu großem Dank verpflichtet. Als Doktorvater hat er mit seiner reichen Erfahrung, seinen fordernden fachlichen Anregungen, seiner Geduld und seiner konstruktiven Kritik wesentlich zum Gelingen dieser Arbeit beigetragen. Herrn Professor Dr. Helmut Pernsteiner danke ich für die kompetente Zweitbetreuung. Ein großes Dankeschön möchte ich auch Herrn Dr. Bernhard Koye aussprechen, der als externer Dissertationsbetreuer diese Arbeit wesentlich mit geprägt hat.

Herrn Arthur Decurtins und Herrn Dr. Winfried Gutmannsbauer gebührt der Dank für die Möglichkeit, diese Arbeit im Rahmen meiner Tätigkeit bei der UBS AG berufsbegleitend zu verfassen. Auch für die Unterstützung und das Vertrauen von Jürg Zeltner, Dr. Bruno Schläpfer und Uwe Fassl möchte ich mich recht herzlich bedanken. Mein Engagement bei der UBS AG hat mir den Kontakt zu zahlreichen Praktikern, aber auch Akademikern des Finanzplatzes Schweiz ermöglicht. An dieser Stelle auch vielen herzlichen Dank an alle Interview- und Gesprächspartner für die interessanten, konstruktiven, aber auch kritischen Diskussionen.

Meiner Lebensgefährtin, Caroline Drobez, danke ich für ihre Geduld, ihre Kraft und ihre ausgleichenden Impulse. Schließlich möchte ich meinen lieben Eltern, Cornelia und Herbert Nigsch, ein ganz großes Dankeschön aussprechen. Ohne ihre Unterstützung, ihr Vertrauen und ihre Liebe während meiner gesamten Ausbildung wäre diese Arbeit nie zustande gekommen. Ihnen widme ich deshalb diese Arbeit.

Zürich, im März 2010   Marco Nigsch

Inhaltsverzeichnis

Abbildungsverzeichnis XV
Tabellenverzeichnis XVII
Abkürzungsverzeichnis XIX
1. Einführung 1
   1.1. Ausgangslage und Problemstellung 1
   1.2. Zielsetzung 3
   1.3. Aufbau 4
   1.4. Forschungsgrundlagen und Methodik 6
   1.5. Abgrenzung 11
2. Trends und Herausforderungen im Wealth Management 12
   2.1. Definition „Wealth Management" 12
   2.2. Grundlagen des Wealth-Management-Geschäfts 15
      2.2.1. Wealth-Management-Markt 15
      2.2.2. Wealth-Management-Anbieter 18
      2.2.3. Wealth-Management-Nachfrager 23
   2.3. Trends und Herausforderungen 28
      2.3.1. Forschungsgrundlagen und Methodik 28
      2.3.2. Regulatorischer Wandel 31
      2.3.3. Qualifizierte Mitarbeiter 33
      2.3.4. Produkt- und Dienstleistungsangebot 36
      2.3.5. Verstärkter Wettbewerb 39
      2.3.6. Kundenbedürfnisse 43
      2.3.7. Kundenloyalität 47
   2.4. Zusammenfassender Überblick 49
      2.4.1. Trends und Herausforderungen im Überblick 49
      2.4.2. Herausforderungen in konsolidierter Darstellung 50
3. Das Wealth-Management-Team im Wandel 51
   3.1. Einordnung und allgemeine Rollenbeschreibung 51
   3.2. Rollen- und Teamwandel als Konsequenz bedeutsamer Herausforderungen 55
      3.2.1. Forschungsgrundlagen und Methodik 55
      3.2.2. Support-Mitarbeiter 57
         3.2.2.1. Traditionelles Rollenverständnis 57
         3.2.2.2. Rollenwandel im Kontext bedeutsamer Herausforderungen 59

3.2.2.3. Modernes Rollenverständnis ... 62
3.2.2.4. Zusammenfassende Darstellung ... 64
3.2.3. Kundenberater ... 65
3.2.3.1. Traditionelles Rollenverständnis ... 65
3.2.3.2. Rollenwandel im Kontext bedeutsamer Herausforderungen ... 67
3.2.3.3. Modernes Rollenverständnis ... 70
3.2.3.4. Zusammenfassende Darstellung ... 72
3.2.4. Teamleiter ... 73
3.2.4.1. Traditionelles Rollenverständnis ... 73
3.2.4.2. Rollenwandel im Kontext bedeutsamer Herausforderungen ... 75
3.2.4.3. Modernes Rollenverständnis ... 78
3.2.4.4. Zusammenfassende Darstellung ... 81
3.2.5. Team ... 82
3.2.5.1. Traditionelles Teamverständnis ... 84
3.2.5.2. Teamwandel im Kontext bedeutsamer Herausforderungen ... 87
3.2.5.3. Modernes Teamverständnis ... 91
3.2.5.4. Zusammenfassende Darstellung ... 97
3.3. Zusammenfassender Überblick zum Rollen- und Teamwandel ... 98

4. Die Rolle des Teams in der Kundenbetreuung ... 101
4.1. Definition „Kundenbetreuung" ... 102
4.2. Kernaufgaben der Kundenbetreuung ... 104
4.3. Kundenberatung ... 108
4.3.1. Theoretische Grundlagen ... 108
4.3.2. Kundenberatung im Wealth Management ... 113
4.3.2.1. Ausgewählte Beratungsansätze aus der Bankenpraxis im Überblick ... 113
4.3.2.2. Beratungsansatz der UBS AG ... 115
4.3.3. Das Team in der Kundenberatung ... 126
4.3.3.1. Das Team im Überblick ... 126
4.3.3.2. Die Rolle des Kundenberaters ... 127
4.3.3.3. Die Rolle des Support-Mitarbeiters ... 130
4.3.3.4. Die Rolle der Spezialisten ... 131
4.3.3.5. Die Rolle des Teamleiters ... 133
4.3.3.6. Die Rolle des stellvertretenden Kundenberaters ... 135
4.4. Kundenakquisition ... 136
4.4.1. Theoretische Grundlagen ... 136

- 4.4.2. Kundenakquisition im Wealth Management ... 140
  - 4.4.2.1. Identifikation und Erstkontakt ... 141
  - 4.4.2.2. Bedarfserhebung und Akquisitionsmaßnahmen ... 142
  - 4.4.2.3. Angebot, Verhandlung und Abschluss ... 145
- 4.4.3. Das Team in der Kundenakquisition ... 146
  - 4.4.3.1. Das Team im Überblick ... 146
  - 4.4.3.2. Die Rolle des Kundenberaters ... 148
  - 4.4.3.3. Die Rolle des Teamleiters ... 151
  - 4.4.3.4. Die Rolle des Support-Mitarbeiters ... 156
  - 4.4.3.5. Die Rolle des stellvertretenden Kundenberaters ... 158
  - 4.4.3.6. Die Rolle der Spezialisten ... 158

4.5. Kundenbindung und -entwicklung ... 160
- 4.5.1. Theoretische Grundlagen ... 160
- 4.5.2. Kundenbindung und -entwicklung im Wealth Management ... 164
  - 4.5.2.1. Kundenbindung durch exzellente Kundenberatung ... 166
  - 4.5.2.2. Kundenbuchentwicklung ... 166
  - 4.5.2.3. Generationsübergreifende Kundenbindung ... 171
  - 4.5.2.4. Bindung von Kunden@risk ... 174
- 4.5.3. Das Team in der Kundenbindung / -entwicklung ... 178
  - 4.5.3.1. Das Team im Überblick ... 178
  - 4.5.3.2. Die Rolle des Kundenberaters ... 182
  - 4.5.3.3. Die Rolle des Teamleiters ... 184
  - 4.5.3.4. Die Rolle des Support-Mitarbeiters ... 187
  - 4.5.3.5. Die Rolle des stellvertretenden Kundenberaters ... 187
  - 4.5.3.6. Die Rolle der Spezialisten ... 188

4.6. Kundenrückgewinnung ... 191
- 4.6.1. Theoretische Grundlagen ... 191
- 4.6.2. Kundenrückgewinnung im Wealth Management ... 195
  - 4.6.2.1. Identifikation und Kündigungsgrundanalyse ... 196
  - 4.6.2.2. Maßnahmenerarbeitung und Umsetzung ... 199
  - 4.6.2.3. Erfolgskontrolle und Prävention ... 201
- 4.6.3. Das Team in der Kundenrückgewinnung ... 202
  - 4.6.3.1. Das Team im Überblick ... 202
  - 4.6.3.2. Die Rolle des Kundenberaters ... 204
  - 4.6.3.3. Die Rolle des Teamleiters ... 206

    4.6.3.4. Die Rolle des Support-Mitarbeiters 208
    4.6.3.5. Die Rolle des stellvertretenden Kundenberaters 208
    4.6.3.6. Die Rolle der Spezialisten 209
  4.7. Zusammenfassender Überblick 211

5. Zusammenfassung, Schlussbetrachtung und Ausblick 215
  5.1. Zusammenfassung der zentralen Erkenntnisse 215
    5.1.1. Zielsetzung der Arbeit 215
    5.1.2. Trends und Herausforderungen im Wealth Management 215
    5.1.3. Das Wealth-Management-Team im Wandel 217
    5.1.4. Die Rolle des Wealth-Management-Teams in der Kundenbetreuung 218
  5.2. Kritische Schlussbetrachtung 220
  5.3. Ausblick auf weitere Forschungsmöglichkeiten 222

Anhang 225
Literaturverzeichnis 254

Abbildungsverzeichnis

Abbildung 1: Aufbau und Gliederung der Arbeit 4
Abbildung 2: Offshore-Vermögen nach Finanzzentren (2005) 16
Abbildung 3: Typische Kundensegmentierung nach Vermögensgröße im schweizerischen Wealth Management 24
Abbildung 4: Wealth Management Kundenstruktur nach Vertragstyp, Alter und Vermögensgröße (2005) 26
Abbildung 5: Bedürfnisse und Charakteristiken nach Kundentyp 27
Abbildung 6: Europa-Onshore-Strategie (dargestellt anhand der UBS AG) 40
Abbildung 7: Entscheidungskriterien für die Wealth-Manager-Selektion 44
Abbildung 8: Sub-Segmentierung der UBS AG nach Vermögensentstehung (skizzenhafte Darstellung) 46
Abbildung 9: Bereitschaft der Wealth-Management-Kunden, die Bank zu wechseln. 47
Abbildung 10: Anzahl der Bankbeziehungen eines durchschnittlichen Kunden in naher Zukunft (2010) 48
Abbildung 11: Rollen- und Teamwandel als Konsequenz bedeutsamer Herausforderungen (schematische Darstellung) 56
Abbildung 12: Organisatorisches Team 82
Abbildung 13: Beratungsteams innerhalb des organisatorischen Teams (skizzenhafte Darstellung) 83
Abbildung 14: Traditionelles organisatorisches Team 84
Abbildung 15: Traditionelles Beratungsteam 86
Abbildung 16: Modernes organisatorisches Team 92
Abbildung 17: Modernes Beratungsteam 94
Abbildung 18: Zusammenfassender Überblick zum Rollen- und Teamwandel 99
Abbildung 19: Struktur des vierten Kapitels 101
Abbildung 20: Werttreiberbaum im Wealth Management 104
Abbildung 21: Kernaufgaben der Kundenbetreuung (Kundenlebenszyklus aus Anbieterperspektive) 106
Abbildung 22: Kundenberatungsprozess im Kontext 110
Abbildung 23: Beratungsansatz der UBS AG 116
Abbildung 24: Beratungs- / Dienstleistungsangebot von WM & SB der UBS AG (Makro-Perspektive) 120
Abbildung 25: Verwaltungs- / Mandatslösungen der UBS AG 122

Abbildung 26: Kundenberatung im Kontext der Kernaufgaben (schematische Darstellung) 125
Abbildung 27: Modernes Beratungsteam (Beratungsfokus) 126
Abbildung 28: Grundstrategien der Kundenakquisition 137
Abbildung 29: Bestimmungsfaktoren der Kundenbindung und mögliche Akquisitionsmaßnahmen 138
Abbildung 30: Prozess der Kundenakquisition im Wealth Management.................... 140
Abbildung 31: Modernes Beratungsteam (Akquisitionsfokus) 147
Abbildung 32: Netto-Neugeld-Werttreiberbaum (aus Akquisitionsperspektive).......... 151
Abbildung 33: Coaching-Häufigkeit im Wealth-Management-Team (UBS AG) 152
Abbildung 34: Coaching-Gesprächsdauer im Wealth-Management-Team (UBS AG) . 153
Abbildung 35: Begriffsabgrenzung Kundenbindung / Kundenentwicklung 161
Abbildung 36: Konfirmations / Diskonfirmations-Paradigma 162
Abbildung 37: Wirkungskette der Kundenbindung aus psychologischer Bindungsperspektive 163
Abbildung 38: Fokusthemen der Kundenbindung und -entwicklung im Wealth Management 165
Abbildung 39: Prozess der Kundenbuchentwicklung im Wealth Management 167
Abbildung 40: Potentialausschöpfung im Wealth Management (beispielhafte Darstellung) 168
Abbildung 41: Segmentierung zur Kundenentwicklung... 170
Abbildung 42: Überlebenswahrscheinlichkeit nach Alter (Männer, Deutschland)....... 171
Abbildung 43: Prozess der generationsübergreifenden Kundenbindung im Wealth Management 172
Abbildung 44: Prozess der Bindung von Kunden@risk im Wealth Management........ 174
Abbildung 45: Modernes Beratungsteam (Bindungsfokus) 179
Abbildung 46: Modernes Beratungsteam (Entwicklungsfokus) 180
Abbildung 47: Kundenrückgewinnungsprozess... 192
Abbildung 48: Prozess der Kundenrückgewinnung im Wealth Management 195
Abbildung 49: Hauptgründe für Kundenabgänge bei der UBS AG (Wealth Management, Q4 2007) 198
Abbildung 50: Modernes Beratungsteam (Rückgewinnungsfokus) 203
Abbildung 51: Zusammenfassender Überblick – Das Wealth-Management-Team in der Kundenbetreuung... 214

Tabellenverzeichnis

Tabelle 1: Forschungsgrundlagen im Überblick 8
Tabelle 2: Definitionen Wealth Management / Private Banking 14
Tabelle 3: Arbeitsdefinition „Wealth Management" 14
Tabelle 4: HNWI Populations- und Vermögensverteilung nach Regionen 15
Tabelle 5: Die weltweit größten Wealth-Management-Anbieter nach AUM (2006) ... 17
Tabelle 6: Klassifizierung der Anbieter im globalen Wealth Management Markt 18
Tabelle 7: Schweizer Bankenstruktur und Klassifizierung 19
Tabelle 8: Makro-Organisationsstruktur der UBS AG und Credit Suisse Group 21
Tabelle 9: Untersuchte Wealth-Management-Studien 29
Tabelle 10: Beobachtete Veränderungstrends im Wealth Management der letzten 5 bis 10 Jahre 30
Tabelle 11: Erwartete zukünftige Veränderungstrends im Wealth Management 30
Tabelle 12: Produkte- und Dienstleistungsangebot im Wealth Management 36
Tabelle 13: Typisches Business-Modell im Wealth Management nach Anbietergröße .. 41
Tabelle 14: Dimensionen einer bedürfnisorientierten Segmentsgestaltung 45
Tabelle 15: Segmentierung nach Vermögensentstehung 45
Tabelle 16: Trends und Herausforderungen im Überblick 50
Tabelle 17: Herausforderungen in konsolidierter Darstellung 50
Tabelle 18: Front-Organisationsstruktur am Beispiel der UBS AG 52
Tabelle 19: Kurzbeschreibung der einzelnen Teamrollen 54
Tabelle 20: Beeinflussbare Herausforderungen durch Teamrollen 56
Tabelle 21: Bedeutung von WM-Herausforderungen und traditionellen Aufgaben im modernen Rollenverständnis eines Support-Mitarbeiters 59
Tabelle 22: Zusammenfassender Überblick zum Rollenwandel eines Support-Mitarbeiters 64
Tabelle 23: Bedeutung von WM-Herausforderungen und traditionellen Aufgaben im modernen Rollenverständnis eines Kundenberaters 67
Tabelle 24: Zusammenfassender Überblick zum Rollenwandel eines Kundenberaters .. 72
Tabelle 25: Bedeutung von WM-Herausforderungen und traditionellen Aufgaben im modernen Rollenverständnis eines Teamleiters 75
Tabelle 26: Zusammenfassender Überblick zum Rollenwandel eines Teamleiters 81
Tabelle 27: Wandel des Teamverständnisses durch Herausforderungen im Wealth Management 90

Tabelle 28: Zusammenfassender Überblick zum Teamwandel ... 97
Tabelle 29: Arbeitsdefinition „Kundenbetreuung" ... 103
Tabelle 30: Beratungsansätze ausgewählter Wealth-Management-Anbieter ... 113
Tabelle 31: Nützliche Informationen zur Kundenprofilerstellung (beispielhaft; keine abschließende Liste) ... 118
Tabelle 32: Portfolio-Risikoprofil (Fragebogen) ... 119
Tabelle 33: Vermögensallokation der Relativ-Return-Strategien ... 123
Tabelle 34: Rolle des Kundenberaters im Beratungsprozess ... 128
Tabelle 35: Rolle des Support-Mitarbeiters im Beratungsprozess ... 130
Tabelle 36: Rolle der Spezialisten im Beratungsprozess ... 132
Tabelle 37: Leitfaden eines Kundenfeedbackgesprächs durch den Teamleiter ... 134
Tabelle 38: Akquisitionsmaßnahmen zur Auflösung der Kundenbindung im Wealth Management ... 145
Tabelle 39: Rolle des Kundenberaters im Akquisitionsprozess ... 149
Tabelle 40: Netto-Neugeld-Zielgrößen ... 152
Tabelle 41: Coaching-Fragen zur Kundenakquisition (Beispiele) ... 154
Tabelle 42: Rolle des Teamleiters im Akquisitionsprozess ... 155
Tabelle 43: Rolle des Support-Mitarbeiters im Akquisitionsprozess ... 157
Tabelle 44: Rolle der Spezialisten im Akquisitionsprozess ... 158
Tabelle 45: Struktur eines Kundenbuchs (verwaltete Vermögen/Anzahl Kunden/RoA)166
Tabelle 46: Primäres Ziel von Up-Selling, Cross-Selling und Empfehlungen im Wealth Management ... 167
Tabelle 47: Mögliche Vorgehensweisen zur Verhinderung von Kundenabgängen im Wealth Management ... 177
Tabelle 48: Rolle des Kundenberaters im Kundenentwicklungsprozess ... 183
Tabelle 49: Coaching-Fragen zur Kundenentwicklung (Beispiele) ... 185
Tabelle 50: Rolle des Teamleiters im Kundenentwicklungsprozess ... 186
Tabelle 51: Rolle der Spezialisten im Kundenentwicklungsprozess ... 189
Tabelle 52: Kundenabwanderungsgründe im Wealth Management ... 197
Tabelle 53: Maßnahmen zur Kundenrückgewinnung im Wealth Management (Beispiele) ... 200
Tabelle 54: Rolle des Kundenberaters im Rückgewinnungsprozess ... 205
Tabelle 55: Rolle des Teamleiters im Rückgewinnungsprozess ... 207

Abkürzungsverzeichnis

Abs.	Absatz
APAC	Asia Pacific
Art.	Artikel
AuM	Assets under Management
BankG	Bankengesetz
Bill.	Billionen
BRG	Business Review Group
bsp	Basispunkte
bspw.	beispielsweise
CAGR	Compound Annual Growth Rate
CEO	Chief Executive Officer
CorA	Core Affluent
CRP	Client-Risk-Profil
DC	Direct Costs
E1	Ergänzende Untersuchung 1
E2	Ergänzende Untersuchung 2
E3	Ergänzende Untersuchung 3
ehem.	ehemalig(er)
et al.	et alii
etc.	et cetera
EU	Europäische Union
evt.	eventuell
FAME	International Center for Financial Asset Management and Engineering
GROW	Goal, Reality, Options, Way Forward [Coaching Modell]
H.	Heft
HNWI	High Net Worth Individuals
Hrsg.	Herausgeber
IB	Investment Bank
i. d. R.	in der Regel
insb.	insbesondere
Jg.	Jahrgang
K	Kunde
K1	Kernuntersuchung 1

K2	Kernuntersuchung 2
K3	Kernuntersuchung 3
KB	Kundenberater
KPI	Key Performance Indicator(s) [Schlüsselkennzahl(en) zur Leistungsmessung]
LACC	Latin America, Caribbean & Canada
M & A	Mergers & Acquisitions
MA	Mitarbeiter
MENA	Middle East & North Africa
Mgmt.	Management
MiFID	Markets in Financial Instruments Directive
Mio.	Million
NNM	Net New Money
NR	Net Revenues
NZZ	Neue Zürcher Zeitung
PRP	Portfolio-Risk-Profil
resp.	respektive
RoA	Return on Assets
SBVg	Schweizerische Bankiervereinigung
SNB	Schweizerische Nationalbank
SoW	Share of Wallet [Verwalteter Anteil des Gesamtkundenvermögens]
SP	Spezialist
spez.	spezialisiert(en)
stv.	stellvertretend(er)
Sup	Support-Mitarbeiter
TL	Teamleiter
u. a.	unter anderem
UK	United Kingdom
USA	United States of America
v. a.	vor allem
WM	Wealth Management
WM & SB	Wealth Management & Swiss Bank
z. B.	zum Beispiel

1. Einführung

1.1. Ausgangslage und Problemstellung

> „Wir brauchen Teams, um die komplexen Herausforderungen zu meistern. Es ist schlicht unmöglich, dass der Einzelne für unsere Kunden alle Dienstleistungen der Bank erbringt."
>
> Dr. Marcel Rohner, Interlaken 2006
> ehem. CEO der UBS AG

Nichts ist so beständig wie der Wandel.[1] Lange Zeit waren Werte wie das Bankgeheimnis, die politische Stabilität und die Diskretion wesentliche Erfolgsfaktoren für die Schweizer Wealth-Management-Anbieter. Diese Werte sind zwar nicht obsolet geworden, haben jedoch wesentlich an Bedeutung verloren[2] – und dies nicht zuletzt vor dem Hintergrund der aktuellen Finanzmarktkrise sowie dem damit einhergehenden verstärkten Druck auf den Finanzplatz Schweiz.[3] Die Wettbewerbssituation für Schweizer Wealth-Management-Anbieter verschärft sich zunehmend.[4] Dies verdeutlicht auch die Kurzdarstellung eines erfahrenden Kundenberaters: „Früher sind die Leute Schlange gestanden, um in der Schweiz ein Konto zu eröffnen. Heute muss um jeden einzelnen Kunden hart gekämpft werden"[5]. Kunden[6] werden zunehmend anspruchsvoller, sind besser informiert und weniger loyal.[7] Die Zeiten, in denen es noch genügte, einen Kunden zum Essen einzuladen und über „Gott und die Welt" zu sprechen, sind überwiegend vorbei. Privatkunden sind zunehmend preissensitiv, erwarten eine hohe Service- und Fachkompetenz und wollen umfassend bedürfnisorientiert beraten werden.[8] Dies stellt Wealth-Management-Anbieter vor neue Herausforderungen und geht mit der Entwicklung einher, dass der Kunde wieder verstärkt in den Mittelpunkt des Interesses gestellt werden muss.

---

[1] Dieser populäre Ausspruch geht sinngemäß auf Heraklit (ca. 550 – 480 v. Chr.) zurück. Vgl. hierzu auch Koye, B., Private Banking im Informationszeitalter – Eine Analyse der strategischen Geschäftsmodelle, Zürich 2004, 1.
[2] Vgl. Accenture / Universität St. Gallen, Das schweizerische Bankenwesen im Jahr 2010, Zürich / St. Gallen 2004, 10 f.; Leone, D., Der Wealth-Management-Teamleiter im Spannungsfeld von Leadership und Management. Erfolgsfaktoren und Entwicklungsdimensionen, Zürich 2005, 13.
[3] In diesem Zusammenhang soll speziell auf den verstärkten Druck, den die USA und größere EU-Staaten auf das Schweizer Bankgeheimnis ausüben, hingewiesen werden. Vgl. hierzu z. B. DRS 1 Radiointerview „Schweizer Bankgeheimnis unter starkem Druck", 19.02.2009.
[4] Vgl. Grübel, O. J., Referat zur ordentlichen Generalversammlung vom 15. April, Zürich 2009, 5.
[5] Dies wurde dem Autor im Rahmen eines Interviewgesprächs erzählt. Gespräche mit anderen Kundenberatern und diversen Experten bestätigen diese exemplarisch geschilderte Darstellung.
[6] Die männliche Form beinhaltet in dieser Arbeit auch immer die weibliche Person.
[7] Vgl. Merrill Lynch / Capgemini, World Wealth Report 2006, New York 2006, 3 und 25.
[8] Boston Consulting Group, Taking the Client's Perspective – Global Wealth 2006, Boston 2006, 23 und 27 ff.

Der essentielle Erfolgsfaktor und das bedeutende zukünftige Differenzierungsmerkmal für Wealth-Management-Anbieter gegenüber der Konkurrenz ist also die Gestaltung und die Qualität der Interaktion mit dem Kunden.[9] Produkt- und Prozessoptimierungen innerhalb der Bank sind zwar wichtig, rücken aber im Vergleich zur Kundenbeziehungsgestaltung zunehmend in den Hintergrund.[10] Ähnlich sieht auch Bernet einen Paradigmenwechsel in der Finanzdienstleistungsindustrie von der Produktoptimierung und Produktionsautomatisierung zur Kommunikation und Optimierung der Schnittstelle zum Kunden.[11]

Das Wealth-Management-Team hat diesbezüglich eine ganz zentrale Rolle innerhalb der Bank. Denn im Privatkundengeschäft, welches als *people business* gilt,[12] sind es die Mitarbeiter im direkten Kundengeschäft, die durch die Bereitstellung von höchster Service- und Beratungsqualität den Wealth-Management-Anbieter wesentlich von der Konkurrenz differenzieren können.[13] Dies gilt umso stärker in Zeiten der Finanzkrise, da vermögende Privatkunden einen verstärkten Beratungsbedarf haben.[14] Der Kundenberater trägt hinsichtlich der Bereitstellung einer hohen Service- und Beratungsqualität die größte Verantwortung. Zugleich ist er aber auch zunehmend auf die Unterstützung seiner Teamkollegen und auf spezialisierte Partner angewiesen.[15] Speziell vor dem Hintergrund der stetig steigenden Kundenbedürfnisse[16] und des sich stetig verbreiternden und komplexer werdenden Produkt- und Dienstleistungsangebots[17] ist der Teamansatz bei der Betreuung vermögender Privatkunden zentraler denn je. Aber nicht nur die Bedeutung des Teamansatzes nimmt zu, sondern auch die Rollen und Aufgaben innerhalb des Wealth-Management-Teams wandeln sich zunehmend. Neben der Beratung rücken vor allem die gezielte Akquisition, Entwicklung, Bindung und

---

[9] Vgl. PriceWaterhouseCoopers, Client Relationship Managers – the key to outgrowing the market, Further Analysis – Global Private Banking / Wealth Management Survey, Zürich 2006, 7.
[10] Vgl. Bussey, M., Industry Conference: The Future of Private Banking, London 28.11.2001; Boston Consulting Group, Searching for Profitable Growth – Global Wealth 2005, Boston 2005, 21.
[11] Vgl. Bernet, B., 4. Jahrestagung Bank-IT 2002, 22.-23.01.2002, Seminarunterlagen.
[12] Vgl. Cocca, T. D., Die Reputation ist das höchste Gut, in: Solutions – Management Wissen für die Praxis, Zürich 12 / 2006, 8.
[13] Vgl. IBM Business Consulting Services, European Wealth and Private Banking Industry Survey 2005, London 2005, 31; Cocca, T. D., Modernes Private Banking – Zehn Thesen zur Entwicklung und Perspektiven der Vermögensverwaltung, in: Helmut Pernsteiner (Hrsg.), Finanzmanagement aktuell – Unternehmensfinanzierung, Wertpapiermanagement / Kapitalmarkt, Bank / Versicherung, Wien 2008, 684.
[14] Dies basiert auf Expertengesprächen innerhalb UBS.
[15] Dies basiert auf Expertengesprächen innerhalb UBS. Vgl. auch Cocca, T. D., Kunden wollen vom Berater Navigationshilfe, in: Handelszeitung, Nr. 4, 21.-27.01.2009.
[16] Vgl. Merrill Lynch / Capgemini, World Wealth Report 2008, New York 2008, 24 und 31.
[17] Vgl. Maude, D., Global Private Banking and Wealth Management, New York 2006, 77 ff.

Rückgewinnung von Kunden verstärkt ins Zentrum des Interesses.[18] Insbesondere vor dem Hintergrund der verstärkten Wettbewerbssituation,[19] in der sich Schweizer Wealth-Management-Anbieter befinden, ist die gezielte systematische Herangehensweise an diese strategisch wichtigen Themen durch das Wealth-Management-Team von essentieller Bedeutung.

Umso ernüchternder ist ein vergleichender Blick in die Praxis der Schweizer Bankenlandschaft: Der Teamansatz in der Kundenbetreuung ist meist nur wenig ausgeprägt, und Kundenberater agieren im Beratungsprozess oft als Einzelkämpfer. Auch die Akquisition, Entwicklung, Bindung und Rückgewinnung von Kunden erfolgt durch den Kundenberater meist intuitiv und wenig systematisch.[20] Aber auch innerhalb von fortschrittlichen Bankinstituten, bei denen die Tendenz dahin geht, dass Kundenberater verstärkt im Team agieren, wird die Umsetzung unterschiedlich gelebt und oft suboptimal praktiziert.[21] Zur Lösung der Frage, wie die Teamarbeit in der Wealth-Management-Kundenbetreuung bestmöglich gestaltet werden soll, trägt auch die verfügbare wissenschaftliche Literatur bis zum gegenwärtigen Zeitpunkt nur unzureichend bei.[22]

1.2. Zielsetzung

Diese Arbeit setzt sich mit dem Wealth-Management-Team in der Kundenbetreuung auseinander und untersucht die folgende **Forschungsfrage**:

Wie muss sich das Wealth-Management-Team vor dem Hintergrund bedeutsamer Trends und Herausforderungen wandeln und welche Rolle nimmt das Team bei der Betreuung von vermögenden Privatkunden ein?

Das **Ziel** dieser Arbeit ist die Untersuchung dieser Forschungsfrage anhand der folgenden Schwerpunkte:

- Das Herausarbeiten von Trends und Herausforderungen im Wealth Management stellt die Grundlage für die Untersuchung der Forschungsfrage dar.

---

[18] Dies basiert auf Expertengesprächen innerhalb UBS.
[19] Vgl. Oliver Wyman Financial Services, The Future of Private Banking: A Wealth of Opportunity?, London 2008, 4. Vgl. hierzu ausführlicher Abschnitt 2.3.5.
[20] Dies basiert auf Gesprächen mit Kundenberatern und Experten von Schweizer und Liechtensteiner Bankinstituten (Clariden Leu, Credit Suisse, Julius Bär, LGT, Liechtensteiner Landesbank, Rotschild, UBS, VP Bank, Zürcher Kantonalbank).
[21] Dies basiert auf Gesprächen mit Vertretern der Credit Suisse und UBS.
[22] Vgl. hierzu Abschnitt 1.4.

- Vor dem Hintergrund dieser Erkenntnisse wird das Team im Wealth Management untersucht und der konkrete Wandlungsbedarf aufgezeigt.
- Darauf aufbauend wird die Rolle des modernen Teams bei der Erfüllung der zentralen Kernaufgaben einer zeitgemäßen Kundenbetreuung herausgearbeitet.

1.3. Aufbau

Die vorliegende Arbeit ist in fünf Kapitel gegliedert, die in der nachfolgenden Abbildung 1 im Überblick dargestellt sind:

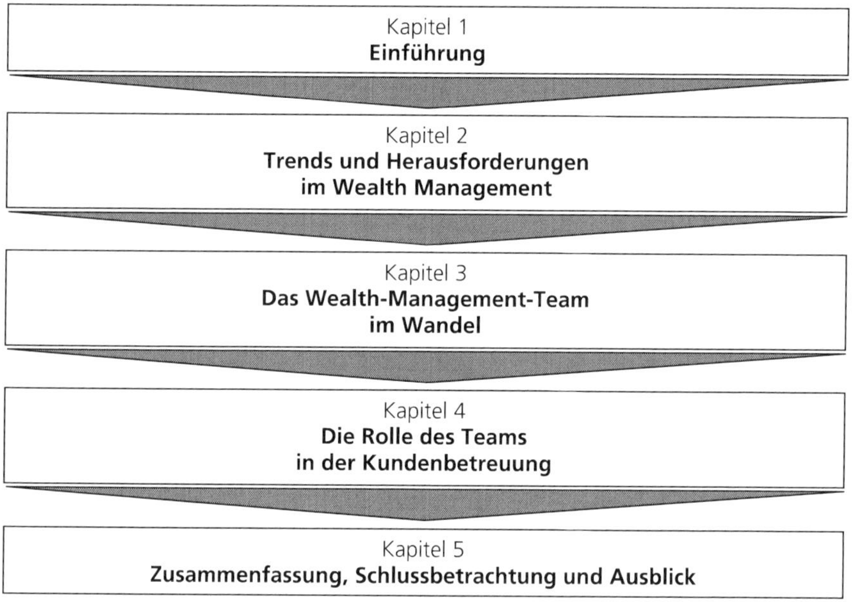

Kapitel 1
Einführung

Kapitel 2
Trends und Herausforderungen im Wealth Management

Kapitel 3
Das Wealth-Management-Team im Wandel

Kapitel 4
Die Rolle des Teams in der Kundenbetreuung

Kapitel 5
Zusammenfassung, Schlussbetrachtung und Ausblick

Abbildung 1: Aufbau und Gliederung der Arbeit

Kapitel 1 der Arbeit leitet in die Thematik ein. Zunächst wird die Ausgangslage und Problemstellung dargelegt. Es folgt die Formulierung der Zielsetzung, die Darstellung des Aufbaus sowie die Erläuterung der Forschungsgrundlagen und der Methodik. Abschließend folgt eine Abgrenzung des untersuchten Themengebiets.

Kapitel 2 untersucht Trends und Herausforderungen im Wealth-Management-Geschäft. Nach einer einführenden Definition des Begriffs „Wealth Management" werden die

Grundlagen dieses Geschäfts erläutert. Aufbauend auf diesen Grundlagen fokussieren sich die weiteren Ausführungen auf die Trends und die damit einhergehenden Herausforderungen für Wealth-Management-Anbieter. Abschließend folgt eine konsolidierte Darstellung der Herausforderungen, welche als Analysegrundlage für das nachfolgende dritte Kapitel dient.

Kapitel 3 zeigt den Wandlungsbedarf im Wealth-Management-Team auf. Einleitend wird dargestellt, wie solch ein Team organisatorisch aufgestellt ist und welche Aufgaben die einzelnen Teammitglieder grundsätzlich haben. Der Fokus liegt dann auf der Untersuchung des Rollen- und Teamwandels. Es wird aufgezeigt, wie das traditionelle Rollenverständnis der einzelnen Teammitglieder aussieht und wie dieses Team im traditionellen Sinne zusammenarbeitet. Anhand der in Kapitel zwei erarbeiteten Herausforderungen wird im Hinblick auf die einzelnen Rollen und das Team als ganze funktionierende Einheit dann ein modernes Rollen- und Teamverständnis abgeleitet. Dieses moderne Rollen- und Teamverständnis bildet eine zentrale Grundlage für das nachfolgende vierte Kapitel.

Kapitel 4 geht auf die Rolle des modernen Teams in der Kundenbetreuung ein. Einleitend werden die Kernaufgaben der Kundenbetreuung aufgezeigt. Im Fokus der weiteren Untersuchung steht dann die strukturierte Beratung sowie die gezielte Akquisition, Bindung, Entwicklung und Rückgewinnung von vermögenden Privatkunden. Für diese Kernaufgaben werden allgemeine theoretische Grundlagen geschaffen und ausgewählte spezifische Aspekte des Wealth Management genauer beleuchtet. Vor diesem Hintergrund und den Erkenntnissen aus dem dritten Kapitel wird schließlich aufgezeigt, welche Rolle das moderne Team bei der Umsetzung dieser zentralen Kernaufgaben der Kundenbetreuung hat.

Kapitel 5 fasst die zentralen Erkenntnisse der Arbeit zusammen, reflektiert diese kritisch und zeigt mögliche Ansatzpunkte für weitere Forschungsaktivitäten auf.

1.4. Forschungsgrundlagen und Methodik

Das Angebot an wissenschaftlicher Literatur und empirischen Arbeiten im Bereich des Wealth Management / Private Banking[23] ist – im Vergleich zu anderen Forschungsfeldern – nicht sehr umfassend. Im Fokus der wissenschaftlichen Untersuchungen stehen meist dem Wealth Management nahe Forschungsthemen rund um den Anlageprozess, also Theorien, die sich mit Portfolio-Optimierung, Risikomanagement und anderen quantitativen Fragestellungen beschäftigen. Vernachlässigt werden jedoch zentrale Fragestellungen rund um den Kunden und die strategischen und taktischen Fragestellungen, mit denen jeder Wealth-Management-Anbieter heute konfrontiert ist.[24] Genau an dieser Stelle setzt die vorliegende Arbeit an. Nach Kenntnisstand des Autors gibt es keine vergleichbare wissenschaftliche Arbeit, die sich mit diesen Themen auf Ebene des Wealth-Management-Teams beschäftigt.

Die Arbeit lässt sich ins Umfeld der anwendungsorientierten Wissenschaften eingliedern und strebt eine hohe Praxisrelevanz an, was mit einer unmittelbaren Nutzbarkeit der Erkenntnisse für die Bankenpraxis einhergehen soll. Die Interdisziplinarität des betrieblichen Alltags findet sich auch in dieser betriebswirtschaftlichen Forschungsarbeit wieder. Im Zentrum stehen die Bankbetriebswirtschaftslehre (mit Fokus auf das Wealth Management) sowie die Marketinglehre (mit Fokus auf das Kundenbeziehungsmanagement).

Bei der Untersuchung der Zielsetzung wird sowohl die Methode der Primär- als auch der Sekundärforschung angewendet. Die Sekundärforschung beinhaltet die Analyse bereits vorhandener Literatur und Studien aus Wissenschaft und Praxis und dient als Grundlage. Die Primärforschung wird in dieser Arbeit hauptsächlich eingesetzt, um bestehende Forschungslücken im Hinblick auf eine umfassende Untersuchung der Zielsetzung dieser Arbeit zu schließen. In diesem Sinne fließen die Forschungsergebnisse der Primärforschung direkt an den entsprechenden Stellen in die Arbeit ein. Die Primärforschungsuntersuchungen folgen dem Situationsansatz, nach dem authentische

---

[23] Die Begriffe „Wealth Management" und „Private Banking" werden in Abschnitt 2.1. näher untersucht.
[24] Vgl. Cocca, T. D., Zürich 12 / 2006, 9. Beispielhaft werden für Fragestellungen rund um den Kunden die Themen Kundenbedürfnisse, Kundenverhalten, Kundenpräferenzen; für strategische Fragestellungen die Themen Differenzierung, Positionierung, Wachstum und für taktische Fragestellungen die Themen Kundenakquisition, Client Retention, Kunden-Profitabilität erwähnt. Auch Rudolf, M., Berufsbild „Private Banker", in: Unternehmermagazin 1 / 2 2007, 48, betont den starken Forschungsbedarf im Private Banking.

Erfahrungen diverser Rolleninhaber und Experten im Untersuchungsumfeld gewonnen werden und die empirische Wirklichkeit verbal interpretiert wird.[25]

Die UBS AG hat sich bereit erklärt, als zentraler Partner in diesem Forschungsvorhaben zu fungieren. Dies ermöglicht eine weitreichende Primärforschung im Bezug auf das Wealth-Management-Team und die Kundenbetreuung. Die Primärforschung innerhalb der UBS AG kann zwar statistisch nicht als repräsentativ für die gesamte Branche angesehen werden, dennoch leistet sie aufgrund der bedeutsamen Stellung der UBS AG, dem weltweit führenden Wealth-Management-Anbieter,[26] einen wesentlichen Forschungsbeitrag im Untersuchungsfeld des Wealth Management.

In der nachfolgenden Tabelle 1 werden die Forschungsgrundlagen dieser Arbeit im Überblick aufgezeigt; anschließend wird das Design der Untersuchungen im Primärforschungsbereich kurz erläutert:

	Titel der Untersuchung	Kurzbeschreibung	Kapitel 2.	Kapitel 3.	Kapitel 4.
Primärforschung	Das Wealth-Management-Team im Wandel **K1**	Interviewgespräche mit 21 erfahrenen Front-Mitarbeitern zum Rollen- und Teamwandel.		●	○
	Das Wealth-Management-Team in der Kundenbetreuung **K2**	Interviewgespräche mit 15 sehr erfolgreichen Kundenberatern und Teamleitern zur Beratung, Akquisition, Bindung, Entwicklung und Rückgewinnung von Kunden.		○	●
	Vertiefende Expertengespräche **K3**	Zur Erarbeitung einzelner Forschungsaspekte und zur vertiefenden Analyse wurden weitere 26 Expertengespräche geführt.	●	●	●
	Desk Head Survey **E1**	Schriftliche Befragung von 98 Teamleitern zu Themen rund um die Rolle des Teamleiters.	○	○	○
	Desk Head Curriculum Needs Analysis **E2**	Mündliche Befragung von 65 Teamleitern und Experten zu den Ausbildungsbedürfnissen von Teamleitern.		○	
	Implementation Drivers **E3**	Schriftliche Befragung von 184 Führungskräften zur Implementierung wesentlicher geschäftstreibender Faktoren im WM.			○

Fortsetzung der Tabelle auf der nächsten Seite

● = Zentrale Forschungsgrundlage; ○ = Ergänzende Forschungsresultate
K = Kernuntersuchung[27]; **E** = Ergänzende Untersuchung[28]

---

[25] Vgl. z. B. Bortz J. / Döring N., Forschungsmethoden und Evaluation für Human- und Sozialwissenschaftler, 3. Auflage, Berlin 2002, 295 ff.
[26] Vgl. Tabelle 5 sowie Euromoney, Private Banking Poll 2008, Vol. 39, Nr. 465, 01 / 2008 und Euromoney, Private Banking Poll 2009, Vol. 40, Nr. 478, 02 / 2009.
[27] Diese *Kernuntersuchungen* wurden vom Autor initiiert und stellen eine zentrale Forschungsgrundlage für diese Arbeit dar. Die Zahl (z. B. K1 oder K2) gilt als Referenzindex, wenn in späteren Ausführungen der Arbeit auf die einzelnen Untersuchungen verwiesen wird.
[28] Diese *ergänzenden Untersuchungen* liefern lediglich ergänzende Forschungsresultate, da das Design dieser Untersuchungen nicht explizit auf die Untersuchung der Forschungszielsetzung ausgerichtet ist. Vgl. hierzu ausführlicher die Beschreibung der einzelnen Untersuchungen auf den nachfolgenden Seiten.

Sekundärforschung	Literaturstudie: Bankbetriebswirtschaftslehre (Fokus: Wealth Management)	- Allgemeine Literaturrecherche - Analyse ausgewählter WM-Marktstudien - Analyse Publikationen / Research von UBS	●	○	●
	Literaturstudie: Marketinglehre (Fokus: Kundenbeziehungsmgmt.)	- Allgemeine Literaturrecherche - Untersuchungsfokus: Akquisition, Bindung, Entwicklung u. Rückgewinnung von Kunden - Analyse Publikationen / Research von UBS			●

● = Zentrale Forschungsgrundlage; ○ = Ergänzende Forschungsresultate

Tabelle 1: Forschungsgrundlagen im Überblick

Die drei *Kernuntersuchungen* im Primärforschungsbereich stellen eine zentrale Grundlage für diese Arbeit dar. Während die Erkenntnisse der Studie „Das Wealth-Management-Team im Wandel" grundlegend für das dritte Kapitel sind, fließen die Erkenntnisse der Studie „Das Wealth-Management-Team in der Kundenbetreuung" vor allem in das vierte Kapitel ein. Die *vertiefenden Experteninterviews* sind sowohl für das zweite, dritte und vierte Kapitel von Relevanz. Die drei *ergänzenden Untersuchungen* („Desk Head Survey", „Desk Head Curriculum Needs Analysis" und „Implementation Drivers") sind zwar nicht explizit auf diese Forschungsarbeit abgestimmt,[29] dennoch sind einzelne Erkenntnisse informativ und wertvoll und werden daher in die Arbeit integriert. Die einzelnen Untersuchungen werden nun detaillierter vorgestellt.

In der Untersuchung **Das Wealth-Management-Team im Wandel (K1)**[30] wurden innerhalb der Geschäftseinheit „Benelux, Germany & Central Europe"[31] 21 erfahrene[32] Front-Mitarbeiter (7 Support-Mitarbeiter, 7 Kundenberater und 7 Teamleiter) im Zeitraum vom 21.05.2007 bis zum 15.06.2007 jeweils in einem 60-minütigen Gespräch persönlich interviewt. Die zentralen Themen hierbei waren die Veränderung der Rolle, aktuelle und zukünftige Herausforderungen sowie Erwartungshaltungen und Optimier-

---

[29] Die beiden letzteren Untersuchungen wurden im Rahmen interner Projekte von der UBS AG initiiert (Autor war Projektmitglied). Hierbei sind nur einzelne Teilaspekte der Untersuchungen für diese Arbeit relevant. Die erste Untersuchung wurde zwar von Autor initiiert, konnte jedoch aufgrund der frühen Phase des Dissertationsprojekts (Anfang 2007) noch nicht explizit auf die Forschungszielsetzung ausgerichtet werden. So wurden 98 erfahrene Teamleiter im Rahmen eines Ausbildungsprogramms zu allgemeinen Fragen rund um die Rolle des Teamleiters befragt. Aus dieser Untersuchung fließen nur ausgewählte Aspekte in die Arbeit ein.
[30] Vgl. Anhang 1 bis 4.
[31] Detaillierte Informationen zur Organisationsstruktur der UBS AG finden Sie in Abschnitt 2.2.2. und Abschnitt 3.1. Durch eine Reorganisation im Wealth Management der UBS AG im November 2007 und einer erneuten Reorganisation im Februar / März 2009 wurde die ursprüngliche Geschäftseinheit „Benelux, Germany & Central Europe" nun in die neuen Geschäftseinheiten „Northern Europe" and „Southern Europe" integriert.
[32] Als Selektionskriterium für Erfahrung wurde die Anzahl der Jahre in dieser Rolle bei UBS herangezogen [Support-Mitarbeiter ≥ 5 Jahre; Kundenberater ≥ 10 Jahre; Teamleiter ≥ 5 Jahre].

ungsmöglichkeiten innerhalb des Wealth-Management-Teams. Teil dieser Untersuchung war die Erarbeitung eines typischen Tagesablaufes der jeweiligen Teamrollen, um zusätzlich noch einen verstärkten Fokus auf den Rollenwandel, speziell im Hinblick auf die Aufgabentätigkeiten, zu setzen. Als Vorbereitung auf das Interview wurden die Gesprächspartner gebeten, anhand eines vorstrukturierten Tageszeitrasters einen typischen Tagesablauf vor 5 Jahren und im Vergleich dazu einen typischen Tagesablauf von heute aufzuzeigen. Neben den oben genannten, zentralen Themen wurde auch diese Gegenüberstellung typischer Tagesabläufe im Interviewgespräch thematisiert.

In der Untersuchung **Das WM-Team in der Kundenbetreuung (K2)**[33] wurden innerhalb des Geschäftsbereichs „Wealth Management International"[34] 15 erfolgreiche[35] Front-Mitarbeiter (9 Kundenberater und 6 Teamleiter) im Zeitraum vom 05.05.2008 bis zum 30.05.2008 jeweils in einem 60-minütigem Gespräch persönlich interviewt. Die zentralen Themen hierbei waren die Beratung, Akquisition, Bindung, Entwicklung und Rückgewinnung von Kunden sowie die gezielte Umsetzung dieser Themen durch das Wealth-Management-Team.

Zusätzlich wurden während der ganzen Forschungszeit hinweg innerhalb „Global Wealth Management & Business Banking"[36] weitere 26 **Expertengespräche (K3)**[37] geführt. Diese Gespräche wurden je nach Schwerpunkt des Forschungsthemas und Forschungsstand der Arbeit unterschiedlich gestaltet. Zu Beginn der Arbeit wurden tendenziell mehr Einzel- und Gruppengespräche mit dem Charakter eines

---

[33] Vgl. Anhang 5.
[34] Ursprünglich waren in den Geschäftsbereich „Wealth Management International" der UBS AG sowohl das internationale Onshore- als auch das Offshore-Geschäft integriert. Durch die Reorganisation im Februar / März 2009 läuft das internationale Onshore-Geschäft nun unter der Bezeichnung „Wealth Management Global" und das Offshore-Geschäft unter der Bezeichnung „Wealth Management International". Zur Definition von On- / Offshore vgl. Fußnote 43.
[35] Als Selektionskriterien für Erfolg wurden die *Key Performance Indicators* „Net-New-Money" (Gewichtung 25 %), „Net Revenue" (Gewichtung 45 %) und „Return on Assets" (Gewichtung 30 %) herangezogen [Datenmaterial vom Gesamtjahr 2007]. Befragt wurden ausschließlich Kundenberater und Teamleiter, die zu den besten 20 % gehören.
Die Gewichtung der Indikatoren basiert auf Expertengesprächen. Dieselbe Gewichtung wurde im Jahr 2008 auch für die Selektion der besten Front-Mitarbeiter (des sog. *Circle of Excellence*) innerhalb „Wealth Management International" herangezogen.
[36] Nach der Reorganisation im Februar / März 2009 wird dieser Unternehmensbereich nun als „Wealth Management & Swiss Bank" bezeichnet.
[37] Hier wurden Gespräche geführt mit Führungskräften einzelner Märkte / Segmente (5 Gespräche) sowie mit leitenden und / oder sehr erfahrenen Experten aus den Bereichen Verkaufsunterstützung / Marketing (5), Business Management (4), Controlling (3), Human Ressources / Education (5), Produkte & Services (4). Mit einzelnen Interviewpartnern wurden bis zu drei Gespräche geführt (gegen Anfang, Mitte und Ende der Arbeit).

Brainstormings sowie allgemeine Fachgespräche geführt. Gegen Mitte und Ende der Arbeit wurde der Fokus verstärkt auf strukturierte Einzelfachgespräche gelegt, um ausgewählte Themen vertiefend zu diskutieren.

In der **Desk Head Survey (E1)**[38] wurden innerhalb der UBS AG 98 Teamleiter zu diversen Themen hinsichtlich der Rolle des Teamleiters befragt. Die Befragung wurde schriftlich im Zeitraum vom 21.02.2007 bis zum 15.02.2008 im Rahmen eines Ausbildungsprogramms für erfahrene Teamleiter innerhalb des Geschäftsbereichs „Wealth Management International" durchgeführt.

Die **Desk Head Curriculum Needs Analysis (E2)**[39] wurde auf der Ebene „Global Wealth Management & Business Banking" durchgeführt. Im Hinblick auf den Aufbau eines umfassenden Teamleiter Ausbildungskonzepts wurde in einer ersten Phase eine breite Bedürfnisanalyse durchgeführt, bei der 65 Teamleiter und Experten[40] entweder persönlich oder telefonisch interviewt wurden.

Im Rahmen der Untersuchung **Implementation Drivers (E3)**[41] wurden innerhalb der Geschäftseinheit „Benelux, Germany & Central Europe" 184 Personen anlässlich eines größeren internen Führungskräftetreffens im Jahr 2007 zum Status quo der Implementierung wesentlicher geschäftstreibender Faktoren befragt. Die befragten Personen setzten sich größtenteils aus Führungskräften des direkten Kundengeschäfts, Personen mit Schlüsselpositionen in unterstützenden Bereichen innerhalb der Geschäftseinheit sowie aus Personen mit Schlüsselpositionen außerhalb der Geschäftseinheit zusammen. Die Befragung wurde in Form eines Online-Fragebogens durchgeführt.

---

[38] Vgl. Anhang 6.
[39] In der Untersuchung wurden nicht nur Wealth-Management-Teamleiter befragt, sondern auch Teamleiter aus dem Privat- und Firmenkundengeschäft. Da jedoch 39 Personen aus dem Wealth Management International, 18 Personen aus dem Wealth Management Schweiz und „nur" 8 Personen aus dem Privat- und Firmenkundengeschäft befragt wurden, wird davon ausgegangen, dass diese Untersuchung durchaus repräsentativ für das gesamte Wealth-Management-Geschäft ist.
[40] Der befragte Personenkreis besteht zu 63 % aus Teamleitern, zu 23 % aus Vorgesetzten von Teamleitern und zu 14 % aus Experten anderer Abteilungen.
[41] Aus Vertraulichkeitsgründen wird auf diese Untersuchung nicht im Detail eingegangen. Einzelne Ergebnisse und Trends können jedoch verwendet und nutzbringend in die Arbeit integriert werden.

1.5. Abgrenzung

Unter dem Begriff „Wealth Management" versteht man generell das Bankgeschäft mit vermögenden Privatkunden.[42] Ausgehend von dieser grundsätzlichen Definition werden alle anderen Segmente im Bankkundengeschäft wie bspw. das Retail- oder institutionelle Geschäft in dieser Arbeit nicht berücksichtigt.

Innerhalb der Wealth-Management-Branche fokussiert sich diese Forschungsarbeit ganz gezielt auf das Offshore-Geschäft von schweizerischen Großbanken aus der Schweiz heraus, auch wenn gewisse Forschungserkenntnisse eine durchaus sinnvolle Verwendung im Onshore-Geschäft finden können.[43] Dies gilt auch für kleinere schweizerische sowie für nicht schweizerische Wealth-Management-Anbieter.

Die Ausführungen in der vorliegenden Arbeit beziehen sich insbesondere auf die Kundenbetreuung[44] und das Wealth-Management-Team[45] im direkten Kundengeschäft (Front-Business). Weitgehend ausgeklammert werden daher Unterstützungs- und Abwicklungsprozesse im Mid- und Back-Office-Bereich. Nicht explizit untersucht werden auch verhaltenswissenschaftliche Aspekte rund um das Wealth-Management-Team und die Kundenbeziehungsgestaltung. Um eine möglichst enge Fokussierung sicherzustellen, konzentriert sich diese Forschungsarbeit bei der Untersuchung des Wealth-Management-Teams in der Kundenbetreuung speziell auf aufgabenspezifische Aspekte der einzelnen Rollen in der Teamzusammenarbeit.

---

[42] Zur genauen Definition des Begriffs „Wealth Management" vgl. Abschnitt 2.1. und Abschnitt 2.2.3.
[43] Das Wealth-Management-Geschäft wird grundsätzlich in On- und Offshore untergliedert. Diese Untergliederung ist auf die Kunden bezogen. Onshore-Kunden haben ihr Domizil im selben Land wie der rechtliche Sitz des Wealth Managers. Offshore-Kunden hingegen haben ihr Domizil in einem anderen Land als der rechtliche Sitz des Wealth Managers. Vgl. hierzu z. B. Emch, U. / Renz, H. / Bösch, Arpagaus, R., Das Schweizerische Bankgeschäft, 6. Auflage, Zürich 2004, 444.
[44] Zum Begriff der Kundenbetreuung vgl. Abschnitt 4.1.
[45] Zum Begriff des Wealth-Management-Teams vgl. Abschnitt 3.1. und Abschnitt 3.2.5.

2. Trends und Herausforderungen im Wealth Management

Das Geschäft mit vermögenden Privatkunden ist stetig im Wandel und hat sich speziell in den letzten Jahren stark verändert. Ziel dieses Kapitels ist es, die wesentlichen Veränderungstrends der letzten Jahre herauszuarbeiten und die damit einhergehenden Herausforderungen aufzuzeigen. Als Basis wird in einem ersten Schritt der Begriff des Wealth Managements definiert und die Grundlagen dieses Geschäfts werden aus Markt-, Anbieter- und Nachfragerperspektive beschrieben. Darauf aufbauend folgt eine Betrachtung der wesentlichen Veränderungstrends sowie der damit einhergehenden Herausforderungen für Wealth-Management-Anbieter. Eine abschließende Darstellung fasst die wesentlichen Punkte dann nochmals zusammen und gibt einen Überblick. Die Erkenntnisse in diesem Kapitel basieren hauptsächlich auf der Untersuchung aktueller Marktstudien und auf qualitativen Expertengesprächen innerhalb der UBS AG.[46]

2.1. Definition „Wealth Management"

Was ist „Wealth Management"? So klar und eindeutig dieser Begriff klingen mag, so unterschiedlich kann er verstanden werden. Sowohl in der Literatur als auch in der Bankenpraxis gibt es keine allgemein anerkannte Definition des englischen Begriffs „Wealth Management". Auch die Abgrenzung zum Begriff „Private Banking" ist relativ schwierig, da einerseits Wealth Management und Private Banking oft synonym verwendet werden[47] und andererseits das Private Banking dem Wealth Management untergeordnet wird. *Maude* formuliert dies wie folgt: „Private banking forms an important, more exclusive, subset of wealth management"[48]. Zudem wird Wealth Management von der SBVg auch als bedürfnisgerechte Finanzplanung umschrieben, in der neben den klassischen Private-Banking-Leistungen der Vermögensverwaltung und Anlageberatung insbesondere auch Nachfolge-, Steuer- und Vorsorgefragen geregelt werden.[49] Demzufolge wäre das Private Banking zwar ein Teil des Wealth Managements, jedoch ist diese Auffassung nicht Konsens. Ein ähnlicher Dissens herrscht in der Bankenpraxis. Die UBS AG beispielsweise bezeichnet den Unternehmensbereich, der sich um die Betreuung gehobener Privatkunden kümmert, als Wealth Management, wohingegen Julius Bär das Wealth Management als Teil des

---

[46] Vgl. hierzu Abschnitt 1.4.
[47] Vgl. Blattner, N., Wealth Management als Kernkompetenz, in: Neue Zürcher Zeitung, Sonderbeilage Privatbanken, 16. Mai 2000, B5; Swiss Private Banking Guide 2006, Zürich 2006, 130.
[48] Maude, D., Global Private Banking and Wealth Management, New York 2006, 1.
[49] Vgl. SBVg, The World of Swissbanking, Basel 2002a, 5.

Private Bankings sieht. Credit Suisse wiederum bietet unter dem Begriff „Private Banking" eine sehr ähnliche Produkt- und Dienstleistungspalette an wie die UBS AG unter dem Begriff des Wealth Managements.[50] Da sich weder aus der Praxis noch der Literatur eine einheitliche Definition bzw. eine klare Abgrenzung zwischen Wealth Management und Private Banking ableiten lässt und darüber hinaus eine große inhaltliche Überschneidung gegeben ist, hat sich der Autor entschlossen, in dieser Arbeit die beiden Begriffe „Private Banking" und „Wealth Management" synonym zu verwenden.

Nachfolgend werden ausgewählte Definitionen der Begriffe aufgeführt, um die wesentlichen Merkmale des Wealth Management- bzw. Private-Banking-Geschäfts in einer Übersicht aufzuzeigen:

Autor	Definition
Schierenbeck[51]	Unter Private Banking ist das Bankgeschäft mit den vermögenden Privatkunden zu verstehen, in dessen Rahmen sämtliche Finanzdienstleistungen und die damit verbundenen Beratungs- und ergänzenden Zusatzleistungen zur Erfüllung der speziellen Bedürfnisse dieser anspruchsvollen Kundengruppe bereitgestellt werden.
Koye[52]	Private Banking sind sämtliche Finanzdienstleistungen für die Gruppe der wohlhabenden in- und ausländischen Privatkunden. Im Vordergrund stehen der persönliche und langfristige Charakter der Beziehung zwischen Kunde und Bank auf der Basis von Diskretion und Vertrauen, die große Bedeutung der Servicequalität, die ganzheitliche kundenindividuelle Planung und Umsetzung der finanziellen Zukunftsvorstellungen über den gesamten Lebenszyklus bis hin zu Nachfolge- und Erbschaftsregelungen. Kern der Tätigkeit sind die Anlageberatung und Vermögensverwaltung. Bei ergänzenden und unterstützenden Produkten und Dienstleistungen kann der Anbieter auch auf für ihn ertragsstarke und weit gehend risikofreie Fremdprodukte zugreifen. Dadurch und mit einer Spezialisierung auf ausgewählte Kundensegmente lassen sich Kosten- und Performance-Optimierungen erzielen, ohne die hohe Servicequalität zu gefährden.
McCann[53]	Wealth Management addresses every aspect of a client's financial life in a consultative and a highly individualised way. It uses a complete range of products, services and strategies. A wealth manager has to gather information both financial

Fortsetzung der Tabelle auf der nächsten Seite

---

[50] Vgl. hierzu die Websites der Bankinstitute (www.ubs.com, www.creditsuisse.com, www.juliusbaer.com) – Diese Aussagen beziehen sich auf den Stand vom 13.03.2009.
[51] Schierenbeck, H., Private Banking in der Schweiz – Märkte, Kunden, Geschäftskonzeptionen, in: Baseler Bankenstudien (Hrsg.): Private Banking – Die Herausforderung für den Finanzplatz Schweiz, Bern 1998, 5.
[52] Koye, B., Zürich 2004, 53.

	and personal to create an individualised series of recommendations, and be able to make those recommendations completely tailored to each client. Off the shelf – it won't do. What wealth management requires is connection with clients on a personal level that is way beyond the retail financial services industry norm.
Galasso[54]	Private Banking ist die aktive, erfolgsorientierte und langfristig ausgerichtete Globalsteuerung einer Bank bei der Identifikation, Akquisition, Pflege und Bindung von vermögenden Privatkunden in folgenden Bereichen: Planungssystem, Führungskontrollsystem, Kommunikations- und Informationssystem, Motivations- und Belohnungssystem, Organisationsstruktur, Marketing-Konzept und Unternehmenskultur.
Walbert[55]	Wealth Management als integriertes Konzept, das durch die Verknüpfung der klassischen Leistungsaspekte mit sophistizierten Zusatzleistungen komplexere Problemstellungen des Kunden bearbeiten und umfassende Lösungen offerieren kann, die die gesamte Kundensituation über verschiedene Lebenszyklen hinweg berücksichtigt.

Tabelle 2: Definitionen Wealth Management / Private Banking

Die wesentlichen Merkmale dieser Definitionen können wie folgt stichwortartig zusammengefasst werden: vermögende Privatkunden, Diskretion und Vertrauen, persönlicher und langfristiger Charakter, Angebot sämtlicher Finanzdienstleistungen, individuelle und maßgeschneiderte Beratung, lebenszyklusbezogene Kundenbetrachtung, erfolgsorientierte und langfristig orientierte Banksteuerung, integriertes Konzept.

In Anlehnung an die Definition des integrierten Konzepts von Walbert soll den weiteren Ausführungen dieser Arbeit folgende Arbeitsdefinition zu Grunde liegen:

Arbeitsdefinition Wealth Management
Wealth Management wird als integriertes Konzept verstanden, das basierend auf einer diskreten und strukturierten Beratung klassische Leistungsaspekte mit sophistizierten Zusatzleistungen verknüpft, mit dem Ziel, vermögenden Privatkunden über den gesamten Lebenszyklus hinweg maßgeschneiderte Finanzdienstleistungslösungen anzubieten.

Tabelle 3: Arbeitsdefinition „Wealth Management"

---

[53] McCann, R. J. (President of the Private Client Group at Merrill Lynch), zitiert aus: Maude, D., New York 2006, 2.
[54] Galasso, G., Retention Marketing im Private Banking – Theoretische und empirische Analyse des Kundenbindungsmarketing im schweizerischen Private Banking, Bern 1999, 31.
[55] Walbert, G., Der Erfolgsfaktor Marke im Private Banking aus Sicht des Markeninhabers – Eine auf theoretischen Grundlagen basierende sowie empirische Analyse des Private Banking-Geschäfts der in der Schweiz ansässigen Bankinstitute, Zürich 2006, 20.

2.2. Grundlagen des Wealth-Management-Geschäfts

Dieser Abschnitt gibt einen kurzen Überblick zum Wealth-Management-Geschäft und fokussiert sich im Wesentlichen auf den Markt, die Anbieter und die Nachfrager.

2.2.1. Wealth-Management-Markt

Das weltweite Vermögen[56] wird auf 109,5 Billionen USD[57] geschätzt, wobei sich 40,7 Billionen USD[58] den vermögenden Privatkunden – so genannten High Net Worth Individuals (HNWI)[59] – zurechnen lassen. Die Population dieser vermögenden Privatkunden wird weltweit auf 10,1 Millionen geschätzt,[60] mit einer durchschnittlichen jährlichen Wachstumsrate über die letzten 10 Jahre von rund 6,3 %, wobei das Vermögenswachstum selbst mit 7,4 % beziffert wird.[61] Die Populations- und Vermögensverteilung nach Regionen sieht wie folgt aus:[62]

Region	Populationsverteilung (in Mio.)				Vermögensverteilung (in Bill. USD)			
	2005	2006	2007	CAGR '06-'07	2005	2006	2007	CAGR '06-'07
Afrika	0.1	0.1	0.1	10.0 %	0.8	0.9	1.0	14.9 %
Mittlerer Osten	0.3	0.3	0.4	15.6 %	1.3	1.4	1.7	17.5 %
Latein Amerika	0.3	0.4	0.4	12.2 %	4.2	5.1	6.2	20.4 %
Asien-Pazifik	2.4	2.6	2.8	8.7 %	7.6	8.4	9.5	12.5 %
Nord Amerika	2.9	3.2	3.3	4.2 %	10.2	11.3	11.7	4.4 %
Europa	2.8	2.9	3.1	3.7 %	9.4	10.1	10.6	5.3 %
Gesamt	8.8	9.5	10.1	6.0 %	33.4	37.2	40.7	9.4 %

Tabelle 4: HNWI Populations- und Vermögensverteilung nach Regionen
Quelle: Merrill Lynch / Capgemini, New York 2008, 3

---

[56] Gemessen an AuM (Assets under Management)
[57] Vgl. Boston Consulting Group, A Wealth of Opportunities in Turbulent Times – Global Wealth 2008, Boston 2008, 7.
[58] Vgl. Merrill Lynch / Capgemini, New York 2008, 2.
[59] Dies sind Privatkunden mit einem Vermögen von über 1 Million USD. Traditionell werden ab dieser Vermögensgrenze Privatkunden als vermögende Privatkunden definiert. Auch Ultra High Net Worth Individuals (Key Clients) mit einem Vermögen von über 30 Million USD zählen definitionsgemäß zu den vermögenden Privatkunden. Es ist jedoch darauf hinzuweisen, dass die Vermögensgrenze nicht einheitlich definiert ist und je nach Autor oder Bank variiert. Vgl. bspw. Maude, D., New York 2006, 7 oder PriceWaterhouseCoopers, Global Private Banking / Wealth Management Survey 2005, Zürich 2005, 10. Vgl. hierzu auch Abschnitt 2.2.3.
[60] Vgl. Merrill Lynch / Capgemini, New York 2008, 2.
[61] Vgl. Merrill Lynch / Capgemini, New York 2006, 3 sowie Merrill Lynch / Capgemini, New York 2008, 3. Die Wachstumsraten (inkl. Börsenentwicklung) beziehen sich auf eine CAGR-Berechnung für die Jahre 1998-2007.
[62] Vgl. Merrill Lynch / Capgemini, New York 2006, 5.

Rund 9,1 % dieses weltweiten Vermögens werden vom Wealth-Management-Standort Schweiz verwaltet. Die Schweiz gehört somit zu den Top-3-Standorten, hinter den USA mit 39,9 % und Großbritannien mit 10,9 %.[63] Was das Offshore-Geschäft betrifft, nimmt die Schweiz die führende Rolle im Ländervergleich ein und liegt mit 27 % an der Spitze, gefolgt von den Großbritannien und den Kanal-Inseln mit 24 % und Luxemburg mit 14 %,[64] wobei das stärkste Wachstum in Singapur prognostiziert wird.[65]

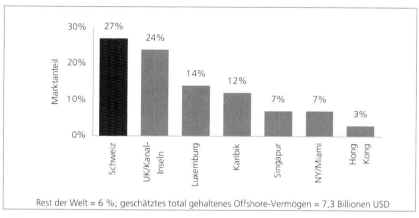

Abbildung 2: Offshore-Vermögen nach Finanzzentren (2005)
Quelle: SBVg, Basel 2009, 7

Die Bedeutung der Schweiz im globalen Wealth-Management-Markt zeigt auch die Auflistung der Top-10-Wealth-Manager im Hinblick auf verwaltetes Vermögen. Beide Schweizer Großbanken sind unter den Top 10 vertreten, wobei die UBS AG mit einem verwalteten Vermögen von 1,609 Milliarden USD den ersten Platz einnimmt.[66]

---

[63] Vgl. SBVg, Wealth Management in Switzerland, Basel 2009, 7.
[64] Vgl. SBVg, Basel 2009, 7.
[65] Vgl. IBM Business Consulting Services, London 2005, 25; Oliver Wyman Financial Services, London 2008, 11.
[66] Vgl. Cocca, T. D. / Geiger, H.; The International Private Banking Study 2007, Zürich 2007, 9.

Rang	Wealth Management Anbieter	Land	AUM (Mrd. USD)
1	UBS Global Wealth Management	Schweiz	1 609
2	Merrill Lynch Private Banking	USA	707
3	Credit Suisse Wealth Management	Schweiz	643
4	Morgan Stanley Global Wealth Management	USA	478
5	HSBC Private Banking Holdings	Grossbritannien	408
6	Deutsche Bank Private Wealth Management	Deutschland	249
7	Citigroup Private Banking	USA	208
8	ABN Amro Private Clients	Niederlande	187
9	Barclays Wealth Management	Grossbritannien	182
10	Goldman Sachs	USA	177

Tabelle 5: Die weltweit größten Wealth-Management-Anbieter nach AUM (2006)
Quelle: Cocca, T. D. / Geiger, H.; The International Private Banking Study 2007, Zürich 2007, 9

Der globale Markt für Wealth Management ist ein sehr fragmentierter Markt, bei dem die Top-10-Anbieter rund 4,848 Milliarden USD für sich beanspruchen, das sind rund 11,9 % des Gesamtmarkts.[67] Auch der Schweizer Bankenmarkt ist mit 330 Anbietern sehr fragmentiert,[68] wobei die beiden Großbanken rund 57 % des Vermögens verwalten.[69]

---

[67] Der Gesamtmarkt für vermögende Privatkunden wird von Merrill Lynch / Capgemini, New York 2008, 2 auf rund 40,7 Billionen USD geschätzt.
[68] Vgl. SBVg, Basel 2009, 9.
[69] Vgl. SBVg, Basel 2009, 11.

2.2.2. Wealth-Management-Anbieter

Die hohe Attraktivität des Wealth-Management-Marktes, die besonders durch ein starkes Wachstum in der Vermögensbasis als auch in der Population vermögender Privatkunden sowie in einem niedrigen Cost / Income Ratio bestimmt wird, führt dazu, dass immer mehr Anbieter in diesen Markt drängen. Während es vor 10 Jahren noch eine überschaubare Anzahl von Anbietern gab, ist es heute schwierig, eine einzige größere Bank zu nennen, die nicht im Wealth-Management-Geschäft aktiv ist.[70] Aus globaler Perspektive lässt sich der Anbietermarkt, der um vermögende Privatkunden wirbt, wie folgt klassifizieren:[71]

Klassifizierung	Anbieter	- Beispiele -
Universal Banks / Retail Banks	▫ UBS ▫ Credit Suisse ▫ Bank of America ▫ Deutsche Bank	▫ HSBC ▫ Citygroup ▫ BNP Paribas
Private Banks	▫ Julius Bär ▫ Pictet ▫ Vontobel ▫ Sarasin	▫ EFG International ▫ Bordier ▫ Coutts ▫ C Hoare & Co
Investment Banks	▫ Morgan Stanley ▫ Goldman Sachs	▫ Larzard ▫ Rotschild
Asset Managers	▫ Fidelity ▫ Schroders	▫ Sanford Bernstein ▫ Old mutual
Stockbrokers	▫ Cortal Consors ▫ E*TRADE	▫ Chares Schwab
Direct Banks	▫ ING Direct ▫ Egg	▫ DAB
Trust Institutions / Custodians	▫ Northern Trust ▫ Atlantic Trust ▫ Wilmington Trust	▫ Fiduciary Trust ▫ Bank of New York ▫ Mellon Financial
Family Offices	▫ Global Wealth Management ▫ Fleming Family & Partners ▫ Rockefeller	▫ Bessemer Trust ▫ Stanhope Capital
Advisers & Access Providers	▫ MLP ▫ Banca Fideuram	▫ UK IFAs ▫ 21i.net
Product Specialists	▫ MAN Investments ▫ GAM ▫ Apax Partners	▫ Permal ▫ Blackstone ▫ 3i

Tabelle 6: Klassifizierung der Anbieter im globalen Wealth Management Markt
Quelle: Modifizierte Darstellung nach Maude, D., New York 2006, 35

---

[70] Vgl. Maude, D., New York 2006, 35.
[71] Vgl. Maude, D., New York 2006, 35 ff. Nach Meinung des Autors ist es jedoch ausgesprochen schwierig, eine konsistente und umfassende globale Anbieterklassifizierung darzustellen. Grund hierfür ist die teilweise große Unterschiedlichkeit der Anbieter im Hinblick auf Unternehmensgröße, geografische Abdeckung, Vertriebskanäle, Produkt- und Dienstleistungsangebot, Zielgruppen etc.

Nachdem die kompetitive Landkarte der Anbieter aus globaler Perspektive kurz dargestellt wurde, soll nun die Struktur der Anbieter auf dem Schweizer Wealth-Management-Markt betrachtet werden. In Anlehnung an die Schweizerische Nationalbank (SNB) können die Wealth-Management-Anbieter wie folgt klassifiziert werden:[72]

Klassifizierung	Anbieter	Bankenstruktur (Anzahl Anbieter)				
		1990	1995	2000	2005	2007
Großbanken	▫ UBS ▫ Credit Suisse	4	4	3	2	2
Privatbankiers	▫ Pictet ▫ Lombard Odier Darier Hentsch ▫ Bordier ▫ La Roche ▫ Wegelin	22	17	17	14	14
Kantonal-, Regional-, Raiffeisenbanken und Sparkassen	▫ Zürcher Kantonalbank ▫ St. Galler Kantonalbank ▫ Schweizer Verband der Raiffeisenbanken	235	153	128	104	101
Auslandsbanken	▫ ABN Amro ▫ Société Général ▫ Lloyds ▫ BNP Paribas	142	155	150	150	152
Übrige Banken	▫ Sarasin ▫ Vontobel ▫ Julius Bär ▫ Clariden Leu	81	79	77	67	61
Gesamt		484	408	375	337	330

Tabelle 7: Schweizer Bankenstruktur und Klassifizierung
Quelle: Modifizierte Darstellung nach SBVg, Basel 2009, 10; SNB, Zürich, 2008, B1 ff.

Die Wurzeln der *Privatbankiers* lassen sich historisch über 200 Jahre zurückverfolgen und stellen somit die älteste Unternehmensform im schweizerischen Bankwesen dar.[73] Privatbankiers sind insbesondere durch ihre Rechtsform der Einzelfirma, Kollektiv- oder Kommanditgesellschaft charakterisiert. Darüber hinaus zeichnen sich Privatbankiers dadurch aus, dass die Gesellschafter resp. der Einzelunternehmer uneingeschränkt mit dem gesamten Privatvermögen haften.[74] Schon der Vergleich der globalen mit der schweizerischen Klassifizierung zeigt die Problematik der Abgrenzung zwischen Privatbank und Privatbankiers. Julius Bär beispielsweise findet sich in der globalen Klassifizierung unter „Privatbank" wieder, wohingegen sie in der schweizerischen Dar-

---

[72] Die Schweizerische Nationalbank führt jedoch nur jene Anbieter auf, die über eine Banklizenz verfügen.
[73] Vgl. Walbert, G., Zürich 2006, 21.
[74] Vgl. Schierenbeck, H., Bern 1998, 9; Koye, B., Zürich 2004, 77; Walbert, G., Zürich 2006, 21. Die gesetzliche Definition ist in Art. 1, Abs. 1 des BankG festgelegt.

stellung der SNB nicht unter Privatbankiers zu finden ist, sondern unter der Kategorie „übrige Banken". Anders verhält es sich bei Pictet aus, die sich in der globalen Klassifizierung auch unter „Privatbank" findet, in der schweizerischen Darstellung jedoch unter „Privatbankiers". Zum Teil wird der Begriff „Privatbank" mit dem Begriff „Privatbankiers" gleichgesetzt,[75] wobei es rechtlich jedoch eine klare Differenzierung gibt. Während Privatbankiers die Rechtsform einer Einzelfirma, Kollektiv- oder Kommanditgesellschaft haben, werden Privatbanken zumeist in Form einer Aktiengesellschaft geführt. Größtenteils sind die Privatbanken aus Privatbankiers durch Umwandlung in Aktiengesellschaften entstanden.[76] Privatbankiers beschäftigen sich traditionell mit der Vermögensverwaltung und den damit einhergehenden Bankdienstleistungen, wobei das institutionelle Asset Management und das Anlagefondsgeschäft zunehmend an Bedeutung gewinnen.[77]

Die beiden Schweizer *Großbanken* – UBS und Credit Suisse – sind Universalbanken und organisatorisch sehr ähnlich aufgestellt. Die Geschäftsfelder umfassen im Wesentlichen das Wealth Management, das institutionelle Asset Management, das Investment Banking sowie das schweizerische Privat- und Firmenkundengeschäft.[78] Die nachfolgende Tabelle 8 zeigt die Makro-Organisationsstruktur der UBS und Credit Suisse.

Fortsetzung der Tabelle auf der nächsten Seite

---

[75] Vgl. Walbert, G., Zürich 2006, 20.
[76] Vgl. Schierenbeck, H., Bern 1998, 9.
[77] Vgl. SBVg, Der schweizerische Bankensektor, Basel 2004, 58.; Wöhle, C. B., Private Banking in der Schweiz – Geschäftspolitische Ansätze zur Kunden und Ertragsorientierten Steuerung, Bern 1999, 33 f.
[78] Vgl. SBVg, Der schweizerische Bankensektor, Basel 2006, 49.

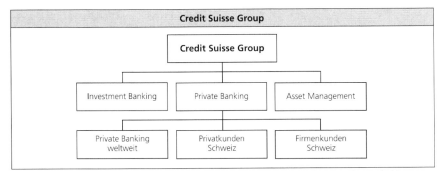

Tabelle 8: Makro-Organisationsstruktur der UBS AG und Credit Suisse Group (nur Kundengeschäft)
Quelle: Website der UBS AG und Credit Suisse Group (Stand: 13.03.2009)

Aufgrund der Größe und der internationalen Aufstellung der Konzerne können die beiden Banken vermögenden Privatkunden eine umfassende Produkt- und Dienstleistungspalette anbieten, die von den traditionellen Basisprodukten über die integrierte Vermögensverwaltung bis hin zu komplexen Trust- und Stiftungslösungen reichen.[79]

Die Anbieter in der Kategorie *Übrige Banken*[80] konzentrieren sich auf einzelne Schwerpunkte des Wealth-Management-Geschäfts, da sie nicht wie die Großbanken die gesamte Produkt- und Dienstleistungspalette anbieten können. Das Vermögensverwaltungsgeschäft für Privatkunden bildet das Kerngeschäft dieser Anbieter, was teilweise durch das Emissions- und Effektenhandelsgeschäft ergänzt wird.[81] Diese Kategorie lässt sich im Wesentlichen in zwei Gruppen unterteilen: Zum einen die ehemaligen Privatbankiers nach der Umwandlung in eine Aktiengesellschaft, zum anderen Tochtergesellschaften der Großbanken wie beispielsweise die Clariden Leu (Credit Suisse).[82]

Das Kerngeschäft der *Auslandsbanken*[83] fokussiert sich im Wesentlichen auch auf das Vermögensverwaltungsgeschäft mit ausländischen Privatkunden.[84] Als Gründe für die

---

[79] Vgl. Wöhle, C. B., Bern 1999, 39; Koye, B., Zürich 2004, 78.
[80] Wöhle, C. B., Bern 1999, 39 f. unterteilt diese Kategorie noch in Handels- und Börsenbanken. Vgl. hierzu auch Koye, B., Zürich 2004, 79 f.
[81] Vgl. Wöhle, C. B., Bern 1999, 40.
[82] Vgl. Wöhle, C. B., Bern 1999, 40.
[83] Unter dem Begriff „Auslandsbanken" werden in dieser Arbeit ausländisch beherrschte Banken sowie die Filialen ausländischer Banken in der Schweiz subsumiert.
[84] Vgl. Wöhle, C. B., Bern 1999, 41; Koye, B., Zürich 2004, 79.

Geschäftstätigkeit werden vor allem der Standortvorteil der Schweiz als Offshore-Finanzplatz und die Präsenz in einem der bedeutendsten Wealth-Management-Zentren genannt.[85]

Die *Kantonal-, Regional- und Raiffeisenbanken* sowie *Sparkassen* fokussieren sich traditionell auf das Retail- und Firmenkundengeschäft auf regionaler Ebene. Da das schwerpunktmäßig betriebene Spar- und Hypothekargeschäft die Problematik der Zinsabhängigkeit mit sich bringt, haben die Institute den Ausbau des Vermögensverwaltungsgeschäfts forciert. Basierend auf den Beziehungen mit den bestehenden Retail-Kunden und der starken lokalen Verwurzelung wird nun auch gezielt die vermögende Privatkundschaft angesprochen, wobei der Fokus auf Affluentkunden[86] gelegt wird.[87]

---

[85] Vgl. Lips, T., Welche Rolle für die Auslandsbanken in der Schweiz, in: Schmid, C. / Varnhold, B. (Hrsg.): Finanzplatz Schweiz – Probleme und Zukunftsperspektiven, Zürich 1997, 114 ff.
[86] Dies sind vermögende Privatkunden mit einem Vermögen von bis zu 1 bis 2 Millionen CHF. Vgl. hierzu Abschnitt 2.2.3.
[87] Vgl. Hess, H., Private Banking – Eine Herausforderung für die Kantonalbanken?, Bern 2001, 18 ff., Wöhle, C. B., Bern 1999, 42 ff., Koye, B., Zürich 2004, 80.

2.2.3. Wealth-Management-Nachfrager

Die vermögenden Privatkunden werden traditionell, wie in Abschnitt 2.2.1. bereits erwähnt, als High Net Worth Individuals (HNWI) bezeichnet, welche über ein frei verfügbares Nettovermögen[88] in einer Höhe von üblicherweise mindestens 1 Mio. USD oder dem Gegenwert in Lokalwährung besitzen. Im Hinblick auf diese Vermögensuntergrenze gibt es weder in der Fachliteratur[89] noch in der Praxis eine einheitliche Regelung. Bei der Deutschen Bank bspw. gilt ein Kunde ab einer Vermögenshöhe von 150 000 CHF als Wealth-Management-Kunde, während bei JP Morgan Chase bis zu 15 Mio. CHF erforderlich sind.[90] Die meisten Großbanken, darunter auch die beiden Schweizer Anbieter UBS und Credit Suisse, zählen auch das in Abschnitt 2.2.2. bereits erwähnte Core Affluent Segment[91] zum Wealth-Management-Geschäft. Die Großbanken sind in diesem Segment aktiv tätig, um Potentiale zukünftiger High Net Worth Individuals auszuschöpfen. Neben dem Wachstumspotential sind diese Kunden eher Preisnehmer[92] und dadurch sehr profitabel.[93] Die klassische Segmentierung nach Vermögensgröße sieht in der Schweizer Wealth-Management-Landschaft üblicherweise wie folgt aus:

---

[88] Frei verfügbares Vermögen wird definiert als finanziell gebundenes Vermögen abzüglich Verbindlichkeiten in Form von Krediten, wobei Realwerte wie Immobilien, Kunstgegenstände, Antiquitäten etc. nicht eingerechnet werden. Vgl. hierzu Schierenbeck, H., Bern 1998, 5. und Emch, U. / Renz, H. / Bösch, Arpagaus, R., Zürich 2004, 443.

[89] Vgl. z. B. Merrill Lynch / Capgemini, New York 2008, 2, PriceWaterhouseCoopers, Zürich 2008, 7, Oliver Wyman Financial Services, London 2008, 59 mit einer Untergrenze von USD 1 Mio.; Stapfer, P., Anreizsysteme in der Private Banking-Kundenbeziehung, Bern 2005, 5 mit einer Bandbreite von 500 000 bis 1 Mio. CHF; SBVg, Basel 2009, 3, mit einer Bandbreite von 1 bis 2 Mio. CHF.

[90] Vgl. Riegler, C. E., Kunden- und ertragsorientierte Ansätze der Preisgestaltung für Beratungsleistungen im Private Banking, Basel 2005, 10 f.

[91] Üblicherweise sind dies Kunden mit einem Vermögen von 250 000–500 000 bis 1–2 Mio. CHF. Vgl. SBVg, Basel 2009, 3.

[92] Preisnehmer bedeutet, dass sie im Gegensatz zu HNWI oder institutionellen Anlegern über keine oder nur wenig Preisverhandlungsmacht verfügen. Vgl. Meier, C. / Dammann, V., Schweizer Vermögensverwalter vor neuen Herausforderungen – Vontobel Equity Research Switzerland, Zürich 05 / 2004, 21 f.

[93] Vgl. Eberle-Haeringer, B., Die unbeschränkte Haftung im Private Banking – Eine ökonomische Analyse am Beispiel der schweizerischen Privatbankiers, Zürich 2004, 56.

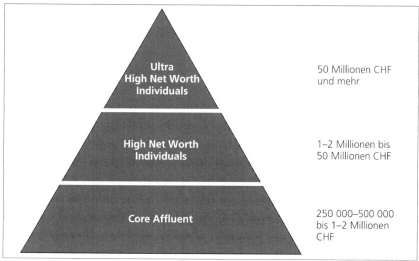

Abbildung 3: Typische Kundensegmentierung nach Vermögensgröße im schweizerischen Wealth Management
Quelle: SBVg, Basel 2009, 3.

Die Segmentierung nach Vermögensgröße wird aus Anbietersicht im Wesentlichen aufgrund Kosten- / Nutzenüberlegungen gemacht. Zum einen unterscheidet sich die Dienstleistungspalette der einzelnen Segmente, zum anderen ist je nach Segment das Betreuungsverhältnis von Kundenberater zu Kunde unterschiedlich. Während im Bereich „Core Affluent" bis zu 300 Kunden von einem Berater betreut werden, liegt das Betreuungsverhältnis im Bereich „Ultra High Net Worth" bei 8 bis 25 Kunden pro Berater. Neben der Vermögensgröße können Wealth-Management-Kunden auch nach deren Bedürfnissen segmentiert bzw. sub-segmentiert werden. Die Finanzbedürfnisse vom vermögenden Privatkunden können grundsätzlich in Basis-, Anlage- und Servicebedürfnisse unterteilt werden.[94]

Basisbedürfnisse sind für alle Kunden von grundlegender Wichtigkeit. Hierzu zählen wesentlich Bedürfnisse wie Sicherheit, Diskretion, Image, Reputation, Fachkompetenz, Professionalität, Erreichbarkeit, Kontinuität in der Beratung etc.[95] sowie die Erbringung diverser Basisdienstleistungen wie Kontoführung und Transaktionsabwicklung.[96] Diese

---

[94] Vgl. Blum, C., Integration nicht-traditioneller Assets in die Vermögensverwaltung von High Networth Individuals, Bern 1997, 172 ff.; Galasso, G., Bern 1999, 178 ff.; Koye, B., Zürich 2004, 70 ff.
[95] Vgl. Galasso, G., Bern 1999, 179.
[96] Koye, B., Zürich 2004, 70.

Basisbedürfnisse werden von den Kunden mehr und mehr als selbstverständlich betrachtet und stellen somit kein entscheidendes Differenzierungskriterium dar.[97]

Anlagebedürfnisse lassen sich direkt durch Anlageberatungs- und Vermögensverwaltungsaktivitäten abdecken und orientieren sich an der Kundenabsicht, wofür das investierte Kapital in Zukunft verwendet werden soll. Das Vermögen an sich stiftet folglich keinen Nutzen, sondern vielmehr die individuellen Lebensbedürfnisse, die durch den Einsatz des Vermögens befriedigt werden können. In Anlehnung an die Bedürfnispyramide von Maslow priorisiert Verwilghen die Anlagebedürfnisse wie folgt:[98]

- Bedürfnisse erster Priorität: Konsum- und Existenzsicherung
  Nutzen: Sicherstellung der Liquidität für geplante und ungeplante Finanztransaktionen
- Bedürfnisse zweiter Priorität: Vermögensaufbau und Vorsorgesicherung
  Nutzen: Sicherheitsgefühl der Unabhängigkeit und der langfristigen Existenzsicherung
- Bedürfnisse dritter Priorität: Finanzielle Selbstverwirklichung
  Nutzen: Erfüllung von finanziell verwirklichbaren Träumen (z. B. Kunstsammlung, Yacht)

Servicebedürfnisse sind sehr heterogen und lassen sich grundsätzlich in zwei große Kategorien unterscheiden. Die erste umfasst die Kundenbeziehung und die damit einhergehenden Finanzdienstleistungen über den gesamten Lebenszyklus hinweg. Die zweite umfasst Spezialprodukte und -dienstleistungen, die nicht traditionell zum Wealth-Management-Geschäft gehören, wie bspw. ein Limousinenservice oder Beratung in Immobilien-, Kunst- und Antiquitätenfragen.

Im Hinblick auf die individuellen Finanzbedürfnisse, speziell die Servicebedürfnisse, lassen sich vermögende Privatkunden grundsätzlich wie folgt charakterisieren bzw. auch segmentieren:[99]

- Transaktionsorientierte / Discount-Kunden
  Dieser Kunde trifft seine Entscheidung selbst und ohne den Rat des Kundenberaters. Diese Kundengruppe ist an einer möglichst kostengünstigen und raschen Abwicklung der Transaktionen interessiert. Eine breite Produktpalette, Online-Dienstleistungen wie Kursabfragen

---

[97] Vgl. Galasso, G., Bern 1999, 179.
[98] Vgl. Verwilghen, N. S., Kundensegmentierung, Risikodialog und Risikomanagement für gehobene Privatkunden – eine Betrachtung aus finanzmarktökonomischer Sicht, Bank- und finanzwirtschaftliche Forschungen, Band 244, Bern / Stuttgart 1997, 12 ff.; Galasso, G., Bern 1999, 180; Koye, B., Zürich 2004, 71.
[99] Vgl. Galasso, G, Bern 1999, 182; Boston Consulting Group, Boston 2006, 18 ff.

in real time und online verfügbare Research-Informationen stellen, je nach Sophistiziertheit des Kunden, oft wichtige Kriterien für die Wahl des Anbieters dar. Diese Kundenbeziehung weist eine hohe Kontakthäufigkeit bei gleichzeitig geringer Wertschöpfung auf.

- Beratungs- bzw. nicht diskretionäre Kunden

  Dieser Kunde trifft seine Entscheidung selbst, wobei er eine fachliche Beratung durch den Kundenberater wünscht. Diese Beziehung kann passiv oder proaktiv gestaltet sein. Bei der passiven Variante wird der Berater nur auf Wunsch des Kunden fachmännisch tätig. Bei der proaktiven Variante geht der Impuls vom Kundenberater aus, der dem Kunden regelmäßig Vorschläge macht.

- Vermögensverwaltung bzw. diskretionäre Kunden

  Dieser Kunde delegiert die Investmententscheidungen dem Wealth-Management-Anbieter, möchte jedoch über die Entscheidungen in regelmäßigen Abständen informiert werden. Meist haben Vermögensverwaltungskunden keine Zeit, kein Interesse oder nur wenig Wissen in der Finanzanlage. Die Wertschöpfung dieser Kundengruppe ist sehr hoch, da die Portfolioverwaltung üblicherweise standardisiert für einen großen Pool von Kunden abgewickelt wird.

In Anlehnung an diese Kundenklassifizierung untersuchte McKinsey & Company die Wealth-Management-Kundenpopulation und kam zu folgendem Ergebnis:[100]

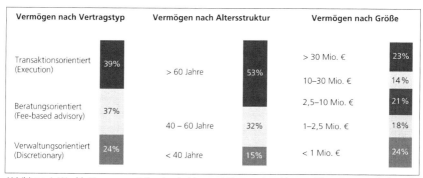

Abbildung 4: Wealth Management Kundenstruktur nach Vertragstyp, Alter und Vermögensgröße (2005)
Quelle: McKinsey & Company, Zürich 2006, 5

In einer Studie der Boston Consulting Group werden diese drei Kundentypen im Hinblick auf verschiedene Bedürfnisse und Charakteristiken von Wealth-Management-Kunden untersucht:[101]

---

[100] Vgl. McKinsey & Company, Private Banking Survey 2006 – Winning the marathon for profitable growth, Zürich 2006, 5. Boston Consulting Group, Boston 2006, 18, hat eine ähnliche Erhebung gemacht haben, kommt zu einem etwas anderen Ergebnis: Discountkunden (self-directors) 28 %, Beratungskunden (Participators) 48 % und Vermögensverwaltungskunden (Delegators) 24 %.

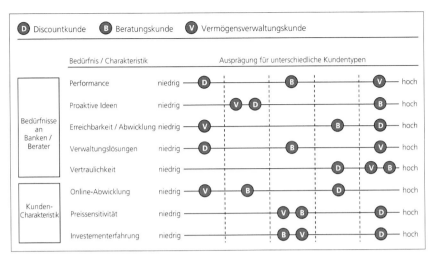

Abbildung 5: Bedürfnisse und Charakteristiken nach Kundentyp
Quelle: Leicht modifiziert nach Boston Consulting Group, Boston 2006, 18

Da die Bedürfnisse der Wealth-Management-Kunden immer vielseitiger und komplexer werden, sind führende Wealth-Management-Anbieter dabei, weitere bedürfnisorientierte Sub-Segmentierungen einzuführen.[102]

Aufbauend auf diesen Grundlagen des Wealth-Management-Geschäfts werden nachfolgend Veränderungstrends und damit einhergehende Herausforderungen beleuchtet.

---

[101] Boston Consulting Group, Boston 2006, 18 ff.
[102] Vgl. hierzu Abschnitt 2.3.6., welcher ausführlicher auf die Thematik einer bedürfnisorientierten Sub-Segmentierung eingeht.

2.3. Trends und Herausforderungen

Ziel dieses Kapitels ist es, wesentliche Veränderungstrends im Wealth-Management-Geschäft herauszuarbeiten und damit einhergehende Herausforderungen für Wealth-Management-Anbieter aufzuzeigen.

2.3.1. Forschungsgrundlagen und Methodik

Die Erkenntnisse in diesem Abschnitt basieren auf der Untersuchung aktueller Marktstudien und auf qualitativen Expertengesprächen. Im Rahmen von Expertengesprächen[103] wurden folgende wesentliche Veränderungstrends ermittelt:

- Regulatorischer Wandel, der das Geschäft beeinflusst
- Mangel an qualifizierten Mitarbeitern
- Breiteres und komplexeres Produkt- und Dienstleistungsangebot
- Verstärkter Wettbewerbsdruck
- Kunden werden anspruchsvoller
- Kunden sind besser informiert
- Kunden sind weniger loyal

In einem zweiten Schritt wurden ausgewählte Wealth-Management-Marktstudien im Hinblick auf diese Veränderungstrends und die damit einhergehenden Herausforderungen untersucht. Die nachfolgende Tabelle 9 gibt einen Überblick, in welchen Studien welche Themen untersucht und diskutiert werden:

---

[103] Vgl. Abschnitt 1.4. (K3).

Studie	Regulatorischer Wandel	Qualifizierte Mitarbeiter	Produkt- und Dienstleistungsangebot	Verstärkter Wettbewerb	Kundenbedürfnisse	Informierte Kunden	Kundenloyalität
Accenture / Universität St. Gallen – Das schweizerische Bankwesen im Jahr 2010 (2004)	✓		✓	✓	✓		✓
Boston Consulting Group – Global Wealth (2005, 2006, 2007, 2008)	✓	✓	✓	✓	✓		
Datamonitor – Global Wealth Predictions (2007, 2008)	✓	✓			✓	✓	
IBM Business Consulting Services – European Wealth / Private Banking Industry Survey (2005)	✓	✓	✓	✓	✓		✓
Merrill Lynch / Capgemini – World Wealth Report (2006, 2007, 2008)		✓	✓	✓	✓		✓
McKinsey & Company – Private Banking Survey (2006, 2007)	✓	✓	✓	✓			
Oliver Wyman – Financial Services – The Future of Private Banking (2008)	✓	✓	✓	✓	✓		
PriceWaterhouseCoopers – Global Private Banking / Wealth Mgmt. Survey (2005, 2007)				✓	✓		
PriceWaterhouseCoopers – Client Relationship Managers (2006a)		✓	✓	✓			
Schweizerische Bankiervereinigung – Wealth Management in Switzerland (2007, 2009)	✓			✓			

Tabelle 9: Untersuchte Wealth-Management-Studien

In der Analyse der einzelnen Studien hat sich gezeigt, dass das Thema „Informierte Kunden" zwar implizit in der Beschreibung diverser Themen angenommen, jedoch nicht explizit erwähnt wurde. Bei der nachfolgenden Beschreibung der einzelnen Trends und Herausforderungen wird dieses Thema nicht gesondert betrachtet, sondern in den anderen Themen – als eine Art Meta-Treiber – berücksichtigt.

In einem dritten Schritt wurden im Rahmen einer Befragung[104] von 98 Teamleitern innerhalb der UBS AG die Themen im Hinblick auf vergangene Entwicklungen und zukünftige Erwartungen untersucht. Die Ergebnisse der Befragung sind in den beiden nachfolgenden Tabellen dargestellt. Weiters wurde gefragt, ob die Komplexität des Wealth-Management-Geschäfts in Zukunft abnehmen oder zunehmen wird. Fast alle Befragten, 96 %, sind der Meinung, dass das Wealth-Management-Geschäft in Zukunft komplexer werden wird.

---

[104] Vgl. Abschnitt 1.4. (E1).

Beobachtete Veränderungstrends im Wealth Management der letzten 5 bis 10 Jahre	stimme nicht zu	stimme teilweise zu	stimme größtenteils zu	stimme voll zu
Produktangebot wurde breiter und zunehmend komplexer	0 %	0 %	20 %	80 %
Kunden sind besser informiert	0 %	3 %	28 %	69 %
Konkurrenzsituation im WM-Geschäft hat sich verschärft	0 %	6 %	27 %	67 %
Regulatorische Veränderungen machen Beratung komplexer	2 %	8 %	29 %	61 %
Kunden wurden anspruchsvoller (steigende Kundenbedürfnisse)	0 %	7 %	37 %	56 %
Rekrutierung von qualifizierten Mitarbeitern wurde schwieriger	6 %	10 %	28 %	56 %
Kunden wurden weniger loyal (eher bereit Bank zu wechseln)	3 %	31 %	42 %	24 %

Antworten in % der befragten Personen; Auflistung nach Zustimmungsgrad

Tabelle 10: Beobachtete Veränderungstrends im Wealth Management der letzten 5 bis 10 Jahre
Quelle: Eigene Darstellung, Desk Head Survey (E1)

Erwartete zukünftige Veränderungstrends im Wealth Management	stimme nicht zu	stimme teilweise zu	stimme größtenteils zu	stimme voll zu
Konkurrenzsituation im WM wird sich erhöhen	0 %	2 %	25 %	73 %
Kunden werden besser informiert sein	0 %	5 %	29 %	66 %
Zukünftige regulatorische Veränderungen werden Beratung komplexer machen	0 %	3 %	32 %	65 %
Produktangebot wird breiter und komplexer	1 %	1 %	36 %	62 %
Kunden werden anspruchsvoller (steigende Kundenbedürfnisse)	0 %	8 %	36 %	56 %
Schwierigkeit qualifizierte Mitarbeiter zu rekrutieren erhöht sich	3 %	10 %	33 %	54 %
Kunden werden weniger loyal (eher bereit Bank zu wechseln)	1 %	21 %	46 %	32 %

Antworten in % der befragten Personen; Auflistung nach Zustimmungsgrad

Tabelle 11: Erwartete zukünftige Veränderungstrends im Wealth Management
Quelle: Eigene Darstellung, Desk Head Survey (E1)

In einem vierten Schritt wurden nochmals Expertengespräche geführt, um wesentliche Herausforderungen, die mit diesen Veränderungstrends für Wealth-Management-Anbieter einhergehen, vertieft zu diskutieren.

In den folgenden Abschnitten werden die einzelnen Veränderungstrends beleuchtet und die damit einhergehenden Herausforderungen aufgezeigt.

2.3.2. Regulatorischer Wandel

Das Bankgeheimnis, die politische Stabilität und die Diskretion waren lange Zeit wesentliche Erfolgsfaktoren für die Schweizer Wealth-Management-Anbieter. Diese Werte sind zwar nicht obsolet geworden, haben jedoch für die Wahl des Bankenplatzes an Bedeutung verloren.[105] Grund hierfür sind nicht zuletzt die sich verändernden regulatorischen Rahmenbedingungen. Der aktuell zu beobachtende Regulierungstrend wird sich fortsetzen[106] und entwickelt sich zunehmend zu einem zweischneidigen Schwert: Einerseits können Wirtschaftskriminalität, Geldwäscherei und Terrorismusfinanzierung dadurch wirkungsvoll bekämpft werden, gleichwohl geht andererseits damit die Gefahr der Überregulierung mit negativen wirtschaftlichen Folgen sowohl für die Schweizer Bankenlandschaft als auch für die Schweizer Volkswirtschaft[107] als Ganzes einher.

Die regulatorischen Rahmenbedingungen wirken grundsätzlich von drei Seiten auf die Schweizer Wealth-Management-Anbieter ein:[108] Erstens sind dies die in der Schweiz geltenden Rahmenbedingungen, welche wesentlich durch die wichtigsten Institutionen des Bankensektors – die Schweizerische Nationalbank, die Eidgenössische Finanzmarktaufsicht und die Schweizerische Bankiervereinigung – gestaltet werden.[109] Beispielhaft zu erwähnen ist hier die Meldepflicht bei begründetem Verdacht auf Geldwäscherei und der bekannte Grundsatz der Geldwäschereiprävention, „Know Your Customer"[110].

Zweitens sind die Wolfberg-Richtlinien zu erwähnen, welche eine grenzübergreifende weltweite Anwendung der Geldwäschereiprävention im Wealth Management gewähr-

---

[105] Vgl. Accenture / Universität St. Gallen, Zürich / St. Gallen 2004, 10 f.; Leone, D., Zürich 2005, 13.
[106] Vgl. SBVg, Wealth Management in Switzerland, Basel 2007, 16; Boston Consulting Group, Boston 2005, 7; Accenture / Universität St. Gallen, 2004, 8 f., PriceWaterhouseCoopers, Global Private Banking / Wealth Management Survey 2007, Zürich 2007, 14; Oliver Wyman Financial Services, London 2008, 11.
[107] Vgl. hierzu die volkswirtschaftliche Bedeutung des Private Bankings in der Schweiz, in: Koye, B., Zürich 2004, 58 ff.
[108] Diese Wirkungsfelder basieren jedoch nicht ausschließlich auf staatlichen Gesetzen und Verordnungen, sondern auch auf diversen Selbstregulierungen.
[109] Vgl. hierzu SBVg, Vereinbarung über die Standesregeln zur Sorgfaltspflicht der Banken (VSB 03), Basel 2002b; Eidgenössische Bankenkommission, Verordnung der Eidgenössischen Bankenkommission zur Verhinderung von Geldwäscherei, Bern 2002. Bundesversammlung der Schweizerischen Eidgenossenschaft, Bundesgesetz zur Bekämpfung der Geldwäscherei im Finanzsektor, Bern 1997.
[110] Die wichtigsten Punkte hier sind: Identifikation des Vertragspartners, Abklärung der Erwirtschaftung der Vermögenswerte, Feststellung des wirtschaftlich Berechtigten, Abklärung des Hintergrundes bei ungewöhnlichen Transaktionen, Beachtung der Vorschriften zu sensitiven Ländern und politisch exponierten Personen, Überwachung von Geschäftsbeziehungen.

leisten.[111] Die Wolfsberg-Gruppe besteht aus führenden internationalen Banken,[112] welche sich verpflichten, die Richtlinien weltweit anzuwenden, auch in oft weniger stark regulierten Offshore-Zentren. So kann verhindert werden, dass an manchen Standorten ‚regulatorische Arbitrage' betrieben wird.

Drittens wirken Regulatorien von Ländern, in denen Schweizer Wealth-Management-Anbieter direkt vertreten sind, sowie von Ländern, in welchen ausländische Kunden ansässig sind, die von Anbietern in der Schweiz betreut werden. Besonders erwähnenswert ist hier der verstärkte Druck, den die EU auf die Schweiz ausübt. Für die Schweizer Bankenlandschaft ist speziell die Zinsbesteuerung,[113] welche im Rahmen des zweiten bilateralen Abkommens[114] zwischen der EU und der Schweiz beschlossen wurde, von Relevanz. Kernstück des Abkommens ist die Einführung eines Steuerrückbehalts in gestaffelter Form[115] auf Zinszahlungen, die eine Zahlstelle in der Schweiz an eine natürliche Person mit steuerlichem Wohnsitz in einem EU-Land auszahlt. Das Schweizer Bankgeheimnis bleibt dadurch vollumfänglich bewahrt, dennoch geht dies mit einer Verschlechterung der Wettbewerbsfähigkeit der Schweizer Wealth-Management-Anbieter einher. Neben diesen europäischen Regelungen gelten ferner nationale Regelungen, welche Schweizer Wealth-Management-Anbieter vor Herausforderungen stellen. An dieser Stelle sei beispielhaft die „scudo fiscale", eine Steueramnestie, erwähnt, welche es italienischen Bürgern ermöglichte, innerhalb einer definierten Übergangsperiode im Ausland befindliches, aber der Steuerbehörde gegenüber nicht deklariertes Vermögen gegen Bezahlung einer geringen Strafsteuer von 2,5 % nach Italien zurückzuführen. Durch die Repatriierung konnten rund 110 Mrd. CHF nach Italien zurückgeführt werden, wobei fast 60 % aus der Schweiz kamen.[116] Italien ist kein Einzelfall, auch in Deutschland gab es eine Steueramnestie vom 01.01.2004 bis zum 31.03.2005. Die wesentliche Herausforderung Schweizer Banken bei solchen Steueramnestien besteht darin, die neu deklarierten Gelder zu

---

[111] Vgl. hierzu Major International Private Banks, Global Anti-Money-Laundering Guidelines for Private Banking – Wolfsberg AML Principles (1st revision), Wolfsberg 2002.
[112] Mitglieder der Wolfsberg-Gruppe sind Banco Santander, Bank of Tokyo-Mitsubishi, Barclays, Citigroup, Credit Suisse, Deutsche Bank, Goldman Sachs, HSBC, J.P.Morgan Chase, Société Générale und UBS (Stand Oktober 2008).
[113] Vgl. hierzu Schweizerische Eidgenossenschaft, Bundesgesetz zum Zinsbesteuerungsabkommen mit der Europäischen Gemeinschaft, Bern 2004.
[114] Vgl. hierzu z. B. Integrationsbüro Eidgenössisches Departement für auswärtige Angelegenheiten / Eidgenössischen Volkswirtschaftsdepartement, Bilaterale Abkommen II Schweiz – Europäische Union, Basel 2005.
[115] 15 % bis 20.06.2008; 20 % bis 30.06.2011; 35 % ab 01.07.2011.
[116] Vgl. o.V. Abgeflossene Gelder kommen zurück, in: Tages Anzeiger, 25.10.2003, 25.

halten, entweder weiterhin in der Schweiz oder in Onshore-Niederlassungen des jeweiligen Landes. So sind bspw. im Fall des „scudo finscale" 40 % der Gelder in der Schweiz geblieben und von den anderen 60 % ist wiederum die Hälfte in italienische Niederlassungen von Schweizer Banken geflossen.[117]

Es herrscht relativ große Einigkeit darüber, dass der Regulierungstrend der letzten Jahre – für den beispielhaft Basel II[118] und MiFID[119] erwähnt seien – zumindest mittelfristig anhalten wird.[120] Durch den anhaltenden Regulierungstrend müssen Wealth-Management-Anbieter ihr Geschäftsmodell regelmäßig überprüfen und gegebenenfalls anpassen. Zudem stellt es sie vor die Herausforderungen einer umfassenden und effizienten Implementierung, was vor allem für kleinere Institute oft mit einem enormen Kostendruck einhergeht.[121] Speziell auch die Wealth-Management-Front-Mitarbeiter stehen hier in der Pflicht, da sie den direkten Kontakt zu den Kunden haben und eine effektive Umsetzung bspw. des „Know Your Customer" nur durch sie gewährleistet werden kann.

2.3.3. Qualifizierte Mitarbeiter

Die Trendforschung zeigt, dass sich Unternehmen mehr und mehr zu Wissensorganisationen entwickeln, bei denen die Mitarbeiter das wichtigste Gut einer Unternehmung sind.[122] Auch Peter Wuffli, früherer CEO der UBS, betont: „Menschen sind im Finanzdienstleistungsgeschäft das wichtigste Kapital. Banking als ausgesprochenes People-Business lebt naturgemäss von der Qualität der Mitarbeiter. Erfolgsentscheidend im Finanzsektor ist letztlich die Qualität der Beziehung zwischen den Kunden und den Exponenten der Bank."[123] Ähnlich auch Oswald Grübel, früherer CEO der Credit Suisse und neuer CEO der UBS: „Im Bankgeschäft sind Mitarbeiter der wichtigste Wettbewerbsfaktor."[124] Die große Bedeutung der Mitarbeiterqualität im Bankgeschäft wird

---

[117] Vgl. Credit Suisse, Schweiz muss Eigenständigkeit bewahren, Zürich 2003, 1.
[118] Vgl. hierzu ausführlicher z. B. Amtsblatt der Europäischen Union, Richtlinie 2006 / 47 / EG des europäischen Partlaments und des Rates (Neufassung), 14.06.2006, Brüssel 2006.
[119] Vgl. hierzu ausführlicher z. B. Amtsbalt der Europäischen Union, Richtlinie 2004 / 39 / EG des europäischen Parlaments und des Rates, 21.04.2004, Brüssel 2004.
[120] Vgl. SBVg, 2007, 16; Boston Consulting Group, 2005, 7; Accenture / Universität St. Gallen, 2004,
8 f., PriceWaterhouseCoopers, Zürich 2007, 14; Grübel, O. J., Zürich 2009, 4 f.
[121] Vgl. IBM Business Consulting Services, 2005, 15; McKinsey & Company, 2006, 12.
[122] Vgl. z. B. Horx-Strathern, O., War for Talents. Die neue Arbeitswelt und die Personalpolitik der Zukunft. Eine Studie des Zukunftsinstituts von Matthias Horx, Bonn 2001.
[123] UBS AG, Talententwicklung – Aus eigenem Anbau, in: Our Times, Zürich 2006a, 4.
[124] Grübel, O. J., Zürich 2009, 3.

auch in diversen Studien bestätigt.[125] Qualifizierte Mitarbeiter sind im Wealth-Management-Geschäft jedoch besonders hart umkämpft, was auch mit dem demografischen Wandel zu tun hat, welcher das Wealth-Management-Geschäft grundsätzlich in zwei Richtungen wesentlich beeinflusst: Zum einen stellt die zunehmend älter werdende Bevölkerung eine Herausforderung im Hinblick auf das Produkt- und Dienstleistungsgeschäft dar, d. h., Bereiche wie bspw. die Vorsorgeplanung und die Vermögensübertragung an nachfolgende Generation werden zunehmend an Bedeutung gewinnen.[126] Zum anderen werden angesichts des Geburtenrückgangs immer weniger qualifizierte Mitarbeiter auf dem Markt verfügbar sein. Ab dem Jahr 2010 soll es einen massiven Mangel an gut ausgebildeten Arbeitskräften geben.[127] Schon im Jahr 1998 haben Chambers et al. mit dem bekannten Artikel „The War for Talent" auf diese Problematik hingewiesen.[128]

Der Kampf um qualifizierte Mitarbeiter hat im Wealth-Management-Geschäft längst begonnen und wird sich in Zukunft weiter verschärfen.[129] Dies zeigt sich in der Bankenpraxis immer wieder sehr deutlich. Kundenberater werden fast wöchentlich von Head Huntern kontaktiert.[130] In letzter Zeit geht der Trend verstärkt auch dahin, dass ganze Wealth-Management-Teams abgeworben werden.[131] In sehr umkämpften Wachstumsmärkten[132] wie bspw. Singapur werden qualifizierten Kundenberatern teilweise „signing-bonuses"[133] von bis zu 1,5 Jahresgehältern angeboten.[134] Solch eine aggressive Rekrutierungspolitik einiger Anbieter kann im Hinblick darauf, dass die top 20 % der Kundenberater für 52 % des Neugeldwachstums verantwortlich sind,[135] durchaus sinnvoll sein. Durch die mit dieser aggressiven Rekrutierungspolitik

---

[125] Vgl. z. B. PriceWaterhouseCoopers, Zürich 2006, 7; McKinsey & Company, Zürich 2006, 11 sowie PriceWaterhouseCoopers, Zürich 2007, 12 und 15.
[126] Vgl. hierzu Abschnitt 4.4.2.3.
[127] Vgl. Capgemini Consulting, Demographische Trends 2007, Frankfurt 2007, 5 und 11.
[128] Vgl. Chambers, E. G. / Foulon, M. / Handfield-Jones, H. / et al., The War for Talent, in: The McKinsey Quaterly, 3 / 1998.
[129] Vgl. Merrill Lynch / Capgemini, New York 2008, 31 ff.; Oliver Wyman Financial Services, London 2008, 12 und 16; PriceWaterhouseCoopers, Zürich 2007, 37.
[130] Dies basiert auf Gesprächen mit Kundenberatern innerhalb UBS AG.
[131] Dies basiert auf Expertengespraechen (K3); Vgl. hierzu auch Cocca, T. D., Wien 2008, 704.
[132] Vgl. Datamonitor, Global Wealth Predictions 2007, New York 2006, 7.
[133] Als „signing bonus" wird eine einmalige monetäre Vergütung durch ein Unternehmen an neue Mitarbeiter verstanden. Dies soll meist ein zusätzlicher Anreiz darstellen, damit potentielle Mitarbeiter ein Arbeitsvertragsverhältnis mit dem offerierenden Unternehmen eingehen.
[134] Dies basiert auf Gesprächen mit Kundenberatern der UBS AG in Singapur.
[135] Vgl. Maude, D., New York 2006, 140 f; vgl. hierzu auch McKinsey & Company, Zürich 2006, 11. Die schlechtesten 10 % der Kundenberater generieren je einen Umsatz von 338 000 EUR, wohingegen die besten 10 % einen Umsatz von je 2 601 000 EUR aufweisen.

einhergehenden hohen Mitarbeitervergütungen und den generellen Mangel an gut ausgebildeten Kundenberatern konzentrieren sich immer mehr zukunftsorientierte Anbieter auf eine umfassende Inhouse-Ausbildung ihrer Mitarbeiter.[136] So hat die UBS AG bspw. in der Schweiz und in den USA große Ausbildungszentren und hat durch die Gründung des „UBS Wealth Management Campus – Asia Pacific" gerade drittes Standbein geschaffen.[137] Auch die Bindung, speziell der Top-Kundenberater, wird zunehmend an Bedeutung gewinnen.[138] Traditionell wird im Wealth-Management-Geschäft davon ausgegangen, dass Kunden sehr loyal gegenüber ihren Kundenberatern sind und sowohl die Kundenbeziehung als auch die damit einhergehende Vermögensbasis stark am einzelnen Kundenberater hängt. Eine aktuelle Studie von IBM Business Consulting lässt an dieser Beziehung aber durchaus zweifeln, denn die Ergebnisse zeigen, dass das Mitgehen mit einem wechselnden Kundenberater zu den schwächsten Gründen gehört, aus denen ein Kunde die Bank verlässt.[139] Weiters zeigt sich, dass zwei Drittel der Banken weniger als 10 % der Assets verlieren, wenn ein Kundenberater zur Konkurrenz wechselt.[140] Dennoch bleibt die Kundenberaterbindung ausgesprochen wichtig, wobei eine Verschiebung der Fokussierung auf die Top-Kundenberater zu erkennen ist.[141]

Die Relevanz der Mitarbeiter als wesentliches Erfolgs- und Differenzierungsmerkmal und der starke Wettbewerb um gut ausgebildete Mitarbeiter im Wealth-Management-Geschäft stellen die Anbieter vor große Herausforderungen. Die Mitarbeiterakquisition, -entwicklung und -bindung wird für Wealth-Management-Anbieter in Zukunft wichtiger denn je. Führende Wealth-Management-Anbieter haben diesen Trend erkannt und beschäftigen sich bereits sehr intensiv mit diesen Themen. So hat bspw. die USB den Bereich „Talent Development"[142] als Hauptgeschäftspriorität definiert.[143]

---

[136] Vgl. Mercer Oliver Wyman, European Wealth Management Survey 2004 – Wealth Management Strategies for Success, London 2005, 27.
[137] Vgl. UBS AG, Wealth Management Campus – Asia Pacific, Learning & Leadership in Asia Pacific, Ausgabe 1 / September (Newsletter), Zürich 2006b.
[138] Vgl. PriceWaterhouseCoopers, Zürich 2007, 15.
[139] Vgl. IBM Business Consulting Services, London 2005, 33.
[140] Vgl. IBM Business Consulting Services, European Wealth / Private Banking Industry Survey 2003, London 2003.
[141] Dies lässt sich aus dem Incentivierungsmodell der UBS AG, als global führendem Wealth-Management-Anbieter, ableiten.
[142] Unter „Talent Development" versteht die UBS AG nicht nur die Entwicklung, sondern auch die Akquisition und Bindung der Mitarbeiter.
[143] Vgl. UBS AG, Global Wealth Management & Business Banking - Strategy, Zürich 2007, 3. Als weitere Prioritäten werden genannt: Growth orientation, Leadership, Perfecting our client experience, industry leadership in efficiency and risk management.

2.3.4. Produkt- und Dienstleistungsangebot

Ähnlich wie bei der Definition von Wealth Management ist es auch schwierig, ein allgemein gültiges und allumfassendes Produktangebot aufzuzeigen. Dies spiegelt wiederum den stetigen Wandel wider, in dem sich das Wealth-Management-Geschäft befindet. Grundsätzlich lassen sich die Dienstleistungen jedoch in fünf Finanzbereiche gliedern: Anlagen, Finanzierung, Vorsorge, Steuern und Erbschaften.[144] In jedem Bereich wird wiederum eine breite Palette von Produkten angeboten, die nachfolgend zusammengefasst sind:

Bereich	Produkte
Anlagen	Anlageberatung Vermögensverwaltung An- und Verkauf von Wertschriften Immobilienberatung
Finanzierung	Lombardkredite Hypotheken
Vorsorge	Steuerbegünstigtes Sparen Lebens- und Rentenversicherungen Steuerliche und erbrechtliche Optimierung
Steuern	Erstellen von Steuererklärungen Steuerplanung und -optimierung
Erbschaft	Erb- und Eheverträge Testamente Willensvollstreckung Erbschaftsliquidation Nachfolgeplanung (Trusts / Stiftungen)
Weitere	Integrierte Finanzberatung (Assets & Liabilities) Transaktionskonten Kreditkarten Depot, Safe Spezialberatung (z. B. Art Banking,[145] Relocation Planning[146])

Tabelle 12: Produkte- und Dienstleistungsangebot im Wealth Management
Quelle: Modifizierte Darstellung nach Prinz, P., St. Gallen 2001 und UBS AG, Zürich 2007a

Das Produkt- und Dienstleistungsangebot im Wealth Management vergrößert sich und wird zunehmend komplexer.[147] Eigentlich bankenfremde Dienstleistungen wie bspw. die Beratung bei Kunstgegenständen („Art Banking") wird bei einigen größeren

---

[144] Vgl. Prinz, P., Strategische Angebotsgestaltung im Private Banking – Eine systemorientierte Betrachtung der Private Banking-Marktleistung, St. Gallen 2001, 41.
[145] Die UBS AG beschreibt „Art Banking" als eine exklusive Dienstleistung für Wealth-Management-Kunden; sie berät beim Erwerb bzw. bei der Veräußerung von Kunstgegenständen und entwirft nach Bedarf auch eine individuelle Investment-Strategie.
[146] Dies ist eine umfassende Beratung in sämtlichen Fragen rund um die Verlegung des Wohnsitzes in die Schweiz. UBS bietet bspw. folgende Dienstleistungen für ausländische Kunden mit Erwerbstätigkeit in der Schweiz an: Steuerplanung vor dem Zuzug in die Schweiz, Steuerberatung und Steuervertretung in der Schweiz, Nachfolgeregelung nach schweizerischem Recht.
[147] Vgl. Maude, D., New York 2006, 77 ff.

Anbietern in die Produktpalette integriert, um so Kontakt zu neuen Kunden herzustellen und diese zu akquirieren, bestehende Kunden zu binden und nicht zuletzt eine umfassende und integrierte Beratung gewährleisten zu können. Auch die Zeit, in der sich Vermögensanlage und -verwaltung auf die klassischen Instrumente wie Aktien, Anleihen und Geldmarktanlagen beschränken, ist längst vorbei. Neuere Produkte wie Hedge Fonds, Private Equity und strukturierte Produkte erfreuen sich immer größeren Interesses.[148] Aus Kundensicht ist die Aufnahme dieser Produkte in das Portfolio aufgrund geringerer Korrelationen zu traditionellen Anlagekategorien im Hinblick auf ein verbessertes Risiko-Ertragsprofil sinnvoll. Die Wealth-Management-Anbieter profitieren wiederum von den hohen Margen die diese Produkte abwerfen.[149]

Durch diese wachsende Produktvielfalt werden immer mehr Produkte von externen Spezialanbietern bezogen, dieser Trend zeigt sich besonders stark bei den neueren komplexeren Produkten wie Hedge Fonds, die zu 33 % von externen Anbietern bezogen werden (bei , Private Equity zu 33 % und bei strukturierten Produkten zu 19 %).[150] Damit einher geht die verstärkte Einführung der so genannten „open architecture"[151]. Neben den bankeigenen Produkten werden zudem Produkte anderer Anbieter in die Investmentvorschläge und -strategien integriert. Dem zunehmend anspruchsvoller werdenden Kunden[152] soll so aufgezeigt werden, dass die besten auf dem Markt verfügbaren Produkte im Hinblick auf seine individuellen Bedürfnisse ausgewählt werden. Es zeigt sich jedoch, dass hier noch ein großes Potential besteht, da die Wealth-Management-Anbieter größtenteils immer noch die eigenen Produkte anbieten und Drittprodukte anderer Anbieter nur beschränkt integrieren. PriceWaterhouseCoopers formuliert dies in einer Studie wie folgt: „open architecture is

---

[148] Vgl. z. B. Boston Consulting Group, Boston 2005, 10; McKinsey & Company, Zürich 2006, 10; Datamonitor, Global Wealth Predictions 2008, New York 2007, 7. Vor dem Hintergrund der aktuellen Finanzkrise haben „alternative Anlagen" zwar etwas an Popularität und Bedeutung verloren. Jedoch wird erwartet, dass die Allokation in diese Anlageklasse in den nächsten Jahren wieder zunehmen wird. Vgl. hierzu Merrill Lynch / Capgemini, New York 2008, 14 f.
[149] Vgl. IBM Business Consulting Services, 2005, 56; PriceWaterhouseCoopers, Zürich 2005, 13. McKinsey & Company, Zürich 2006, 8. Gleichwohl ist hier jedoch der Konflikt zwischen einer hohen Marge für die Bank und die Nettoperformance für den Kunden zu erwähnen. Vgl. hierzu z. B. Boston Consulting Group, Boston 2005, 10.
[150] Vgl. IBM Business Consulting Services, London 2005, 57; PriceWaterhouseCoopers zeigt leicht abweichende Zahlen: Hegde Funds 31 %, Private Equity 23 %, Strukturierte Produke 19 %. Vgl. hierzu PriceWaterhouseCoopers, Zürich 2005, 12.
[151] Zentral in diesem Zusammenhang sind auch die erhöhten Kundenbedürfnisse. Vgl. Oliver Wyman Financial Services, London 2008, 21 sowie Abschnitt 2.3.6.
[152] Vgl. hierzu Abschnitt 2.3.6.

more a myth than a reality, particularly in small- to medium-sized organisations"[153]. Auch das „Wealth Planning"[154] wird in Zukunft an Bedeutung gewinnen.[155] Dies geht insbesondere damit einher, dass in den nächsten Jahren eine steigende Anzahl von Vermögensübertragungen an die nachfolgende Generation erfolgt.[156] Grund für die steigende Vermögensübertragung in den nächsten Jahren sind die nach dem zweiten Weltkrieg geborenen „Baby Boomer", welche ein Leben lang Kapital angehäuft haben und sich nun ihrem Pensionierungsalter bzw. dem Lebensabend nähern.[157]

All dies geht mit neuen Herausforderungen für Wealth-Management-Anbieter einher. Nach einer Studie von McKinsey[158] haben nur 60 % der Kundenberater ein profundes Verständnis des vollen Produkt- und Dienstleistungsangebots. 40 % der Kundenberater sind folglich nicht in der Lage, anspruchsvollen Privatkunden eine umfassende und maßgeschneiderte Lösung anzubieten. Die Wealth-Management-Anbieter stehen somit vor der Herausforderung, ihre Kundenberater umfassend auszubilden. Auch eine strukturierte, bedürfnisorientierte Beratung ist essentiell, um aus dem breiten und komplexen Angebot die passenden Produkte in die maßgeschneiderte Lösung zu integrieren. Zunehmend wichtig ist in diesem Zusammenhang auch die verstärkte Kooperation zwischen Kundenberater und internen Spezialisten, denn aufgrund des umfangreicher und komplexer werdenden Angebots und den erhöhten Kundenbedürfnissen[159] wird der Kundenberater nicht mehr in der Lage sein, eine umfassende Kundenlösung aus eigener Hand bereitzustellen. Die Anbieter stehen weiters vor der Herausforderung, eine breite Palette innovativer Produkte anbieten zu können, was speziell für kleinere Anbieter schwierig ist. Es ist folglich unerlässlich, externe spezialisierte Partner zu finden, um einerseits gezielte Produktproduktionen auszulagern

---

[153] PriceWaterhouseCoopers, Zürich 2005, 12.
[154] „Wealth Planning" und „Financial Planning" werden in dieser Arbeit synonym verwendet. Die UBS AG subsumiert unter dem Begriff „Wealth Planning" insbesondere folgende Finanzdienstleistungen: Finanzplanung, Steuerplanung, Vorsorgeplanung, Nachfolgeplanung, Trusts und Stiftungen. Vgl. UBS AG, Zürich 2007a. Vgl. zu diesem Thema ausführlicher z. B. Krauss, P. J., Financial Planning in der Praxis – Private Finanzplanung erfolgreich umsetzen, Wiesbaden 2006; Tilmes, R., Financial Planning im Private Banking – kundenorientierte Gestaltung einer Beratungsdienstleistung, Uhlenbruch 2001.
[155] Vgl. z. B. Datamonitor, Wealth management business models in 20 years – the long term view, New York 2006, 24; Boston Consulting Group, Boston 2006, 22 f.; Citigroup Private Bank – New Perspectives on Wealth Management – A survey of the World's Wealthiest Families, New York 2006, 2.
[156] In den nächsten 50 Jahren soll ein Vermögenstransfer im Umfang von 41 bis 136 Billionen USD stattfinden. Vgl. Merrill Lynch / Capgemini, World Wealth Report 2004, New York 2004, 20.
[157] Vgl. Zenker, C. A., Relationship Equity im Private Banking, St. Gallen 2006, 35.
[158] Vgl. McKinsey & Company, Zürich 2006, 11.
[159] Vgl. Abschnitt 2.3.6.

und andererseits Geschäftsbeziehungen mit anderen Produktanbietern für das „open architecture"-Angebot einzugehen.

2.3.5. Verstärkter Wettbewerb

In den durchgeführten Expertengesprächen[160] wurde der verstärkte Wettbewerb sehr oft erwähnt, wobei die Interpretation unterschiedlich ausfiel. Die Ausführungen lassen sich aber grundsätzlich in zwei große Bereiche gliedern: Zum einen in eine Makro-Ebene, bei der die breite Marktentwicklung thematisiert wurde. Speziell wurden hier die Bedeutung und der Wandel von Off- und Onshore-Märkten, die verstärkte Marktkonsolidierung und die damit einhergehenden M & A-Aktivitäten thematisiert. Zum anderen wurde auf Mikro-Ebene der verstärkte Kampf um die einzelnen Kunden besonders hervorgehoben. Weiters wurde erwähnt, dass die Anbieter sich aufgrund dieser Entwicklung wieder verstärkt auf das Kundengeschäft und deren Effektivität fokussieren. Dies verdeutlicht auch eine Studie von Accenture und der Universität St. Gallen, die eine klare Verlagerung der Investitionsschwerpunkte hin zu einer verstärkten Kundenakquisition und -bindungsorientierung prognostiziert.[161]

Das Onshore-Geschäft wird im Vergleich zum Offshore-Geschäft stark an Bedeutung gewinnen.[162] Hauptgrund hierfür sind die signifikant unterschiedlichen Wachstumsraten zwischen On- und Offshore-Geschäft.[163] Eine Studie von McKinsey & Company zeigt, dass die jährliche Wachstumsrate des Offshore-Geschäfts ungefähr 8 % unter der des Onshore-Geschäfts liegt.[164] Ein Blick auf das traditionsreiche Schweizer Offshore-Zentrum zeigt ein ähnliches Bild. Das Geschäft ist zwar sehr rentabel, jedoch zeichnet sich ganz klar eine Wachstumsverlangsamung ab.[165] Speziell börsenkotierte Anbieter stehen daher vor der Herausforderung, im wachstumsstärkeren Onshore-Geschäft tätig zu werden.[166] Die beiden Schweizer Großbanken haben seit 2001 eine klare Onshore-Strategie in Europa mit den Kernmärkten Deutschland, Italien, Großbritannien,

---

[160] Vgl. hierzu Abschnitt 1.4. (K3).
[161] Vgl. Accenture / Universität St. Gallen, Zürich / St. Gallen 2004, 7.
[162] Vgl. z. B. Boston Consulting Group, Boston 2005, 6 f.; IBM Business Consulting Services, London 2005, 24; Cocca T. D., Schweizerisches Private Banking – Markt in Wachstums- oder Reifephase?, in: Der Schweizer Treuhänder 04 / 05, 276; Oliver Wyman, London 2008, 10 ff.; Cocca, T. D., Wien 2008, 696.
[163] Vgl. IBM Business Consulting Services, London 2005, 15.
[164] Vgl. McKinsey & Company, Zürich 2006, 6.
[165] Vgl. Cocca T. D., Zürich 2005, 275.
[166] Vgl. Cocca, T. D., Wien 2008, 704.

Frankreich und Spanien.[167] Diese Fokussierung lässt sich anhand der Daten der UBS AG wie folgt verdeutlichen:[168]

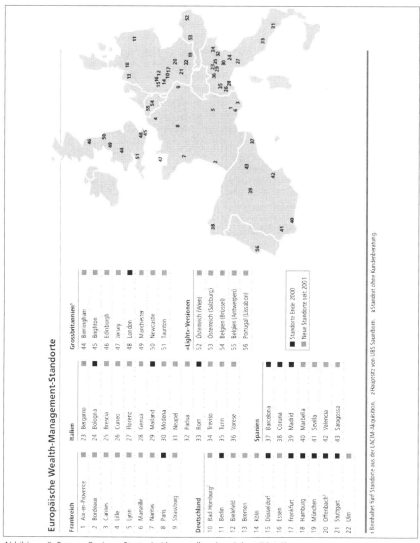

Abbildung 6: Europa-Onshore-Strategie (dargestellt anhand der UBS AG)
Quelle: UBS AG, Geschäftsbericht 2007, Zürich 2008b, 99

---

[167] Vgl. Credit Suisse Group, Geschäftsbericht 2001, Zürich 2002, 11; UBS AG, Jahresbericht 2002, Zürich 2003, 12; UBS AG, Global Wealth Management & Business Banking – Strategy, Zürich 2007b, 32.
[168] Vgl. UBS AG, Zürich 2007b, 37.

Neben der in 2001 eingeleiteten Onshore-Europa-Strategie werden nun auch vermehrt Emerging Markets als Onshore-Märkte in die Geschäftsstrategie einbezogen. Der wesentliche Fokus liegt hier auf den BRIC-Staaten Brasilien, Russland, Indien und China, bei denen Wachstumsraten[169] von bis zu 15,6 % erwartet werden.[170] Das verstärkte Engagement der Anbieter in wachstumsträchtigeren Onshore-Märkten wird den Konsolidierungstrend[171] im hoch fragmentierten globalen Wealth-Management-Markt in Zukunft noch beschleunigen.[172] Während 45 % der Anbieter in den letzten drei Jahren eine Akquisition gemacht haben, planen 91 % der Anbieter, in den nächsten drei Jahren einen anderen Anbieter zu akquirieren.[173] Der Kampf um die wenigen geeigneten Übernahmekandidaten[174] wird sich folglich verschärfen.

Diese Entwicklung stellt die Wealth-Management-Anbieter vor die Herausforderung, sich abgestimmt auf das Geschäftsmodell klar zu positionieren. Die Typologie der Geschäftsmodelle nach der Größe des Anbieters wird von der SBVg wie folgt dargestellt:[175]

Größe der Anbieter	Typisches Business-Modell	- Kernelemente -
Global Players bis große Anbieter	Integrierte Investment-Management-Wertschöpfungskette; in-sourcing der Dienstleistungen Umfassendes Eigen- und Drittproduktdienstleistungsangebot **Globale Marktpräsenz, Breite weltweite On- / Offshore Aufstellung**	
Große bis mittlere Anbieter	Fokus auf Kernelemente der Investment Management Wertschöpfungskette Diversifiziertes Produktangebot; Ausgewählte Drittproduktpartner **On- / Offshore Geschäft im Heimatmarkt, Präsenz in ausgewählten Wachstumsmärkten / Buchungszentren**	

Fortsetzung der Tabelle auf der nächsten Seite

---

[169] Ausgedrückt in AuM von vermögenden Privatpersonen.
[170] Vgl. Boston Consulting Group, Boston 2005, 13 ff. Hier werden nur die Länder Russland, Indien und China erwähnt. Auch Brasilien gilt als sehr attraktiver Markt, was die Akquisition der Banco Pactual S.A. durch die UBS AG bestätigt. Vgl. hierzu auch Purushothaman, R. / Wilson, D., Dreaming with BRICs: The Path to 2050, Goldman Sachs, New York 2005.
[171] Als weitere Gründe werden neben der geographischen Expansion noch „economies of scale", „market share" und „product capabilieties" erwähnt. Vgl. hierzu SBVg, Basel 2007, 15; PriceWaterhouseCoopers, Zürich 2006, 7.
[172] Vgl. SBVg, Basel 2007, 15; IBM Business Consulting Services, London 2005, 16; Merrill Lynch / Capgemini, New York 2006, 20.
[173] Vgl. Merrill Lynch / Capgemini, New York 2006, 21. Accenture / Universität St. Gallen, Zürich / St. Gallen 2004, 5, hingegen ist der Meinung, dass keine Akquisitionswelle der Schweizer Anbieter im Ausland stattfinden wird, sondern vielmehr eine organische Wachstumsstrategie verfolgt wird.
[174] Vgl. Accenture / Universität St. Gallen, Zürich / St. Gallen 2004, 5, betont, dass es nur eine geringe Zahl geeigneter Kandidaten gibt.
[175] Vgl. SBVg, Basel 2007, 13; vgl. auch Boston Consulting Group, Boston 2005, 7; McKinsey & Company, Zürich 2006, 8.

Mittlere bis kleine Anbieter	Begrenzte Investment Management Wertschöpfungskette; Fokus auf differenzierte / spezielle Dienstleistungen Spezialisierung auf Nischenprodukte; Ausgewählte Drittproduktpartner **Spezialisierung auf On- / Offshore Nischenkunden, Ausgewählte Distributionskanäle**

Tabelle 13: Typisches Business-Modell im Wealth Management nach Anbietergröße
Quelle: SBVg, Basel 2007, 13

Eine weitere zukunftsorientierte Geschäftsstrategie ist die Fokussierung auf einzelne Großstädte mit einer hohen Population an vermögenden Privatkunden. Speziell wenn es um den Markteintritt in Wachstumsmärkte wie etwa die BRIC-Staaten geht, ist dies eine adäquate Strategie.[176] So lebt bspw. die Hälfte aller Millionäre Russlands in Moskau, in Indien leben 30 % der Millionäre in Mumbai und Delhi, in Brasilien findet sich eine große Konzentration der Millionäre in São Paulo und Rio de Janeiro.[177]

Neben dem verschärften Wettbewerb auf Gesamtmarktebene wurde von den befragten Personen speziell auch der Kampf um den einzelnen Kunden erwähnt, der sich in letzter Zeit sehr intensiviert hat.[178] Der Kunde rückt im Bewusstsein der Wealth-Management-Anbieter wieder mehr in den Mittelpunkt und es zeichnet sich eine verstärkte Verlagerung hin zu einer Kundenakquisitions- und Kundenbindungsorientierung ab.[179] Einhergehend mit dieser Entwicklung und dem Wachstums- und Profitabilitätsstreben[180] der Banken werden sich die Wealth-Management-Anbieter in Zukunft verstärkt auf die effektive Gestaltung des Kundengeschäfts fokussieren.[181] Zum einen geht dies mit der Herausforderung einher, auf breiterer Basis eine hohe Service- und Beratungsqualität bereitzustellen. Zum anderen steht das Wealth Management vor der Herausforderung, sowohl gezielt Neukunden zu akquirieren als auch bestehende Kunden zu binden, deren Potential auszuschöpfen und schließlich auch verlorene Kunden systematisch zurückzugewinnen.[182]

---

[176] Vgl. Boston Consulting Group, Boston 2006, 9.
[177] Vgl. Boston Consulting Group, Boston 2006, 30.
[178] Dies basiert auf Expertengesprächen (K3).
[179] Vgl. Accenture / Universität St. Gallen, Zürich / St. Gallen 2004, 7. Vgl. auch Boston Consulting Group, Boston 2005, 21 welche eine ähnliche Entwicklung bestätigt. In den letzten Jahren lag der Fokus der Anbieter mehr auf Backoffice-Initiativen, während sich der Fokus nun immer mehr auf das Frontoffice richtet. Vgl. auch Boston Consulting Group, Boston 2008, 11 f.
[180] Vgl. IBM Business Consulting Services, London 2005, 69.
[181] Vgl. PriceWaterhouseCoopers, Zürich 2005, 10.
[182] Dies basiert auf Expertengesprächen (K3).

2.3.6. Kundenbedürfnisse

Die sich verändernden und steigenden Kundenbedürfnisse stellen nach einer Studie von Merrill Lynch und Capgemini den bedeutsamsten Trend des nächsten Jahrzehnts und auch eine der größten Herausforderungen für Wealth-Management-Anbieter dar.[183] Die Altersstruktur der vermögenden Privatkunden ist relativ hoch und viele der nach dem zweiten Weltkrieg geborenen „Baby Boomer" stehen kurz vor der Vermögensübertragung an die Nachfolgegeneration.[184] So sind 61 % der vermögenden Privatkunden älter als 56 Jahre (im Vergleich zu 15 % der weltweiten Population über 56 Jahre) und 83 % der Kunden haben Kinder, wodurch es die Wealth-Management-Anbieter in naher Zukunft verstärkt mit einer jüngeren Kundenklientel zu tun haben werden.[185] Der Großteil der Ertragszuwächse wird heute schon durch die jüngere Generation generiert – mit steigender Tendenz.[186] Diese Generation weist ein tendenziell höheres Bildungsniveau sowie abweichende Wert- und Lebenseinstellungen auf. Zudem haben die jüngeren Generationen einen selbstverständlicheren Zugang zu modernen Informations- und Kommunikationstechnologien und sind folglich besser informiert.[187]

Im Hinblick auf diese Veränderungen stehen Wealth-Management-Anbieter einer anspruchsvolleren Kundschaft gegenüber. Neben den Basisbedürfnissen, Diskretion und Sicherheit, rücken vor allem die Qualität des Kundenservices und die Qualität der Investmentberatung verstärkt ins Zentrum.[188] Die nachfolgende Abbildung 7 verdeutlicht dies nochmals anhand der 11 wichtigsten Entscheidungskriterien für die Wealth-Manager-Selektion.

---

[183] Vgl. Merrill Lynch / Capgemini, New York 2006, 3. sowie Capgemini Financial Services, Client retention, cost management & competitive framework of Private Wealth Managers, Rosemont 2007, 3 f.
[184] Vgl. Zenker, C. A., Relationship Equity im Private Banking, St. Gallen 2006, 35.
[185] Vgl. Merrill Lynch / Capgemini, New York 2006, 23. Wealth-Management-Anbieter richten ihre Strategie auch verstärkt auf diese jüngere Generation aus. Vgl. KPMG, Beyond the baby boomers – the rise of Generation Y, 07 / 2007, 4.
[186] Vgl. PriceWaterhouseCoopers, Zürich 2006, 15. Hier wird gezeigt, dass der Großteil der aus eigener Kraft zu generierenden Ertragszuwächse auf neuen Kunden basiert. Wöhle, C. B., Bern 1999, 63 zeigt weiterführend, dass der bedeutende Anteil an den neuen Kunden wiederum die jüngere Generation ausmacht. Zur steigenden Tendenz vgl. PriceWaterhouseCoopers, European Private Banking Survey 1996 – An Examination of the Key Trends, Challenges and Opportunities facing Private Banks in Europe towards the Millenium and Beyond, London 1996, 10 mit PriceWaterhouseCoopers, Zürich 2006, 15.
[187] Vgl. Wöhle, C. B., Bern 1999, 63 f. und Cocca, T. D. / Siebenthal, P. / Volkart, R., Schweizer Private Banking Kunden – Eine Kundenbefragung, mit speziellem Fokus auf die Kundenberatung und das Internet, Zürich 2009, 8.
[188] Vgl. IBM Business Consulting Services, London 2005, 31.

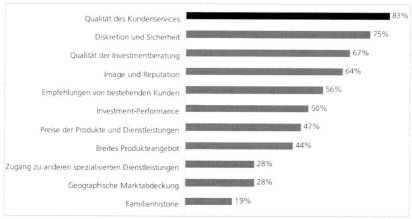

Abbildung 7: Entscheidungskriterien für die Wealth-Manager-Selektion
Quelle: IBM Business Consulting Services, London 2005, 31

Aus verhaltensorientierter Sicht weist die jüngere Generation im Vergleich zur traditionellen Wealth-Management-Klientel eine verstärkte Performanceorientierung, eine höhere Risikobereitschaft, eine stärkere internationale Ausrichtung, eine aktivere Beteiligung am Finanzanlageprozess sowie die Forderung nach neueren, komplexeren Produkten auf.[189] Im Hinblick auf die erhöhte Serviceorientierung wünscht sich die jüngere Klientel mehr Kontakt zur Bank respektive zum Kundenberater.[190] Datamonitor prognostiziert in diesem Zusammenhang die verstärkte Etablierung von „virtual meetings" via Videokonferenz.[191] Angesichts der sich stetig verbessernden Informations- und Kommunikationsmittel ist dieser Trend sicherlich absehbar, wobei er sich nach Meinung des Autors auf Kunden mit „complex money"[192] beschränken wird. Kunden mit nicht deklariertem „simple money" werden aus Vertrauen- und Sicherheitsgründen weiterhin das traditionelle persönliche Beratungsgespräch suchen.

Im Hinblick auf diesen Kundenstrukturwandel geht der Trend dahin, dass die Anbieter sich verstärkt auf die Bedürfniserhebung des Kunden konzentrieren und weniger auf den reinen Produktvorschlag, wodurch auf die individuellen Bedürfnisse des anspruchsvolleren Kunden besser eingegangen werden kann und schließlich auch

---

[189] Vgl. Wöhle, C. B., Bern 1999, 64.
[190] Vgl. Datamonitor, New York 2006, 18.
[191] Vgl. Datamonitor, New York 2006, 18.
[192] Im Offshore-Banking wird zwischen „complex money" und „simple money" unterschieden. „Complex money" ist im Gegensatz zu „simple money" im steuerlichen Wohnsitz des Kunden offiziell deklariert.

maßgeschneiderte Vorschläge präsentiert werden können. Um die steigenden und komplexeren Bedürfnisse des Kunden optimal befriedigen zu können, wird der Trend dahin gehen, dass neben der traditionellen Kundensegmentierung nach Vermögensgröße vermehrt bedürfnisorientierte Segmentierungen bzw. Sub-Segmentierungen eingeführt werden.[193] Das Swiss Finance Institute[194] hat anhand der Wertschöpfungskette im Wealth Management folgende vier Dimensionen des Kundenverhaltens im Hinblick auf den Aufbau einer adäquaten bedürfnisorientierten Segmentierung herausgearbeitet:[195]

Dimension	Charakteristiken
1. Akquisition	Möglichkeiten und Methoden zur Akquirierung neuer Kunden nach Spezial-Segmenten sind vorhanden.
2. Beratung	Bereiche, bei denen eine Beratung nach Segmenten bzw. aufgrund der Komplexität des Serviceangebots sinnvoll ist.
3. Produkte & Dienstleistungen	Segmente benötigen ein produkt- und dienstleistungsspezifisches Angebot.
4. Beziehungsgestaltung	Kunden aus den Segmenten haben ähnliche Charakteristiken im Hinblick auf die Kundenbeziehungsgestaltung (Kontaktfrequenz, Intensität etc.).

Tabelle 14: Dimensionen einer bedürfnisorientierten Segmentsgestaltung
Quelle: Leicht modifiziert nach Hürzeler, H. / Basler, S. K., Zürich 2002, 4

Aufbauend auf diesen vier Dimensionen schlägt das Swiss Finance Institute (Hürzeler, H. / Basler, S. K.) folgende Segmentierung nach Vermögensentstehung vor:

Segment	Beschreibung
Executives	Vom oberen Führungskader bis hin zur Geschäftsleitung (speziell von großen internationalen Unternehmen)
Entrepreneurs	Von bereits erfolgreichen Unternehmern bis hin zu potentiell erfolgreichen Unternehmern mit guten Geschäftsideen.
Professionals	Exzellente Fachleute in einem bestimmten Gebiet mit hohen finanziellen Vergütungen.
Stars	Außerordentliche Fähigkeiten in einem anderen als den oben erwähnten Segmenten mit hohen finanziellen Vergütungen (z. B. Sport oder Entertainment).
Retirees	Alle aus obigen Segmenten in deren Ruhestand sowie Personen, die durch einen moderaten langfristigen Erfolg am Ende ihrer Karriere eine beträchtliche Rentenauszahlung bekommen.

Tabelle 15: Segmentierung nach Vermögensentstehung
Quelle: Leicht modifiziert nach Hürzeler, H. / Basler, S. K., Zürich 2002, 4

---

[193] Vgl. Merrill Lynch / Capgemini, World Wealth Report 2007, New York 2007, 24 ff.
[194] Die frühere Swiss Banking School und FAME haben sich zusammengeschlossen und operieren seit dem 01.01.2006 unter dem Namen Swiss Finance Institute.
[195] Vgl. Hürzeler, H. / Basler, S. K., The New Wealth in Private Banking – Managing and Linking the Segments, in: Swiss Banking School, Discussion Paper No. 2, Zürich 2002, 3 ff.

Die britische Privatbank Coutts & Co. hat solch eine bedürfnisorientierte Segmentierung nach Vermögensentstehung als erstes im Jahre 2001 etabliert,[196] wobei die Kunden in eines von neun der folgenden Segmente eingeteilt werden: Entrepreneurs, Professionals, Aquired Wealth, Landowners, Retirees, Sports & Entertainment, International, Inpatriates and Executives.[197] Die UBS AG hat eine ähnliche Segmentierung, wobei die Vermögensgröße weiterhin als primäres Segmentierungskriterium gilt und die Vermögensherkunft als Sub-Segmentierung etabliert wird. Die Sub-Segmentierung erfolgt in die folgenden Kategorien: Executives, Entrepreneurs, Professionals, Retired, Independent Wealthy. Anhand der Marktgröße lässt sich diese Sub-Segmentierung wie folgt skizzieren:

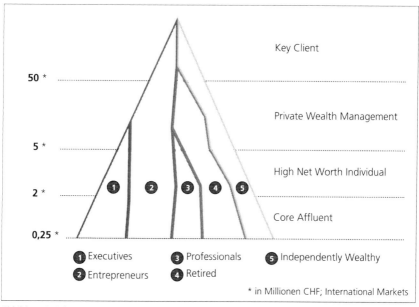

Abbildung 8: Sub-Segmentierung der UBS AG nach Vermögensentstehung (skizzenhafte Darstellung)
Quelle: UBS AG, Client Solutions Special, Nr. 7, 28.01.2008, Zürich 2008c

Mit diesen Veränderungstrends im Hinblick auf den anspruchsvoller werdenden und besser informierten Kunden gehen einige wesentliche Herausforderungen für Wealth-Management-Anbieter einher. Von essentieller Bedeutung ist sicherlich die Implementierung eines umfassenden Beratungs- und Serviceansatzes auf breiter Basis, mit einem starken Fokus auf dem Verständnis der unterschiedlichsten

---

[196] Vgl. Maude, D., New York 2006, 63.
[197] Vgl. Hürzeler, H. / Basler, S. K., Zürich 2002, 13.

Kundenbedürfnisse. Um diese Kundenbedürfnisse bestmöglich zu befriedigen und maßgeschneiderte Lösungen anbieten zu können, stehen Wealth-Management-Anbieter vor der Herausforderung, ihre Kundensegmentierung zu überdenken und auf die Bedürfnisorientierung hin zu prüfen. Mit der möglichen Etablierung einer bedürfnisorientierten Segmentierung bzw. Sub-Segmentierung geht die Entwicklung einer geeigneten Marketing- und Akquisitionsstrategie sowie eines auf die Segmentierung abgestimmten Produktangebots und Servicemodells einher. Auch die Ausbildung der Kundenberater sowie die Kooperation mit spezialisierten Partnern stellt eine nicht unwesentliche Herausforderung für Wealth-Management-Anbieter dar.

2.3.7. Kundenloyalität

Das Bankgeschäft im Allgemeinen und das Wealth-Management-Geschäft im Speziellen war lange Zeit geprägt von einer traditionell hohen Kundenloyalität.[198] Die wandelnden Werteinstellungen und die zunehmenden Ansprüche der Kunden haben jedoch dazu geführt, dass die Loyalität zum Bankinstitut immer schwächer wird.[199] Die Bereitschaft der Kunden, den Wealth-Management-Anbieter zu wechseln, nimmt stark zu, was auch eine Umfrage von IBM Business Consulting belegt:[200]

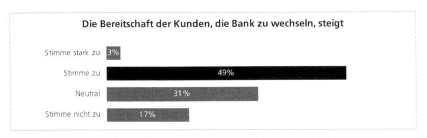

Abbildung 9: Bereitschaft der Wealth-Management-Kunden, die Bank zu wechseln
Quelle: IBM Business Consulting Services, London 2005, 23

Einhergehend mit dieser Entwicklung wird davon ausgegangen, dass die Kunden in Zukunft über mehrere Bankbeziehungen verfügen werden:[201]

---

[198] Vgl. Galasso, G., Bern 1999, 149.
[199] Vgl. z. B. Accenture / Universität St. Gallen, Zürich / St. Gallen 2004, 26 ff.; Mathys, S., Der Kunde neigt zum Seitensprung, in: Schweizer Bank, Nr. 5 / 1998, 40.; Merrill Lynch / Capgemini, New York 2006, 25.
[200] Vgl. IBM Business Consulting Services, London 2005, 23.
[201] Vgl. Accenture / Universität St. Gallen, Zürich / St. Gallen 2004, 26.

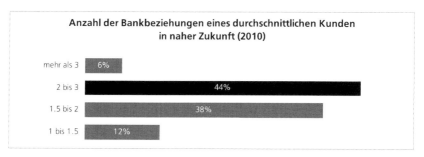

Abbildung 10: Anzahl der Bankbeziehungen eines durchschnittlichen Kunden in naher Zukunft (2010)
Quelle: Accenture / Universtität St. Gallen, Zürich / St. Gallen 2004, 27

Durch den Kontakt mit mehreren Wealth Managern ist der Kunde nun auch besser in der Lage, die einzelnen Anbieter im Hinblick auf die persönlichen Preis-Leistungs-Kriterien zu vergleichen. Viel stärker als der vom Kunden durch Preis-Leistungsvergleich initiierte Bankenwechsel wird jedoch in Zukunft der Wechsel aufgrund aggressiverer Akquisitionsstrategien von Konkurrenzinstituten sein. Dies geht einher mit dem zuvor dargestellten verstärkten Wettbewerb und dem verstärkten Bemühen um neue Kunden bzw. dem Bemühen, den „Share of Wallet"[202] zu Lasten anderer Anbieter zu erhöhen. Dies stellt besonders den primären Wealth-Management-Anbieter eines Kunden, welcher im Durchschnitt rund 60 % des Vermögens verwaltet,[203] vor große Herausforderungen. Die Gefahr des Kundenverlustes[204] für die Wealth-Management-Anbieter liegt zukünftig jedoch nicht primär in einer Kündigung der Gesamtbeziehung, sondern vielmehr in einer schleichenden Abwanderung von Vermögen sowie in der Akquisition bisher nicht ausgeschöpfter Kundenpotentiale durch Konkurrenzinstitute.[205]

Der Fokus der Wealth-Management-Anbieter muss folglich darin liegen, durch eine hohe Service- und Beratungsorientierung gefährdete bzw. ertragsschwache Kundenbeziehungen zu revitalisieren und zufriedenzustellen. Ein wesentlicher Trend im Hinblick auf die Kundenzufriedenheit und die damit einhergehende Kundenloyalität wird die systematische Einholung von Kundenfeedback darstellen, welche eine kontinuierliche Verbesserung der Kundenbeziehungsgestaltung sicherstellen soll.[206]

---

[202] Verwalteter Anteil des Gesamtkundenvermögens.
[203] Vgl. IBM Business Consulting Services, London 2005, 29 f.
[204] Die jährliche Kundenfluktuationsrate liegt bei ca. 5 – 10 % mit steigender Tendenz. Vgl. hierzu. Mathys, S., Zürich 1998, 40; Accenture / Universität St. Gallen, Zürich / St. Gallen 2004, 26 f.
[205] Vgl. Accenture / Universität St. Gallen, Zürich / St. Gallen 2004, 26.
[206] Dies basiert auf Expertengesprächen (K3).

Mit einer sinkenden Kundenloyalität gehen folglich die wesentlichen Herausforderungen der Gewährleistung einer hohen Service- und Beratungsqualität, die aktive Bewirtschaftung nicht ausgeschöpfter Kundenpotentiale sowie die Etablierung von gezielten Kundenbindungsmaßnahmen einher.

2.4. Zusammenfassender Überblick

Nach der einleitenden Definition und Abgrenzung des Wealth-Management-Begriffs wurden die Grundcharakteristiken des Geschäfts anhand des Marktes, der Anbieter und der Nachfrager kurz erläutert. Aufbauend auf diesen Erkenntnissen wurden Veränderungstrends herausgearbeitet und die damit einhergehenden Herausforderungen für Wealth-Management-Anbieter aufgezeigt. Nachfolgend fassen nochmals zwei Überblickstabellen die wesentlichen Trends und Herausforderungen zusammen. Die erste Darstellung zeigt im Überblick nochmals die wesentlich erwähnten Punkte. Da die verschiedenen Trends teilweise mit thematisch ähnlichen Herausforderungen einhergehen, werden in einer zweiten Übersicht die Herausforderungen nochmals in konsolidierter Form darstellt.

2.4.1. Trends und Herausforderungen im Überblick

Trends ⇨⇨⇨	Herausforderungen
Regulatorischer Wandel	
☐ Anhaltender Regulierungstrend	☐ Implementierung von Gesetzen / Richtlinien / Standards auf breiter Basis (erhöhter Kostendruck, speziell für kleinere Anbieter)
	☐ Überprüfung / Anpassung des Geschäftsmodells
Qualifizierte Mitarbeiter	
☐ Mitarbeiter als wesentlicher Erfolgs- und Differenzierungsfaktor	☐ Mitarbeiterakquisition
☐ Mangel an qualifizierten Mitarbeitern	☐ Mitarbeiterausbildung / -entwicklung
☐ Verstärkter Wettbewerb um gute Mitarbeiter	☐ Mitarbeiterbindung
Produkt- und Dienstleistungsangebot	
☐ Bankfremde Dienstleistungen	☐ Mitarbeiterausbildung
☐ Alternative Anlagen und strukturierte Produkte	☐ Bereitstellung höchster Beratungsqualität
☐ Open Architecture	(maßgeschneiderte Lösungen anbieten)
☐ Wealth Planning	☐ Kooperation mit spezialisierten Partnern

Fortsetzung der Tabelle auf der nächsten Seite

Verstärkter Wettbewerb	
☐ Onshore-Geschäft wird an Bedeutung gewinnen / Offshore verlieren ☐ Verstärkte Konsolidierung (M & A-Aktivitäten) ☐ Verstärkter Fokus auf Kundengeschäft (Kampf um jeden einzelnen Kunden intensiviert sich)	☐ Wettbewerbspositionierung abgestimmt auf das Geschäftsmodell ☐ Beratungs- und Servicequalität ☐ Kundenakquisition ☐ Kundenentwicklung (Potentialausschöpfung) ☐ Kundenbindung ☐ Kundenrückgewinnung
Kundenbedürfnisse	
☐ Kunden werden anspruchsvoller (insb. im Hinblick auf Service- / Beratungsqualität) ☐ Kunden sind besser informiert ☐ Alternative Kundensegmentierungsansätze	☐ Beratungs- und Servicequalität ☐ Ausbildung der Kundenberater ☐ Kooperation mit spezialisierten Partnern ☐ Etablierung einer bedürfnisorientierten Segmentierung bzw. Sub-Segmentierung
Kundenloyalität	
☐ Kunden sind eher bereit, Bank zu wechseln ☐ Kunden haben mehr Bankbeziehungen ☐ Einholung von gezieltem Kundenfeedback	☐ Beratungs- und Servicequalität ☐ Kundenentwicklung ☐ Kundenbindung

Tabelle 16: Trends und Herausforderungen im Überblick

2.4.2. Herausforderungen in konsolidierter Darstellung

Die wesentlichen Herausforderungen für Wealth-Management-Anbieter werden nun nochmals in konsolidierter Form dargestellt. Dies bildet dann eine zentrale Grundlage für das nachfolgende dritte Kapitel.

Herausforderungen für Wealth-Management-Anbieter
☐ Kommunikation und Implementierung von Gesetzen / Richtlinien / Standards
☐ Mitarbeiterakquisition
☐ Mitarbeiterausbildung / -entwicklung
☐ Mitarbeiterbindung
☐ Bereitstellung von höchster Beratungs- und Servicequalität
☐ Kundenakquisition
☐ Kundenbindung
☐ Kundenentwicklung
☐ Kundenrückgewinnung
☐ Kooperation mit spezialisierten Partnern
☐ Etablierung einer bedürfnisorientierten Kundensegmentierung
☐ Wettbewerbspositionierung abgestimmt auf das Geschäftsmodell

Tabelle 17: Herausforderungen in konsolidierter Darstellung

3. Das Wealth-Management-Team im Wandel

Ziel dieses Kapitels ist es, basierend auf den erarbeiteten Herausforderungen den Wandlungsbedarf der einzelnen Teamrollen und des Wealth-Management-Teams als ganze funktionierende Einheit zu untersuchen. Einleitend wird gezeigt, wie solch ein Team organisatorisch aufgestellt ist und was die einzelnen Rollen grundsätzlich charakterisiert. Darauf aufbauend wird das traditionelle Rollen- und Teamverständnis herausgearbeitet und anhand der in Kapitel 2 erarbeiteten Herausforderungen überprüft, um daran anknüpfend das moderne Rollen- und Teamverständnis abzuleiten. Abschließend werden die zentralen Aspekte des Rollen- und Teamwandels nochmals im Überblick dargestellt. Die Erkenntnisse in diesem Kapitel basieren hauptsächlich auf Einzelinterviews mit Rolleninhabern sowie auf Expertengesprächen.[207]

3.1. Einordnung und allgemeine Rollenbeschreibung

Bevor der Rollen- und Teamwandel des Wealth-Management-Teams eingehend untersucht wird, soll einleitend kurz aufgezeigt werden, wie solch ein Team organisatorisch aufgestellt ist, was die einzelnen Rollen charakterisiert und wo sich das Team in der Organisationsstruktur wiederfindet.

Die organisatorische Einordnung des Wealth-Management-Teams wird exemplarisch an einem der weltweit führenden Wealth-Management-Anbieter, der UBS AG, aufgezeigt. In Abschnitt 2.2.2. (Tabelle 8) wurde die Makro-Organisationsstruktur der UBS AG bereits grafisch dargestellt. Aufbauend auf dieser Darstellung soll nun die Struktur von Wealth Management & Swiss Bank der UBS AG bis auf Teamebene gezeigt werden.[208]

---

[207] Vgl. hierzu Abschnitt 1.4. (K1 und K3).
[208] Vgl. UBS AG, BankUnit Global OrgChart, Zürich 2009a. Die bis auf Teamebene heruntergebrochene Organisationsstruktur wird am Beispiel „Germany" aufgezeigt.

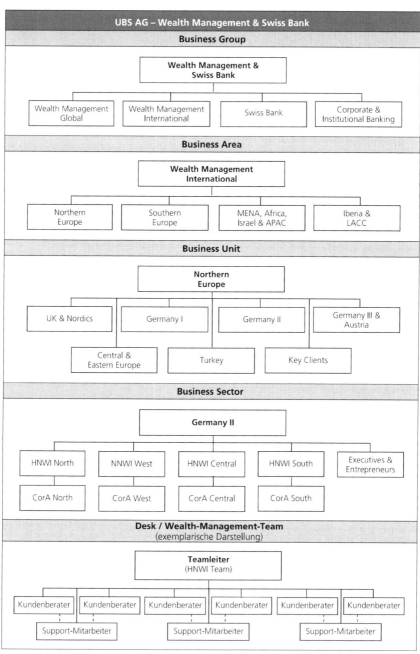

Tabelle 18: Front-Organisationsstruktur am Beispiel der UBS AG
Quelle: Leicht modifiziert nach UBS AG, BankUnit Global OrgChart, Zürich 2009a

Innerhalb der Business Group „Wealth Management & Swiss Bank" gibt es die Organisationsebenen „Business Area", „Business Unit", „Business Sector" und „Desk / Wealth-Management-Team".[209] Auf den Ebenen „Business Group", „Business Area" und „Business Unit" ist die Organisation nach Regionen bzw. Märkten aufgestellt.[210] Ab der Ebene „Business Sector" erfolgt die weitere organisatorische Aufstellung bzw. Segmentierung nach Regionen und nach Vermögensgröße der Kunden. So teilt sich bspw. der Markt Germany II[211] in vier High-Net-Worth-Individual-Teams und vier Core-Affluent-Teams auf. Zusätzlich gibt es noch ein Team, welches sich ganz gezielt auf Executives & Entrepreneurs fokussiert. Das einzelne Wealth-Management-Team besteht dann aus einem Teamleiter, mehreren Kundenberatern und Support-Mitarbeitern.[212] Sowohl Kundenberater als auch Support-Mitarbeiter sind dem Teamleiter direkt unterstellt, wobei der Support-Mitarbeiter im Wesentlichen für die Kundenberater tätig ist. Üblicherweise sind einem Support-Mitarbeiter zwei bis drei Kundenberater zugewiesen.

Die nachfolgende Tabelle 19 zeigt auf, wodurch die einzelnen Rollen charakterisiert sind.[213] Dies gibt einen ersten allgemeinen Überblick des Rollenverständnisses und dient als Grundlage für die nachfolgende Untersuchung der einzelnen Rollen und des gesamten Teams in Abschnitt 3.2.

---

[209] Innerhalb der UBS AG wird ein Team bestehend aus Teamleiter, Kundenberatern und Support-Mitarbeiter als „Desk" betitelt. In dieser Arbeit wird solch ein Team bestehend aus Teamleiter, Kundenberater und Support-Mitarbeiter als „Wealth-Management-Team" bezeichnet.
[210] Die einzige Ausnahme stellt hier das Key Client (UHNWI) Geschäft dar. Hier wird bereits auf Ebene der Business Unit eine Segmentierung nach Vermögensgröße vorgenommen. Zur Bezeichnung Key Client (UHNWI) vgl. Abschnitt 2.2.3.
[211] Der Business Sector Germany II betreut vom Standort Zürich aus deutsche Kunden, wohingegen der Business Sector Germany I deutsche Kunden vom Standort Basel aus betreut. Der Business Sector Germany III & Austria betreut alle österreichischen Kunden sowie deutsche Kunden, die nicht von Zürich oder Basel aus betreut werden (z. B. Standort St. Gallen, St. Moritz etc.).
[212] Für die Betitelung dieser Rollen gibt es verschiedene Ausprägungen. Der Teamleiter wird im internationalen Geschäft als Desk Head bezeichnet. Diese beiden Betitelungen werden in dieser Arbeit als Synonyme verstanden. Weiters werden auch die folgenden Rollenbetitelungen synonym verstanden: Support-Mitarbeiter = Assistent; Client Advisor = Kundenberater. Die männliche Form beinhaltet auch immer die weibliche.
[213] Dies basiert auf HR-Jobprofilen der UBS AG sowie auf Stellenbeschreibungen von Jobannoncen diverser Schweizer Wealth-Management-Anbieter.

Rollen	Kurzbeschreibung
Support-Mitarbeiter	Die wesentliche Aufgabe des Support-Mitarbeiters ist die Unterstützung des Kundenberaters bei der Betreuung von Kunden. Der Support-Mitarbeiter ist dafür verantwortlich, dass die administrativen und organisatorischen Aufgaben sowie kundenbezogenen Prozesse abgeschlossen werden, um einen zuverlässigen und effizienten Service zu gewährleisten.
Kundenberater	Die wesentliche Aufgabe des Kundenberaters ist die persönliche Betreuung des Kunden im Hinblick auf finanzwirtschaftliche Fragen und Bedürfnisse rund um das Wealth-Management-Geschäft. Der Kundenberater ist verantwortlich für den Aufbau und die erfolgreiche Pflege langfristiger Kundenbeziehungen mit dem Ziel der Erwirtschaftung eines ökonomischen Mehrwerts sowohl für den Kunden als auch für den Wealth-Management-Anbieter.
Teamleiter	Die wesentliche Aufgabe eines Teamleiters ist die Führung eines kundenorientierten Teams von Kundenberatern und Support-Mitarbeitern. Er ist verantwortlich für die gezielte Bearbeitung eines bestimmten Markts / Segments und wird gemessen am Erfolg des gesamten Teams.

Tabelle 19: Kurzbeschreibung der einzelnen Teamrollen

3.2. Rollen- und Teamwandel als Konsequenz bedeutsamer Herausforderungen

Dieser Abschnitt untersucht den Wandel vom traditionellen zum modernen Rollen- und Teamverständnis. Nach einer einleitenden Erläuterung der Forschungsgrundlagen und der Methodik wird der Wandlungsbedarf von Support-Mitarbeiter, Kundenberater, Teamleiter und des Teams als ganzer funktionierender Einheit herausgearbeitet. Dies geschieht vor dem Hintergrund der in Kapitel 2 erarbeiteten Herausforderungen.

3.2.1. Forschungsgrundlagen und Methodik

Zur Thematik des Rollen- und Teamwandels im Wealth Management existiert keine umfangreiche Literatur,[214] weshalb die Erkenntnisse in diesem Kapitel hauptsächlich auf Einzelinterviews mit Support-Mitarbeitern, Kundenberatern und Teamleitern sowie Expertengesprächen basieren.[215]

In einem ersten Schritt wird – basierend auf Interviews mit erfahrenen Rolleninhabern und Experten – das traditionelle Rollen- und Teamverständnis erarbeitet. In einem zweiten Schritt wird untersucht, wie die Herausforderungen im Wealth Management[216] das Rollen- und Teamverständnis beeinflussen. Hierzu wurde im Rahmen der Interviews geprüft, welche Herausforderungen durch die einzelnen Rollen beeinflusst werden können.[217] Die nachfolgende Tabelle 20 zeigt die Ergebnisse im Überblick:

---

[214] Zur Rolle des Kundenberaters gibt es vereinzelte Forschungsarbeiten, vgl. z. B. Hügli, B., Das Idealprofil des Private Bankers – Der Wandel vom Anlageberater zum Relationship Manager, Bern 1999; Hug, P., Der Wandel vom Anlageberater zum Wealth Manager, Zürich 2006. Die Rollen des Support-Mitarbeiters und des Teamleiters sind weitgehend unerforscht. Lediglich die Arbeit von Leone, D., Zürich 2005 untersucht im Rahmen einer Swiss-Banking-School-Diplomarbeit die Rolle des Teamleiters im Wealth Management.
[215] Vgl. hierzu Abschnitt 1.4. (K1 und K3).
[216] Vgl. hierzu Abschnitt 2.4.2.
[217] Es wird davon ausgegangen, dass jede Herausforderung, die durch eine Rolle im Team beeinflussbar ist, auch durch das Team als Ganzes beeinflussbar ist.

		Rollen		
		Support-Mitarbeiter	Kundenberater	Teamleiter
Herausforderungen	Mitarbeiterakquisition	✓	✓	✓
	Mitarbeiterausbildung / -entwicklung	✓	✓	✓
	Mitarbeiterbindung	✓	✓	✓
	Bereitstellung höchster Beratungs- und Servicequalität	✓	✓	✓
	Kundenakquisition	✗	✓	✓
	Kundenentwicklung	✓	✓	✓
	Kundenbindung	✓	✓	✓
	Kundenrückgewinnung	✗	✓	✓
	Implementierung von Gesetzen / Richtlinien / Standards	✓	✓	✓
	Kooperation mit spezialisierten Partnern	✓	✓	✓
	Etablierung einer bedürfnisorientierten Kundensegmentierung	✗	✗	✗
	Wettbewerbspositionierung abgestimmt auf Geschäftsmodell	✗	✗	✗

✗ = nicht beeinflussbar; ✓ = beeinflussbar

Tabelle 20: Beeinflussbare Herausforderungen durch Teamrollen

Im Anschluss an diese Ergebnisse wird untersucht, wie diese beeinflussbaren Herausforderungen das Rollen- und Teamverständnis verändern und wie sich die Bedeutung der traditionellen Aufgaben wandelt. In einem dritten Schritt wird basierend auf diesen Erkenntnissen das moderne Rollen- und Teamverständnis abgeleitet und beschrieben. Dieser Wandlungsprozess lässt sich in vereinfachter Form grafisch wie folgt darstellen:

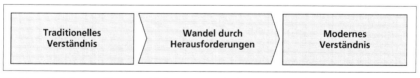

Abbildung 11: Rollen- und Teamwandel als Konsequenz bedeutsamer Herausforderungen (schematische Darstellung)

3.2.2. Support-Mitarbeiter

3.2.2.1. Traditionelles Rollenverständnis

Um das traditionelle Rollenverständnis des Support-Mitarbeiters zu beleuchten, wird in einem ersten Schritt kurz auf die Entwicklung der letzten Jahre eingegangen. Vor dem Börsencrash zu Beginn dieses Jahrhunderts gab es bei den Schweizer Großbanken grundsätzlich zwei Arten von Support-Mitarbeitern: zum einen den ausgelagerten Support, welcher sich auf administrativen Aufgaben konzentrierte und als Kontrollinstanz fungierte. Diese Support-Mitarbeiter hatten keinen direkten Kundenkontakt, sondern unterstützten die Kundenberater bei rein administrativen Tätigkeiten, wie bspw. der Vorbereitung der nötigen Dokumente für einen Kundenbesuch oder der Abwicklung von Börsen- oder Zahlungsaufträgen. Zum anderen gab es kundenorientierte Support-Mitarbeiter, welche die Kundenberater im Wesentlichen bei der Servicebetreuung, der Anlageberatung, und der Terminkoordination unterstützten. Einhergehend mit einer starken Kosten- und Effizienzoptimierung im Bankensektor zu Beginn dieses Jahrhunderts wurden diese zwei Support-Rollen zu einer verschmolzen. Diese Support-Funktion wurde im direkten Kundengeschäft angesiedelt und hatte nun sowohl administrativen als auch kundenorientierten Charakter, wobei der administrative Anteil stark dominierte. Rund 80 % des Zeitaufwandes eines Support-Mitarbeiters im traditionellen Sinne entfallen auf administrative und 20 % auf beratungsorientierte Tätigkeiten.[218]

Die grundsätzliche Aufgabe des Support-Mitarbeiters im traditionellen Sinne ist die Unterstützung des Kundenberaters bei der Betreuung von Kunden. In diesem Zusammenhang ist der Support-Mitarbeiter für eine schnelle und zuverlässige Klärung offener Fragen des Kundenberaters bzw. von direkten Kundenanfragen verantwortlich. Handelt es sich bei den direkten Kundenanfragen um transaktionsorientierte bzw. sonstige abwicklungstechnischen Anfragen, werden diese direkt vom Support-Mitarbeiter bearbeitet. Bei allen Fragen rund um die Beratung werden diese Anfragen vom Support-Mitarbeiter aufgenommen und dem Kundenberater weitergeleitet. Die wesentliche Aufgabe des Support-Mitarbeiters ist auch eine zuverlässige und umfassende Vor- und Nachbereitung von Kundenbesuchen auf administrativer Ebene. Hierzu zählt vor allem die Vorbereitung von Dokumenten, das Ausdrucken von Vermögensaufstellungen sowie die Bereitstellung banklagernder Post. Bei der

---

[218] Dies basiert auf Gesprächen mit Support-Mitarbeitern (K1).

Nachbereitung hat der Support-Mitarbeiter eine Kontrollfunktion und ist für die ordnungsgemäße Weiterleitung der Dokumente an die entsprechenden internen Abteilungen verantwortlich. Eine Kontrollfunktion nimmt der Support-Mitarbeiter bspw. auch bei der Überprüfung von Kontosaldi, der Überwachung offener Börsenaufträge oder der ordnungsgemäßen Einhaltung diverser Legal-, Compliance- und Risk-Richtlinien ein. Neben diesen Aufgaben fallen auch noch andere administrative Aufgaben an, wie bspw. das Eröffnen oder Saldieren von Konten, die Erstellung von Spesenabrechnungen oder das Bestellen diverser Büromaterialien. Der Kundenkontakt bzw. die unterstützende Beratungstätigkeit des Support-Mitarbeiters beschränkt sich im traditionellen Sinne stark auf die Entgegennahme von Kundenanrufen als Stellvertretung der Kundenberater. Teilweise werden vom Support-Mitarbeiter auch Kunden empfangen und ins Sprechzimmer begleitet. Auch einfache kundenbezogene Transaktionen wie Barauszahlungen werden gelegentlich vom Support-Mitarbeiter in Vertretung des Kundenberaters durchgeführt. Der Support-Mitarbeiter unterstützt den Kundenberater auch in der Terminkoordination und wird teilweise in die Ideenfindung für einzelne Produktverkaufskampagnen einbezogen.

Im traditionellen Rollenverständnis des Support-Mitarbeiters steht die Fachkompetenz im administrativen und prozessabwicklungsorientieren Bereich ganz klar im Fokus. Interesse am Marktgeschehen, Produktwissen und Beratungs- und Verkaufskompetenz sind zwar gern gesehen, stellen jedoch keine wesentlichen Kriterien in der Leistungsbeurteilung dar. Vielmehr zählen hier Kriterien wie: keine Transaktionsverluste verursachen, keine Sperrkonten aufgrund mangelnder oder fehlender Dokumente, beherrschen der Arbeitssysteme, sich über Updates laufend informieren oder die Sicherstellung einer adäquaten Stellvertretung bei Abwesenheit eines anderen Support-Mitarbeiters.

3.2.2.2. Rollenwandel im Kontext bedeutsamer Herausforderungen

Die erarbeiteten Herausforderungen im Wealth Management beeinflussen die Rolle des Support-Mitarbeiters bedeutend. Die nachfolgende Tabelle 21 gibt einen Überblick, wie sich die beeinflussbaren Herausforderungen auf das moderne Rollenverständnis des Support-Mitarbeiters auswirken und die Bedeutung der traditionellen Aufgaben verändern. Im Anschluss an die Übersicht werden die einzelnen Themen kurz beleuchtet.

		Traditionelle Aufgaben						
		Kundenkontakt (Telefon, Empfang)	Besuchsvor- und Nachbereitung	Terminkoordination für Kundenberater	(Interne) Abklärungen aufgrund Kundenanfragen	Eigene Verkaufskampagnen (einzelne Produkte)	Kontrollaufgaben	Diverse administrative Aufgaben	Bedeutung in moderner Rolle
Herausforderungen im WM-Kundengeschäft	Mitarbeiterakquisition								⇨
	Mitarbeiterausbildung / -entwicklung								●
	Mitarbeiterbindung								⇨
	Beratungs- und Servicequalität	⊠							●
	Kundenentwicklung					⊠			⇨
	Kundenbindung	⊠							↗
	Gesetze / Richtlinien / Standards implementieren								↗
	Kooperation mit spez. Partnern								⇨
Bedeutung in moderner Rolle		●	⇨	↘	⇨	✗	↘	↘	

✗ = keine Bedeutung; ↘ = abnehmende Bedeutung; ⇨ = gleichbleibende Bedeutung;
↗ = zunehmende Bedeutung; ● = stark zunehmende Bedeutung; ⊠ direkte thematische Übereinstimmung von traditionellen Aufgaben und Herausforderungen im WM-Kundengeschäft

Tabelle 21: Bedeutung von WM-Herausforderungen und traditionellen Aufgaben im modernen Rollenverständnis eines Support-Mitarbeiters
Quelle: Eigene Darstellung, basierend auf Gesprächen mit Support-Mitarbeitern (K1) und Experten (K3)

Der wesentliche treibende Veränderungsfaktor für den Rollenwandel des Support-Mitarbeiters ist der zunehmende Mangel an qualifizierten Arbeitskräften im Wealth-Management-Geschäft.[219] Die interne *Mitarbeiterausbildung und -entwicklung*, speziell im Kundengeschäft, gewinnt für Wealth-Management-Anbieter enorm an Bedeutung und die Rolle des Support-Mitarbeiters nimmt im Hinblick auf die Bereitstellung qualifizierter Kundenberater eine Schlüsselfunktion ein. Eine gezielte Entwicklung von Support-Mitarbeitern zu Kundenberatern wird verstärkt im Fokus der Wealth-Management-Anbieter stehen. Einhergehend mit dieser Entwicklung muss sich die Rolle des traditionell administrationsorientierten Support-Mitarbeiters hin zu einem kunden- und beratungsorientierten Support-Mitarbeiters wandeln. Bereits bei der Rekrutierung der Support-Mitarbeiter soll mehr Wert auf das Entwicklungspotential zum modernen Kundenberater[220] als auf administrations- und prozessorientierte Fähigkeiten gelegt werden. Es stellt sich dann aber auch die Frage, wer den administrativen Teil der Support-Rolle übernehmen soll. Dieser Rollenwandel weg vom administrations- hin zum kunden- und beratungsorientierten Charakter wird wesentlich von der verbesserten Informationstechnologie in der Bankenbranche[221] unterstützt, was den administrativen Aufwand in Zukunft wesentlich verringern wird.[222]

Einhergehend mit der stark zunehmenden Bedeutung der Ausbildung und Entwicklung des Support-Mitarbeiters zum Kundenberater gewinnt auch die *Beratungs- und Servicequalität* stark an Bedeutung. Support-Mitarbeiter werden vermehrt *Kundenkontakt* haben, und *Kontrollaufgaben* und diverse *administrative Tätigkeiten* werden zunehmend an Bedeutung verlieren. Auch die *Terminkoordination* wird zunehmend von den Kundenberatern selbst durchgeführt,[223] was den Support-Mitarbeitern wiederum mehr Zeit gibt, sich auf die gezielte Unterstützung von Beratungstätigkeiten zu konzentrieren.

---

[219] Vgl. hierzu Abschnitt 2.3.3.
[220] Vgl. hierzu Abschnitt 3.2.3.3.
[221] Vgl. hierzu z. B. Llewellyn, D., The new Economics of Banking, SUERF Studies, Nr. 5, Amsterdam 1999, 32; Koye, B., Zürich 2004, 112 f.
[222] Dies basiert auf Gesprächen mit Support-Mitarbeitern und Experten (K1 und K3). Es wird erwartet, dass sich in Zukunft der administrative Aufwand durch neue Informationstechnologien wesentlich verringern wird. Auch der Kontrollaufwand wird durch automatisierte, auf Informationstechnologien basierenden Prozessen wesentlich abnehmen.
[223] Dies basiert auf Gesprächen mit Kundenberatern (K1). Als wesentlicher Grund werden die verbesserten Informationstechnologien (z. B. Outlook-Agenda, Blackberry) genannt.

Durch eine verbesserte Service- und Beratungskultur sowie die verstärkte Aufmerksamkeit, die dem Kunden durch den Support-Mitarbeiter geschenkt wird, kann auch die Herausforderung der *Kundenentwicklung und -bindung* beeinflusst werden.[224] So kann der Support-Mitarbeiter bspw. durch die gezielte Bearbeitung bzw. Weiterleitung von Kundenbeschwerden oder die direkte Einholung von Kundenfeedback unterstützend tätig sein. Der Support-Mitarbeiter unterstützt den Kundenberater gleichermaßen bei der *Besuchsvor- und -nachbereitung* sowie der Klärung offener Fragen mit internen Abteilungen. Die Bedeutung und der Zeitaufwand für diese Aufgaben werden sich nicht wesentlich verändern. Auch die *Kooperation mit spezialisierten Partnern* wird gleichbedeutend bleiben, wobei eine Verschiebung von den eher administrationsorientierten internen Abteilungen zu den eher kundenorientierten Abteilungen, wie bspw. dem Wealth Planning, erfolgen wird. Eine Ausnahme wird hierbei der verstärkte Kontakt mit den Bereichen *Legal, Compliance und Risk* sein, welcher eher administrationsorientiert ist. Die direkte Mitwirkung bei *Produktverkaufskampagnen* wird der Vergangenheit angehören, da im Hinblick auf die Herausforderung einer umfassenden bedürfnisorientierten Beratung kein direkter Produktverkauf mehr stattfinden wird und generelle Verkaufskampagnen zentral von spezialisierten Abteilungen durchgeführt werden. Auch in der *Mitarbeiterakquisition und -bindung* können die Support-Mitarbeiter einen Beitrag leisten, indem sie bspw. potentielle Kandidaten aus dem Freundes- und Bekanntenkreis bzw. durch Netzwerkbeziehungen vermitteln können. Die Mitarbeiterbindung kann insbesondere durch eine gute Teamzusammenarbeit und eine einen hohen Teamgeist positiv beeinflusst werden.[225]

Basierend auf den Herausforderungen im Kundengeschäft und dessen Auswirkungen auf die traditionelle Rolle – speziell auf die Beeinflussung und Veränderung der Aufgabentätigkeiten von Support-Mitarbeitern – wird nun das moderne Rollenverständnis dargestellt.

---

[224] Vgl. hierzu auch Abschnitt 4.5.
[225] Dies basiert auf Gesprächen mit Support-Mitarbeitern (K1) und Experten (K3).

3.2.2.3. Modernes Rollenverständnis

Wesentlicher Antrieb von Veränderungen im Hinblick auf das Rollenverständnis des Support-Mitarbeiters ist der Mangel an qualifizierten Arbeitskräften und der damit einhergehende strategische Fokus auf die zielgerichtete Mitarbeiterausbildung und -entwicklung. Support-Mitarbeiter werden gezielt zu Kundenberatern entwickelt, was die traditionell administrationsorientierte Support-Rolle in vielen Tätigkeitsbereichen bedeutend verändert.

Die wesentliche Aufgabe des Support-Mitarbeiters ist und bleibt die Unterstützung des Kundenberaters bei der Betreuung von Kunden. Die Inhalte dieser Unterstützungstätigkeit verändern sich jedoch wesentlich von einer administrationsorientierten hin zu einer beratungs- und serviceorientierten Support-Rolle. Der Support-Mitarbeiter ist weiterhin verantwortlich für eine zuverlässige Erledigung der administrativen und organisatorischen Aufgaben,[226] jedoch steht im Fokus des modernen Rollenverständnisses die gezielte Unterstützung bei der Kundenberatung. Support-Mitarbeiter werden in diesem Zusammenhang verstärkt Anlagevorschläge erarbeiten sowie marktbezogenes Research für die Kundenberater aufbereiten. Produkt- und Marktwissen gewinnen für die Support-Rolle folglich an Bedeutung, wobei Transaktions- und internes Prozessabwicklungswissen an Bedeutung verlieren. Da die Großbanken immer komplexer werden und die Spezialisierung von Abteilungen zunimmt, wird der Support-Mitarbeit bspw. bei der Erarbeitung von Anlagevorschlägen auch zunehmend mit marktnahen Partnerabteilungen wie bspw. dem Wealth Planning kooperieren. Die Fähigkeit, sich relativ schnell ein Netzwerk mit den wichtigsten Key-Partnern rund um das Beratungsgeschäft zu erarbeiten, steigt ebenfalls. Diese Fähigkeit ist in der Zielfunktion des Kundenberaters, also beim Aufbau eines Kundennetzwerkes, auch ausgesprochen nützlich und sollte deshalb schon bankintern gezielt in der Support-Rolle entwickelt werden.

Im Hinblick auf die Entwicklung zum Kundenberater werden Support-Mitarbeiter auch verstärkt in Beratungsgespräche mit Kunden einbezogen. Neben der fachlichen Kompetenz ist vor allem der Umgang mit Menschen, also soziale Kompetenzen, zunehmend wichtig für Support-Mitarbeiter. Dies spiegelt sich auch im verstärkten

---

[226] Der zeitliche Aufwand für administrative und organisatorische Aufgaben wird sich in Zukunft aufgrund verbesserter Informationstechnologien in der Bankenbranche verringern. Vgl. hierzu Abschnitt 3.2.2.2.

Team- und Kollegialitätsdenken wider, welches zunehmend gefordert wird. In diesem Teamentwicklungssinne ist der Support-Mitarbeiter auch für eine umfassende Einarbeitung von neuen Mitarbeitern verantwortlich. Aufgrund des modernen Charakters der Support-Funktion als Entwicklungsrolle zum Kundenberater steigt folglich der Wechsel von Support-Mitarbeitern, was eine rasche, umfassende und gewissenhafte Einschulung umso wichtiger macht. Support-Mitarbeiter haben auch die Aufgabe, neue Kundenberater speziell im Hinblick auf die Systeme und Prozesse zu schulen.

Erfahrene Support-Mitarbeiter können auch die Aufgabe übertragen bekommen, für ausgewählte Kunden ertragssteigernde Wachstumsmöglichkeiten zu analysieren und entsprechende Entwicklungspläne auszuarbeiten.[227] Neben der Vermittlung einer strukturierten Kundenberatung sowie der systematischen Kundenakquisition und -bindung steht auch die Kundenentwicklung im Fokus der Ausbildung des Support-Mitarbeiters zum Kundenberater. Der Support-Mitarbeiter kann durch diverses Research in der Kundenakquisition teilweise unterstützend tätig sein. Das Augenmerk liegt aber mehr auf der Kundenbindungsseite, welche der Support-Mitarbeiter durch eine hohe Service- und Beratungsqualität wesentlich mit beeinflussen kann. Im Hinblick auf die Service- und Beratungsqualität und die gezielte Kundenentwicklung sollte der Support-Mitarbeiter auch in der Lage sein, unternehmerisch zu denken und zu handeln sowie die Fähigkeit besitzen, diverse Aufgaben nach Wichtigkeit zu priorisieren. Auch ein verstärktes Kostenbewusstsein und eine Effizienzorientierung gehen mit dem unternehmerischen Denken und Handeln einher.

Die Leistungsbeurteilung wird neben den traditionell administrativen Kriterien verstärkt auf die Qualität der Beratungs- und Servicekultur zum Kunden direkt bzw. über den Kundenberater indirekt bezogen sein. Da letzteres Kriterium für den Support-Mitarbeiter nur schwer objektiv messbar ist, zeigt sich in der Praxis ein Trend in Richtung leistungsorientierter Bonusverteilung anhand des Teamergebnisses, was die Einsatzbereitschaft für das Team positiv beeinflusst.[228]

---

[227] Vgl. hierzu Abschnitt 4.5.3.4.
[228] Dies basiert auf Gesprächen mit Support-Mitarbeitern, Kundenberatern, Teamleitern (K1) und Experten (K3).

3.2.2.4. Zusammenfassende Darstellung

Die nachfolgende Darstellung zeigt die wichtigsten Punkte des Rollenwandels eines Support-Mitarbeiters nochmals im Überblick auf:

Rollenwandel: Support-Mitarbeiter	
Traditionelles Rollenverständnis	
☐ Schnelle und zuverlässige Unterstützung der Kundenberater ☐ Fokus auf administrative Tätigkeiten ☐ Wissen über interne Transaktionsabläufe und Prozesse steht im Vordergrund ☐ Kundenkontakt beschränkt sich auf die Telefonvertretung und den Kundenempfang ☐ Leistungsbeurteilung wird im Wesentlichen daran gemessen, verlässlich zu arbeiten und keine Fehler (Transaktionsverluste, Sperrkonten etc.) zu machen	
Beeinflussbare Herausforderungen im WM-Kundengeschäft	**Auswirkungen auf die Rolle**
☐ Mitarbeiterausbildung und -entwicklung (Mangel an qualifizierten Arbeitskräften) ☐ Beratungs- und Servicequalität ☐ Kundenbindung ☐ Kundenentwicklung ☐ Kooperation mit spezialisierten Partnern ☐ Gesetze / Richtlinien / Standards implementieren ☐ Mitarbeiterakquisition ☐ Mitarbeiterbindung	☐ Gezielte Entwicklung von Support-Mitarbeitern zu Kundenberatern ☐ Erhöhte Kundenorientierung (verstärkter Kundenkontakt; Beschwerden aufnehmen und weiterleiten etc.) ☐ Verstärkter Fokus auf die Identifikation von Ertragssteigerungspotential ☐ Laufender Ausbau und Pflege des Netzwerks; verstärkte Teamzusammenarbeit ☐ Erhöhte Sensibilisierung auf diese Themen und verstärkte Kontrollfunktion ☐ Gezielte Mitarbeitervermittlung ☐ Team- und Kollegialitätsdenken
Modernes Rollenverständnis	
☐ Effiziente und zuverlässige Unterstützung der Kundenberater ☐ Administrative Aufgaben weiterhin von Bedeutung (zeitlicher Aufwand geht jedoch zurück) ☐ Verstärkter Fokus auf service- und beratungsorientierte Tätigkeiten ☐ Produkt- und Marktwissen sowie Beratungs- und Verkaufskompetenzen (bzw. Potential zu dieser Entwicklung) gewinnen stark an Bedeutung ☐ Mittelfristiges Ziel ist die Entwicklung zum Kundenberater, daher gezielter Kundenkontakt ☐ Leistungsbeurteilung durch verlässliche Administrationsabwicklung sowie durch kunden- und serviceorientiertes Verhalten; evtl. Berücksichtigung von Teamzielen	

Tabelle 22: Zusammenfassender Überblick zum Rollenwandel eines Support-Mitarbeiters

3.2.3. Kundenberater

3.2.3.1. Traditionelles Rollenverständnis

Im traditionellen Rollenverständnis[229] besteht die Hauptaufgabe des Kundenberaters im Aufbau eines Vertrauensverhältnisses zwischen dem Kunden und der Bank. Der Kundenberater nimmt die Rolle eines Ratgebers wahr, der die Anlageziele vor dem Hintergrund der individuellen Einkommens- und Vermögensverhältnisse mit dem Kunden diskutiert und beurteilt. Um die individuellen Anlageziele adäquat beurteilen zu können sowie die Risikofähigkeit und -freudigkeit des Kunden zu klären, ist ein intensiver Informationsaustausch mit dem Kunden das zentrale Anliegen des Beraters. Basierend auf den Anlagezielen macht der Kundenberater Vorschläge zur Vermögensinvestition, welche sich im traditionellen Sinne im Wesentlichen auf Geldmarktprodukte, Obligationen und Aktien fokussieren.[230] Im Hinblick auf die Vermögens- und Portfolioverwaltung ist der Kundenberater die zentrale Person und verantwortlich für die Auswahl der einzelnen Anlagen. Die Titelselektion geschieht sehr individuell und oft ohne strategische Ausrichtung, aufbauend auf dem ‚Gefühl' des Kundenberaters.[231] Um diese Titelselektion möglichst seriös zu gestalten, verbringt der Kundenberater viel Zeit damit, Empfehlungen von Analysten zu studieren und die Märkte intensiv zu verfolgen. Dennoch wird der Anlageentscheidungsprozess vom Kundenberater meist wenig systematisch durchgeführt.[232]

Die Kundenberatung an sich hat einen eher reaktiven und meist produktorientierten Charakter. Sind die Anlageziele und -bedürfnisse in einem ersten Beratungsgespräch erstmals geklärt, werden diese in der Folgeberatung nur unsystematisch bzw. meist gar nicht mehr hinterfragt.[233] Die Beratung fokussiert sich dann auf die Empfehlung einzelner Anlageprodukte. Dies geht einher mit der Leistungsbeurteilung, bei der Kundenberater, neben Umsatz- und Ertragskennzahlen, vor allem auch daran gemessen werden, wie viel Stück sie von Produkt x, y und z verkauft haben. So stehen auch Produktverkaufskampagnen, welche innerhalb des Teams organisiert werden, immer

---

[229] Vgl. Albisetti, E. / Gsell, M. / Nyffleler, P., Bankgeschäfte – Leitfaden für das Bankwesen, Zürich 1990, 37 f. und 207 f.
[230] In seltenen Fällen wurden auch noch Optionen in den Anlagevorschlag integriert. Dies basiert auf Gesprächen mit Kundenberatern (K1).
[231] Vgl. Hügli, B., Bern 1999, 15.
[232] Vgl. Maag-Ivanova, A., Auswirkungen des Internet auf die Kundenberatung im Private Banking, St. Gallen 2004, 33.
[233] Dies basiert auf Gesprächen mit Kundenberatern (K1).

wieder auf der Agenda eines Kundenberaters. Dieser Produktverkauf findet aber eher diskret bei Fälligkeiten und Wiederanlagemöglichkeiten statt, da Kunden im diskretionsorientierten traditionellen Beratungsverständnis eher selten pro-aktiv kontaktiert werden. Das Schweizer Bankgeheimnis und die hohe Diskretion haben nicht nur das Beratungsverständnis, sondern auch die Kundenakquisition und die Kundenbindung wesentlich mitgeprägt. Obwohl die Kundenakquisition und -bindung Aufgabe des Kundenberaters ist, wurden diese Aufgaben eher reaktiv gehandhabt. So waren aktive Kundenbindungsmaßnahmen vom Kundenberater faktisch nicht notwendig, da die schweizerischen Wertigkeiten, ohne Beitragen des Beraters, bereits eine sehr hohe Bindung gewährleisteten. Ähnlich sah es bei der Neukundengewinnung aus: Es war relativ einfach, durch Empfehlungen von zufriedenen Kunden Neugeld zu akquirieren; zudem war der Anteil an „walk-in"-Kunden sehr hoch.[234]

Neben der Pflege der Kundenbeziehungen stehen vor allem die angesprochene Anlageverwaltung und die Erledigung diverser administrativer Aufgaben im Fokus des Kundenberaterdaseins. So gehören auch Aufgaben wie das Liquiditätsmanagement und die Überwachung von Fälligkeiten zur Wiederanlage zu den täglichen Tätigkeiten eines Kundenberaters. Der Kundenberater ist im traditionellen Sinne eher Verwalter als Berater oder Ratgeber. Ein langjährig erfahrener Kundenberater formulierte dies im Rahmen eines Interviews wie folgt: „Früher waren wir Verwalter und nicht Berater. Der direkte Kundenkontakt nahm etwa nur 20 % unserer Zeit in Anspruch, die restliche Zeit beschäftigten wir uns mit der Anlageverwaltung und diversen administrativen Aufgaben."

Das traditionelle Rollenverständnis des Kundenberaters ist geprägt durch eine diskrete, vertrauensbildende und zuverlässige Beziehungsgestaltung, bei der sich der Kundenberater durch eine hohe Fach- und Verwaltungskompetenz im Bereich der Geldmarkt-, Obligationen- und Aktienanlagen auszeichnet.

---

[234] Dies basiert auf Gesprächen mit Kundenberatern (K1) und Experten (K3).

3.2.3.2. Rollenwandel im Kontext bedeutsamer Herausforderungen

Die erarbeiteten Herausforderungen im Wealth Management beeinflussen die Rolle des Kundenberaters bedeutend. Die nachfolgende Tabelle 23 gibt einen Überblick, wie sich die beeinflussbaren Herausforderungen auf das moderne Rollenverständnis des Kundenberaters auswirken und die Bedeutung der traditionellen Aufgaben verändern. Im Anschluss an die Übersicht werden die einzelnen Themen kurz beleuchtet.

		Traditionelle Aufgaben								
		Kundenberatung	Portfoliomanagement	Produkt- / Marktresearch	Kundenakquisition (reaktiv)	Kundenbindung (reaktiv)	Fälligkeiten überwachen / Empfehlung (einzelner Produkte)	Eigene Verkaufskampagnen (einzelne Produkte)	Diverse administrative Aufgaben	Bedeutung in moderner Rolle
Herausforderungen im WM-Kundengeschäft	Mitarbeiterakquisition									⇨
	Mitarbeiterausbildung / -entwicklung									↗
	Mitarbeiterbindung									⇨
	Beratungs- und Servicequalität	⊠								👁
	Kundenakquisition				⊠					👁
	Kundenentwicklung						⊠			↗
	Kundenbindung					⊠				↗
	Kundenrückgewinnung									↗
	Gesetze / Richtlinien / Standards implementieren									↗
	Kooperation mit spez. Partnern									👁
Bedeutung in moderner Rolle		👁	✗	↘	👁	↗	↘	↘	↘	

✗ = keine Bedeutung; ↘ = abnehmende Bedeutung; ⇨ = gleichbleibende Bedeutung; ↗ = zunehmende Bedeutung; 👁 = stark zunehmende Bedeutung; ⊠ direkte thematische Übereinstimmung von traditionellen Aufgaben und Herausforderungen im WM-Kundengeschäft

Tabelle 23: Bedeutung von WM-Herausforderungen und traditionellen Aufgaben im modernen Rollenverständnis eines Kundenberaters
Quelle: Eigene Darstellung, basierend auf Gesprächen mit Kundenberatern (K1) und Experten (K3)

Die wesentlichen Faktoren, die die Veränderungen antreiben, sind die zunehmend größer werdenden Kundenbedürfnisse und das sich laufend vergrößernde Produkt- und Dienstleistungsangebot.[235] Die *Beratungs- und Servicekultur* verändert sich dadurch wesentlich und gewinnt enorm an Bedeutung. Durch das größer und komplexer werdende Produkt- und Dienstleistungsangebot der Wealth-Management-Anbieter ist der Kundenberater nicht mehr in der Lage, sich ein spezialisiertes Wissen in allen Bereichen anzueignen. Die *Kooperation mit spezialisierten Partnern* gewinnt zunehmend an Bedeutung. Dies wird auch dadurch verstärkt, dass sich im schweizerischen Offshore-Banking ein Trend von „simple money" zu „complex money" abzeichnet.[236] In diesem Zusammenhang wird der Kundenberater auch zunehmend mit steuerrechtlichen Fragestellungen konfrontiert, was eine verstärkte Integration von Spezialisten in das Beratungsgespräch bedingt. Der Kunde stellt auch den Anspruch, umfassend beraten zu werden, weshalb nicht nur Einkommens- und Vermögensverhältnisse, sondern die gesamte Lebenssituation des Kunden berücksichtigt wird. Für den Kundenberater ist es folglich zunehmend wichtig, den Kunden, seine Bedürfnisse und seine gesamte Lebenssituation zu verstehen. Die traditionelle produktorientierte Beratung wandelt sich zu einer bedürfnisorientierten Beratung.

Wesentlich verändert sich auch die traditionelle Aufgabe des *Portfoliomanagements*, welche durch die erhöhten Kundenbedürfnisse, die komplexer werdenden Produkte und die zunehmende Spezialisierung, nicht mehr vom Kundenberater vorgenommen wird, sondern von spezialisierten Abteilungen. Ähnlich ist diese Entwicklung beim *Produkt- und Marktresearch*. Zum einen können diese Aufgaben von den spezialisierten Abteilungen systematischer und effizienter durchgeführt werden, zum andern haben die Kundenberater somit mehr Zeit, um sich auf die Beziehungspflege und Kundenbindung zu fokussieren, was wiederum positiv auf die Herausforderung der sinkenden Kundenloyalität wirkt.[237] Dem Kundenberater bleibt auch mehr Zeit, um sich der *Kundenakquisition, -entwicklung und -bindung* zu widmen, was aufgrund der verstärkten Wettbewerbssituation[238] wesentlich an Bedeutung gewinnt. Speziell die

---

[235] Vgl. hierzu auch Abschnitt 2.3.4. und Abschnitt 2.3.6.
[236] Dies basiert auf Expertengesprächen (K3). Vgl. hierzu auch Blaas, I., Strategic Options for Traditional Offshore Private Banking – Considering UBS Clients with Tax Domicile Germany, Zürich 2005. Zur Differenzierung von „simple money" und „complex money" vgl. Fußnote 192.
[237] Vgl. hierzu auch Abschnitt 4.5.
[238] Vgl. hierzu auch Abschnittl 2.3.5.

Kundenakquisition, welche sich von einer reaktiven zu einer pro-aktiven Tätigkeit verändert, wird verstärkt in den Fokus der Rolle des Kundenberaters rücken.

Kontroll-, Überwachungs- und administrative Aufgaben verlieren immer mehr an Bedeutung, da zum einen Portfolioverwaltungs- und Researchaufgaben zunehmend von spezialisierten Abteilungen übernommen werden, zum anderen werden diese Aufgaben durch verbesserte Informationstechnologien wesentlich vereinfacht, was mit einer erheblichen Zeitersparnis einhergeht.[239] Lediglich der zeitliche Aufwand für *Legal-, Compliance- und Risk*-Aufgaben nimmt zu, was durch die verstärkten Regulatorien[240] bedingt ist. Auch die direkte Mitwirkung bei *Produktverkaufskampagnen* wird zunehmend an Bedeutung verlieren, da im Hinblick auf die Herausforderung einer umfassenden bedürfnisorientierten Beratung kein direkter „Produkte-Push" mehr stattfinden wird und generelle Verkaufskampagnen zentral von spezialisierten Abteilungen durchgeführt werden.

Zudem gewinnt die gezielte *Mitarbeiterausbildung und -entwicklung* wesentlich an Bedeutung. Zum einen hat der Kundenberater verstärkt die Aufgabe, Support-Mitarbeiter in der Entwicklungsrolle zum Kundenberater zu schulen und zu unterstützen, zum anderen wird aufgrund des Wandels von der Verwaltungsorientierung hin zur verstärkten Kundenorientierung und der systematischen Entwicklung des Kundenstamms auch der zeitliche Aufwand für die eigene Ausbildung zunehmen. Durch den Kundenberater beeinflussbar sind auch die Herausforderungen der *Mitarbeiterakquisition und -bindung*. So kann der Kundenberater potentielle Kandidaten aus dem Freundes- und Bekanntenkreis bzw. durch Netzwerkbeziehungen vermitteln oder durch ein hohes Kollegialitäts- und Teamdenken die Mitarbeiterbindung beeinflussen.

Basierend auf den Herausforderungen im Kundengeschäft und dessen Auswirkungen auf die traditionelle Rolle – speziell die Beeinflussung und Veränderung der Aufgabentätigkeiten des Kundenberaters – wird nun das moderne Rollenverständnis dargestellt.

---

[239] Dies basiert auf Gesprächen mit Kundenberatern (K1) und Experten (K3).
[240] Vgl. hierzu Abschnitt 2.3.2.

3.2.3.3. Modernes Rollenverständnis

Die wesentliche Aufgabe des Kundenberaters ist und bleiben die Beratung sowie der Aufbau eines Vertrauensverhältnisses zum Kunden. Das Verständnis der Beratung verändert sich jedoch wesentlich und die Rolle des Kundenberaters wandelt sich von einem spezialisierten Verwalter hin zu einem kunden- und beratungsorientierten Generalisten. Der Kundenberater hat die Aufgabe, die Bedürfnisse rund um das Wealth-Management-Geschäft vor dem Hintergrund der gesamten Lebenssituation des Kunden zu verstehen. Ein intensiver Informationsaustausch mit dem Kunden, das genaue Zuhören und das stellen gezielter Fragen rund um Themen Anlage, Finanzierung, Vorsorge, Steuern und Erbschaft[241] bilden das wesentliche Grundelement für eine umfassende bedürfnisorientierte Beratung. Sind die Bedürfnisse des Kunden geklärt, entscheidet der Kundenberater darüber, welche Spezialisten in den weiteren Beratungsprozess einbezogen werden müssen, um dem Kunden zielgerichtete Vorschläge zur Vermögensstrukturgestaltung und Investitionsmöglichkeiten machen zu können. Der Kundenberater hat hierbei einen Überblick über das gesamte Produkt- und Dienstleistungsangebot des Wealth-Management-Anbieters und weiß, welche Spezialisten er bei welchen Bedürfniskonstellationen kontaktieren muss. Ist der Kunde mit den erarbeiteten und vorgestellten Lösungsvorschlägen zufrieden, so trägt der Kundenberater die Verantwortung dafür, dass diese Lösungen schnell, zuverlässig und effizient umgesetzt werden. Stark an Bedeutung gewinnen auch die regelmäßige Überprüfung der Kundenbedürfnisse und die Klärung, ob die derzeitige Vermögensstrukturgestaltung an eventuell veränderte Bedürfnisse angepasst werden sollte. Ein systematischer Beratungsprozess[242] mit Fokus auf das Verstehen der Kundenbedürfnisse und der regelmäßigen Überprüfung der Vermögens- und Lebenssituation steht im Zentrum der modernen Rolle des Kundenberaters.

Neben der bedürfnisorientierten Beratung hat der Kundenberater auch die wesentliche Aufgabe, pro-aktiv Neukunden zu akquirieren, bestehende Kunden gezielt zu entwickeln und an das Bankinstitut zu binden sowie verlorene Kunden wieder zurückzugewinnen. Der Kundenberater hat im Sinne einer gezielten Akquisition verstärkt ‚Networking' zu betreiben. So soll der Kundenberater verstärkt Kontakt zu externen Multiplikatoren, wie bspw. Steuerberatern oder Anwälten, aufbauen bzw.

---
[241] Vgl. hierzu Abschnitt 2.3.4.
[242] Vgl. hierzu Abschnitt 4.3. Kundenberatung.

pflegen, um so den Kontakt zu potentiellen Kunden zu knüpfen. Der Kundenberater hat auch die Aufgaben, sich im zu bearbeitenden Markt verstärkt zu präsentieren, indem er bspw. an Events teilnimmt oder sich in Clubs engagiert, um wiederum neue Netzwerkbeziehungen zu schaffen. Auch die bestehenden Kunden hat der Berater gezielt zu entwickeln. Zum einen wiederum als Multiplikator zur Kundenakquisition, indem er zufriedene Kunden pro-aktiv nach Empfehlungen zu vermögenden Freunden- und Bekannten bittet. Zum anderen kann das „Share of Wallet"[243] durch hohe Beratungs- und Servicequalität sowie durch gute Investmentperformance und innovative Veranlagungsvorschläge gesteigert werden. Darüber hinaus hat der Kundenberater die Aufgabe, den Kunden im Hinblick auf die Profitabilität zu entwickeln, indem er dem Kunden gezielt Lösungen offeriert, welche für beide Parteien einen Mehrwert generieren. Nicht zuletzt hat der Kundenberater die Aufgabe, die Kunden an das Bankinstitut zu binden, welches durch die Gewährleistung einer hohen Beratungs- und Servicequalität wesentlich beeinflusst werden kann. Zunehmend wichtig in diesem Zusammenhang wird auch der rechtzeitige Einbezug der Nachfolgegeneration in die Kundenberatung, um zu gewährleisten, dass diese nach der Erbschaft des Vermögens dem Bankinstitut treu bleibt.[244]

Der Kundenberater sollte in der Lage sein, unternehmerisch zu denken und zu handeln, sowie eine hohe Sozialkompetenz sowie die Fähigkeit zur Beziehungs- und Netzwerkgestaltung besitzen. Zudem sollte er über ein ökonomischen, juristisches und steuerliches Basiswissen sowie grundlegende Markt- und Produktkenntnisse verfügen, wobei ganz im Sinne des Generalisten keine profunden Kenntnisse notwendig sind. Für den Kundenberater ist es wichtig zu erkennen, wann welche Spezialisten zugezogen werden müssen. Der Kundenberater ist auch für eine ordnungsgemäße Erledigung des Tagesgeschäfts verantwortlich und hat speziell darauf zu achten, dass Gesetze, Richtlinien und Standards eingehalten werden.

Die Leistungsbeurteilung erfolgt beim Kundenberater im Wesentlichen durch die Erreichung der finanziellen Ziele. Hier stehen besonders die Kennzahlen „Net-New-Money", „Return on Assets" und „Net-Revenues minus Direct-Costs" (im Peergruppen-vergleich) im Zentrum. Aber auch die nicht-finanzielle Ziele wie die Bereitstellung höchster Beratungs- und Servicequalität und die Umsetzung des Teamdenkens fließen in die Leistungsbeurteilung ein.

---

[243] Verwalteter Anteil am Gesamtkundenvermögen.
[244] Vgl. hierzu Abschnitt 4.4 und Abschnitt 4.5.

3.2.3.4. Zusammenfassende Darstellung

Die nachfolgende Darstellung zeigt die wichtigsten Punkte des Rollenwandels eines Kundenberaters nochmals im Überblick auf:

Rollenwandel: Kundenberater	
Traditionelles Rollenverständnis	
☐ Aufbau eines Vertrauensverhältnisses zum Kunden als Spezialist ☐ Kundenberatung auf Basis der Einkommens- und Vermögensverhältnisse, eher reaktiver und produktorientierter Charakter ☐ Anlagevorschläge fokussieren sich auf Geldmarktprodukte, Obligationen und Aktien ☐ Verwaltungsorientierung (Vermögens- und Portfolioverwaltung, viele administrative Aufgaben) ☐ Wissen über Produkte und Märkte steht im Vordergrund ☐ Leistungsbeurteilung ist stark produktorientiert	
Beeinflussbare Herausforderungen im WM-Kundengeschäft	**Auswirkungen auf die Rolle**
☐ Beratungs- und Servicequalität ☐ Kundenbindung ☐ Kooperation mit spez. Partnern	☐ Beratung über den gesamten Lebenszyklus und verstärkte Kundenorientierung ☐ Netzwerkorientierung / Teamarbeit / Wandel vom Spezialist zum Generalist
☐ Kundenakquisition	☐ Systematischer Aufbau von Neukundenbeziehungen
☐ Kundenentwicklung	☐ Analyse und gezielte Entwicklung des bestehenden Kundenbuchs
☐ Kundenrückgewinnung	☐ Verstärkter Fokus verlorene Kunden wieder zurück zu gewinnen
☐ Mitarbeiterausbildung / -entwicklung ☐ Gesetze / Richtlinien / Standards implementieren ☐ Mitarbeiterakquisition ☐ Mitarbeiterbindung	☐ Verstärkter Zeitaufwand für Ausbildung ☐ Erhöhte Sensibilisierung auf diese Themen und verstärkte Kontrollfunktion ☐ Gezielte Mitarbeitervermittlung ☐ Team- und Kollegialitätsdenken
Modernes Rollenverständnis	
☐ Aufbau eines Vertrauensverhältnisses zum Kunden als Generalist ☐ Umfassende Kundenberatung auf Basis der gesamten Lebenssituation, pro-aktiver und bedürfnisorientierter Charakter ☐ Anlagevorschläge fokussieren sich auf die gesamte Wealth-Management-Angebotspalette[245] ☐ Kundenorientierung (Kundenberater agiert als Beziehungsgestalter und kooperiert mit Spezialisten) ☐ Fähigkeit zur Beziehungs- und Netzwerkgestaltung (intern / extern) und soziale Kompetenzen stehen im Vordergrund ☐ Gezielte Akquisition, Bindung, Entwicklung und Rückgewinnung von Kunden steht im Fokus ☐ Leistungsbeurteilung anhand finanzieller Ziele, speziell NNM, RoA, NR-DC (Peer-Vergleich), Berücksichtigung von Teamgedanken / -zielen, Kundenfeedback zur Beratungs- und Servicequalität	

Tabelle 24: Zusammenfassender Überblick zum Rollenwandel eines Kundenberaters

---

[245] Vgl. Tabelle 12.

3.2.4. Teamleiter

3.2.4.1. Traditionelles Rollenverständnis

Der Teamleiter im traditionellen Rollenverständnis agiert vor allem als Kundenberater für die vermögensstarken und strategisch wichtigen Kunden des zuständigen Markts bzw. Segments. In dieser Beratungstätigkeit ist der Teamleiter für den Aufbau und die Pflege eines Vertrauensverhältnisses zwischen diesen Kunden und der Bank zuständig. Wesentliche Aufgaben in diesem Zusammenhang sind die Vorbereitung von Veranlagungsvorschlägen sowie die Vermögens- und Portfolioverwaltung und die damit einhergehende fortlaufende Berichterstattung an den Kunden. Die traditionelle Rolle des Teamleiters unterscheidet sich von der traditionellen Rolle des Kundenberaters[246] nur unwesentlich. Neben der Haupttätigkeit der Beratung seiner eigenen Kunden hat der Teamleiter auch diverse Führungsaufgaben, welche im traditionellen Sinne jedoch eher passiv wahrgenommen werden. Ein langjährig erfahrener Teamleiter formuliert dies im Rahmen eines Interviewgesprächs etwas provokativ wie folgt: „Der Teamleiter war faktisch Kundenberater, welcher nebenbei noch einzelne administrative Teamleitungsaufgaben zu erledigen hatte. Im Zentrum des Interesses standen nicht die Mitarbeiter, sondern die eigenen Kunden."

Der Teamleiter hat in seiner Führungsfunktion die Aufgabe, ein Umfeld mit den entsprechenden organisatorischen Rahmenbedingungen zu schaffen, bei denen es den Kundenberatern und Support-Mitarbeitern möglich ist, diskret, zuverlässig und effizient zu arbeiten. Neben der Schaffung eines bestmöglichen Arbeitsumfeldes ist der Teamleiter für die Zusammenstellung eines schlagkräftigen Teams verantwortlich. Hierbei kommt der Mitarbeiterrekrutierung eine zentrale Bedeutung zu, wobei der Rekrutierungsprozess wesentlich im Verantwortungsbereich der Personalabteilung liegt. Der Teamleiter hat faktisch die Aufgabe, den Personalbedarf zu melden und mit vorselektierten potentiellen Kandidaten letzte entscheidungsrelevanten Interviews zu führen. Im Hinblick auf die bestehenden Mitarbeiter hat der Teamleiter die Aufgabe, am Anfang des Jahres einen Ziel- und Maßnahmenplan zu erarbeiten und die Ergebnisse am Ende des Jahres zu beurteilen. Neben diesem Ziel-, Maßnahmen- und Beurteilungsprozess fokussiert sich die Mitarbeiterführung wesentlich auf die Kommunikation der Vision und Strategie der Bank, der Einführung von Produktneuheiten und eventuellen organisatorischen und personellen Veränderungen.

---

[246] Vgl. hierzu Abschnitt 3.2.3.1.

Werden bestimmte Produkte von der Bank forciert, ist der Teamleiter dafür verantwortlich, dass sich seine Mitarbeiter im Beratungsgespräch gezielt auf dieses Produkt fokussieren. Neben einzelnen Produktkampagnen, welche von der Bank forciert werden, initiiert der Teamleiter auch eigene Verkaufskampagnen innerhalb seines Teams und überwacht und kontrolliert den Verkaufserfolg. Auch das Reporting an den Vorgesetzten, welches sich wesentlich auf die Kommunikation von Neugeldzuflüssen, Umsatzentwicklung und den Produktverkaufserfolg von gezielten Kampagnen konzentriert, gehört zu den Aufgaben des Teamleiters. Der Teamleiter ist auch dafür verantwortlich, dass seine Mitarbeiter sämtliche Legal-, Compliance- und Risk-Richtlinien einhalten. In diesem Zusammenhang hat der Teamleiter auch eine wichtige Kontrollfunktion. Auch diverse administrative und organisatorische Aufgaben prägen das Tagesgeschäft des Teamleiters. Zu erwähnen sind hier bspw. die Prüfung und Beurteilung von zahlreichen internen und externen Anträgen und Dokumenten oder die gesamte Ferienplanungskoordination der Mitarbeiter und der damit einhergehenden Stellvertreterregelung.

Der Teamleiter soll sowohl Führungsfähigkeiten als auch ein umfassendes Wissen im Hinblick auf die Kundenberatung haben. Da die Haupttätigkeit des Teamleiters in der Beratung von vermögensstarken und strategisch wichtigen Kunden liegt, sind ein profundes Produkt- und Marktwissen, hohe Kompetenz in der Portfolio- und Vermögensverwaltung sowie die Fähigkeit einer vertrauensbildenden Beziehungsgestaltung essentiell. Im traditionellen Rollenverständnis ist ein Teamleiter durch jahrelange Erfahrung und profundes Fachwissen im Kundenberatungsprozess charakterisiert. Führungsfähigkeiten werden zwar grundsätzlich gefordert, stehen jedoch eher im Hintergrund. Dies zeigt sich in Praxis dadurch, dass im Wesentlichen erfahrene Kundenberater mit guten Verkaufsleistungen und vermögensstarken Kundenstämmen zu Teamleitern befördert werden. Die starke Beratungsorientierung des Teamleiters spiegelt sich auch in der Leistungsbeurteilung wider, welche sich wesentlich an den eigenen Leistungen im Kundenberatungsgeschäft orientiert.

3.2.4.2. Rollenwandel im Kontext bedeutsamer Herausforderungen

Die erarbeiteten Herausforderungen im Wealth Management beeinflussen die Rolle des Teamleiters bedeutend. Die nachfolgende Tabelle 25 gibt einen Überblick, wie sich die beeinflussbaren Herausforderungen auf das moderne Rollenverständnis des Teamleiters auswirken und die Bedeutung der traditionellen Aufgaben verändern. Im Anschluss an die Übersicht werden die einzelnen Themen kurz beleuchtet.

Herausforderungen im WM-Kundengeschäft	Traditionelle Aufgaben								Bedeutung in moderner Rolle
	Kundenberatung (inkl. Kundenakquisition u.-bindung in der Rolle als Berater)	Mitarbeiterführung (kommunikationsorientiert)	Personalmanagement (administrationsorientiert)	Organisatorische Rahmenbedingungen / Umfeld schaffen	Reporting an den Vorgesetzten	Eigene Verkaufskampagnen (einzelne Produkte)	Kontrollaufgaben	Diverse administrative Aufgaben	
Mitarbeiterakquisition			⊠						●
Mitarbeiterausbildung / -entwicklung			⊠						↗
Mitarbeiterbindung		⊠	⊠						↗
Beratungs- und Servicequalität	⊠								●
Kundenakquisition	⊠								●
Kundenentwicklung	⊠					⊠			●
Kundenbindung	⊠								●
Kundenrückgewinnung	⊠								↗
Gesetze / Richtlinien / Standards implementieren				⊠					↗
Kooperation mit spez. Partnern				⊠					↗
Bedeutung in moderner Rolle	↘	●	↗	⇨	⇨	✗	↘	↘	

✗ = keine Bedeutung; ↘ = abnehmende Bedeutung; ⇨ = gleich bleibende Bedeutung;
↗ = zunehmende Bedeutung; ● = stark zunehmende Bedeutung; ⊠ direkte thematische Übereinstimmung von traditionellen Aufgaben und allg. Herausforderungen im WM-Kundengeschäft

Tabelle 25: Bedeutung von WM-Herausforderungen und traditionellen Aufgaben im modernen Rollenverständnis eines Teamleiters
Quelle: Eigene Darstellung, basierend auf Gesprächen mit Teamleitern (K1) und Experten (K3)

Die wesentlichen treibenden Veränderungsfaktoren sind die verschärfte Wettbewerbssituation,[247] der Mangel an qualifizierten Mitarbeitern[248] und die zunehmend steigenden Kundenbedürfnisse.[249] Durch den verstärkten Wettbewerb und die steigenden Kundenbedürfnisse gewinnt die Beratungs- und Servicequalität an enormer Bedeutung. Der Teamleiter hat in seiner Führungsverantwortung eine umfassende *Implementierung einer ausgeprägten Service- und Beratungskultur in seinem Team* zu gewährleisten. Dies kann der Teamleiter wesentlich dadurch beeinflussen, dass er dies aktiv vorlebt, systematisch *Kundenfeedback* einholt und dies mit seinen Mitarbeitern bespricht. Einhergehend mit dem verstärkten Wettbewerb gewinnen die systematische *Akquisition von Neukunden*, die *Entwicklung und Bindung bestehender Kunden* sowie die *Rückgewinnung verlorener Kunden* enorm an Bedeutung. Der Teamleiter kann auch diese Herausforderung wesentlich beeinflussen, indem er die Kundenberater gezielt in der Herangehensweise an diese Themen unterstützt. So kann der Teamleiter bspw. unterstützend tätig sein im systematischen Aufbau von Neukundenbeziehungen, der gezielten Entwicklung des Kundenbuchs oder der Beratungsunterstützung bei abgangsgefährdeten Kunden. Im Hinblick auf die verstärkten Kundenbedürfnisse und die Gewährleistung höchster Beratungs- und Servicequalität hat der Teamleiter auch zunehmend die Verantwortung, den Teamansatz in der Kundenberatung gezielt zu forcieren. Der Teamleiter hat folglich die Aufgabe, den Teamberatungsgedanken zu fördern, gezielte Teams zu formen und Kundenberater anzuhalten bzw. zu unterstützen, je nach Bedarf *spezialisierte Partner* in die Kundenberatung einzubeziehen.

Auch die Herausforderung der *Mitarbeiterakquisition*, welche wesentlich durch den Mangel an qualifizierten Mitarbeitern und der verstärkten Wettbewerbssituation geprägt ist, verändert das Rollenverständnis des Teamleiters wesentlich. Die eher passive Rolle im Rekrutierungsprozess wandelt sich zu einer aktiven Rolle, bei der es zu den wesentlichen Aufgaben des Teamleiters gehört, auch selbst potentielle Mitarbeiter zu identifizieren und einen Kontakt zu diesen aufzubauen bzw. zu pflegen. Auch die *Mitarbeiterausbildung und -entwicklung* sowie die *Mitarbeiterbindung* gewinnen an Bedeutung. Dies hängt wiederum stark mit den Herausforderungen der verstärkten Wettbewerbssituation und dem Mangel an qualifizierten Mitarbeitern zusammen. Der

---

[247] Vgl. hierzu auch Abschnitt 2.3.5.
[248] Vgl. hierzu auch Abschnitt 2.3.3.
[249] Vgl. hierzu auch Abschnitt 2.3.6.

Teamleiter kann dies wesentlich beeinflussen, indem er mit all seinen Mitarbeitern Entwicklungsgespräche führt und gezielte Ausbildungsmaßnahmen festlegt. Dies ist vor allem bei jüngeren Mitarbeitern sehr motivationsfördernd und wirkt positiv auf die Mitarbeiterbindung. Der Teamleiter kann auch durch die Etablierung eines hohen Kollegialitäts- und Teamdenkens die Mitarbeiterbindung positiv beeinflussen.[250]

Einhergehend mit diesen Veränderungen gewinnt die *Mitarbeiterführung* folglich enorm an Bedeutung. Im Hinblick auf die begrenzten zeitlichen Ressourcen verliert hingegen die *Beratung eigener Kunden*, welche das traditionelle Rollenverständnis wesentlich geprägt hat, stark an Bedeutung. Der Teamleiter steht folglich in der Pflicht, seine eigenen Kunden an andere erfahrene und leistungsstarke Kundenberater in seinem Team abzugeben, um sich voll und ganz den herausfordernden Führungsaufgaben widmen zu können.

Hingegen werden die selbst initiierten *Produktverkaufskampagnen* keine Bedeutung im modernen Rollenverständnis mehr haben, da dieser ‚Produkte-Push' nicht im Einklang mit der Herausforderung einer umfassenden bedürfnisorientierten Beratung steht. Auch der zeitliche Aufwand für *Kontroll- und administrative Aufgaben* nimmt zunehmend ab, was wesentlich mit den verbesserten Informationstechnologien einhergeht.[251]

Basierend auf den Herausforderungen im Kundengeschäfts und deren Auswirkungen auf die traditionelle Rolle – speziell auf die Beeinflussung und Veränderung der Aufgabentätigkeiten des Kundenberaters – wird nun das moderne Rollenverständnis dargestellt.

---

[250] Dies basiert auf Gesprächen mit Support-Mitarbeitern, Kundenberatern, Teamleitern (K1) und Experten (K3, E2).
[251] Dies basiert auf Gesprächen mit Teamleitern (K1) und Experten (K3).

3.2.4.3. Modernes Rollenverständnis

Der Teamleiter ist verantwortlich für die Führung eines kunden- und marktorientierten Teams von Kundenberatern und Support-Mitarbeitern. Um dieser Verantwortung in einem veränderten Wettbewerbsumfeld[252] nachzukommen, wandelt sich die Rolle des Teamleiters von einer Kundenberatungsorientierung hin zu einer verstärkten Teamführungsorientierung. Im modernen Rollenverständnis betreut der Teamleiter keine eigenen Kunden mehr, sondern hat eine reine Führungsfunktion inne.[253]

In seiner Führungsfunktion ist der Teamleiter dafür verantwortlich, dass jedes seiner Teammitglieder die Unternehmenswerte und Grundsätze der Bank kennt und diese auch lebt. Dem Teamleiter kommt diesbezüglich eine wesentliche Vorbildfunktion zu. Auch die Vermittlung der Vision und Strategie der Bank gehört zu den grundsätzlichen Aufgaben eines Teamleiters. Neben dieser Kommunikations- und Vermittlungsfunktion hat er die wesentliche Aufgabe, diese Visionen und Strategien für sein Marktgebiet bzw. -segment zu adaptieren und schließlich mit seinem Team umzusetzen. Um diese Umsetzung bestmöglich zu gewährleisten, ist der Teamleiter in einem ersten Schritt dafür verantwortlich, ein Umfeld mit den entsprechenden organisatorischen Rahmenbedingungen zu schaffen, welches es den Kundenberatern und Support-Mitarbeitern erlaubt, diskret, zuverlässig und möglichst effizient zu arbeiten. Neben der Schaffung eines bestmöglichen Umfelds hat er die Aufgabe, ein schlagkräftiges Team zusammenzustellen, um die Teamvision und -strategie umzusetzen sowie die damit einhergehenden Teamziele zu erreichen. Hierbei hat er zu klären, wie die Personalstruktur und die Teamzusammenarbeit auszusehen haben und ist in diesem Zusammenhang dafür verantwortlich, qualifizierte Mitarbeiter zu rekrutieren, bestehende Mitarbeiter zielgerichtet auszubilden und zu entwickeln und an das Bankinstitut zu binden. Aufgrund des zunehmenden Mangels an qualifizierten Mitarbeitern ist dies im modernen Teamleiterverständnis von großer Bedeutung. Im

---

[252] Vgl. hierzu Abschnitt 2.3.
[253] In den Interviews (K1, E2) und Expertengesprächen (K3) bestand Konsens darüber, dass der moderne Teamleiter eine klare Führungsfunktion hat. Im Hinblick darauf, dass der Teamleiter keine eigenen Kunden mehr haben sollte, gehen die Meinungen teilweise auseinander. Zum einen wird argumentiert, dass der Teamleiter in seiner Führungsfunktion voll ausgelastet ist, und folglich keine Zeit für eine umfassende Kundenbetreuung mehr hat. Zum anderen wird argumentiert, dass der Teamleiter noch ein paar Kunden selbst betreuen soll, um das Marktgeschehen nicht aus den Augen zu verlieren und die Kundenberater bei ihren täglichen Herausforderungen besser verstehen zu können.

Hinblick auf die Klärung der Teamzusammenarbeit und der Herausforderung der verstärkten und komplexer werdenden Kundenbedürfnisse ist der Teamleiter wesentlich für die Etablierung eines effizienten Teamansatzes in der Kundenberatung verantwortlich. Zu berücksichtigen ist hierbei neben der Zusammenarbeit des Teamleiters mit Support-Mitarbeitern oder Kundenberatern auch die Zusammenarbeit mit diversen spezialisierten Partnern.

Neben der Vermittlung der Unternehmenswerte und Grundsätze, der Vision und Strategie sowie der Klärung und Umsetzung der organisatorischen und strukturellen Teamaufstellung steht vor allem die umsetzungsorientierte Mitarbeiterführung im Zentrum des modernen Teamleiterverständnisses. Sind die individuellen Mitarbeiter- und Gesamtteamziele definiert, hat der Teamleiter die zentrale Aufgabe, die Support-Mitarbeiter und Kundenberater bei der Erreichung dieser Ziele zu begleiten und zu unterstützen. Besonders bedeutsam für die Rolle des Teamleiters ist hierbei die Unterstützung der Kundenberater in der systematischen Entwicklung des Kundengeschäfts. Im Hinblick auf die Akquisition, Bindung, Entwicklung und Rückgewinnung von Kunden zeigt er Ansätze und Möglichkeiten zur generellen Herangehensweise an diese Themen auf und bespricht mit jedem einzelnen Mitarbeiter gezielte Maßnahmen zur Umsetzung. Der Teamleiter steht diesbezüglich in regelmäßigem Kontakt mit seinen Teammitarbeitern. Im Sinne der gezielten Teamentwicklung sollen in regelmäßig stattfindenden Teammeetings Erfahrungen ausgetauscht und spezielle zukunftsgerichtete Herausforderungen im Hinblick auf die Kunden- und Marktentwicklung diskutiert werden. Der Teamleiter ist teilweise auch im Umsetzungsprozess beim Kunden unterstützend tätig. So ist er bspw. bei der Akquisition von vermögensstarken bzw. strategisch wichtigen Kunden oder bei der Beziehungspflege abgangsgefährdeter Kunden integriert. Er hat auch regelmäßigen Kundenkontakt im Hinblick auf das systematische Einholen von Kundenfeedback, um die Service- und Beratungsqualität im Team kontinuierlich zu verbessern. In diesem Zusammenhang ist auch die generelle Etablierung einer Feedbackkultur im Team bedeutsam.

Eine weitere wesentliche Aufgabe im Hinblick auf die Gewährleistung höchster Beratungs- und Servicequalität ist das Führen von Ausbildungsbedürfnis- und Entwicklungsgesprächen, um gezielte Ausbildungsmaßnahmen mit jedem einzelnen Mitarbeiter festzulegen. Der Teamleiter steht auch in regelmäßigem Kontakt mit seinem

Vorgesetzten und wird, neben den Reportingtätigkeiten, auch verstärkt in Projektgruppen zur Kunden- und Marktentwicklung integriert. Überdies hat er sicherzustellen, dass alle Gesetze, Richtlinien und Standards im Team eingehalten werden. All diese Teamleitertätigkeiten gehen mit gewissen Kontroll- und administrativen Aufgaben einher, bei denen er eine ordnungsgemäße und effiziente Erledigung zu gewährleisten hat.

Der moderne Teamleiter zeichnet sich wesentlich durch eine hohe Führungs-, Umsetzungs- und Sozialkompetenz sowie durch die Fähigkeit der internen und externen Beziehungs- und Netzwerkgestaltung aus. Gemessen wird die Leistung des Teamleiters im modernen Rollenverständnis am Gesamterfolg des Teams.

3.2.4.4. Zusammenfassende Darstellung

Die wichtigsten Punkte des Teamleiterrollenwandels nochmals im Überblick:

Rollenwandel: Teamleiter
Traditionelles Rollenverständnis
☐ Beratung eigener Kunden steht im Zentrum ☐ Schaffung der organisatorischen Rahmenbedingungen und Abwicklung administrativer Personalmanagementaufgaben ☐ Reporting an den Vorgesetzten und Kommunikation an die Mitarbeiter ☐ Initiierung eigener Verkaufskampagnen und Überwachung / Kontrolle des Verkaufserfolges ☐ Wissen über Produkte, Märkte und administrative Abwicklungsprozesse stehen im Vordergrund ☐ Leistungsbeurteilung erfolgt im Wesentlichen anhand der eigenen Leistungen im Kundenberatungsgeschäft

Beeinflussbare Herausforderungen im WM Front Geschäft	Auswirkungen auf die Rolle
☐ Beratungs- und Servicekultur	☐ Implementierung sicherstellen / vorleben / systematisch Kundenfeedback einholen
☐ Kundenakquisition	☐ Unterstützung bei der systematischen Herangehensweise an die Akquisition
☐ Kundenentwicklung	☐ Unterstützung bei der gezielten Analyse des Kundenbuchs
☐ Kundenbindung	☐ Unterstützung in der Beratung (z. B. bei abgangsgefährdete Kunden) / Kundenfeedback einholen und im Team besprechen
☐ Kundenrückgewinnung	☐ Unterstützung bei der gezielten Rückgewinnung verlorener Kunden
☐ Mitarbeiterakquisition	☐ Netzwerkausbau mit potentiellen Mitarbeitern
☐ Mitarbeiterausbildung / -entwicklung	☐ Stärken / Schwächenanalyse der Mitarbeiter; gezielte Ausbildung und Entwicklung
☐ Mitarbeiterbindung	☐ Team- und Kollegialitätsdenken etablieren / Leistungsorientierte Entlohnung sicherstellen
☐ Kooperation mit spez. Partnern	☐ Teamzusammenarbeit fordern und fördern / Netzwerkorientierung
☐ Gesetze / Richtlinien / Standards implementieren	☐ Kommunikation an MA und Sensibilisierung / Kontrollfunktion

Modernes Rollenverständnis
☐ Keine eigenen Kunden mehr (evt. noch einzelne wenige Schlüsselkunden); Mitarbeiter- / Teamführung rückt ins Zentrum des Interesses ☐ Umfassende und hervorragende Beratungs- und Servicekultur sowie unternehmerisches Denken und Handeln im Team sicherstellen; Feedbackkultur (Kunden / Mitarbeiter) etablieren ☐ Gezielte Markt- und Geschäftsentwicklung; systematische Unterstützung der Kundenberater bei der Akquisition, Bindung, Entwicklung und Rückgewinnung von Kunden ☐ Teamkonstellation und -entwicklung; Fokus auf Rekrutierung und Mitarbeiterausbildung / -entwicklung sowie Schaffung effizienter organisatorischer Rahmenbedingungen ☐ Führungsfähigkeiten, Umsetzungskompetenz, Sozialkompetenz sowie Beziehungs- und Netzwerkgestaltung (intern / extern) stehen im Vordergrund ☐ Leistungsbeurteilung auf Basis des Teamerfolgs

Tabelle 26: Zusammenfassender Überblick zum Rollenwandel eines Teamleiters

3.2.5. Team

In diesem Abschnitt sollen zunächst einleitend die Unterschiede zwischen zwei Teamverständnissen, nämlich dem organisatorischen Wealth-Management-Team und dem Wealth-Management-Beratungsteam, aufgezeigt werden. Anschließend wird dann der Wandlungsbedarf vom traditionellen zum modernen Teamverständnis untersucht.

Das organisatorische Wealth-Management-Team (nachfolgend als **organisatorisches Team** bezeichnet) besteht aus einem Teamleiter, mehreren Kundenberatern und Support-Mitarbeitern und lässt sich grafisch wie folgt darstellen:[254]

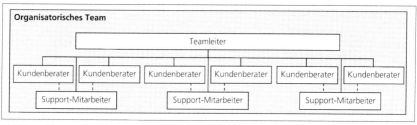

Abbildung 12: Organisatorisches Team
Quelle: UBS AG, BankUnit Global OrgChart, Zürich 2009a

Dieses Team agiert als eine organisatorische Einheit innerhalb des Unternehmens. I. d. R. ist solch ein organisatorisches Team für die Bearbeitung eines bestimmten Markts bzw. Segments verantwortlich. Dem Teamleiter kommt diesbezüglich eine zentrale Funktion zu: Er hat die Aufgabe, das Team so aufzustellen und zu führen, um den zugeordneten Markt möglichst gezielt und koordiniert bearbeiten zu können. Bei der Beschreibung des organisatorischen Teams steht in dieser Arbeit vor allem die Beziehung des Teamleiters zu seinen Kundenberatern und Support-Mitarbeitern im Fokus.

Das organisatorische Team agiert jedoch nicht als Gesamtteam im Hinblick auf die faktische Beratung einzelner Kunden. Es wäre weder zielführend noch effizient, wenn bspw. sechs Kundenberater, drei Support-Mitarbeiter und der Teamleiter[255] bei der Betreuung eines einzelnen Kunden zusammenarbeiten würden. In diesem Sinne ist das

---

[254] Vgl. hierzu ausführlicher Abschnitt 3.1.
[255] Anzahl Teammitglieder analog der schematischen Abbildung 12. Die Anzahl der Mitarbeiter in einem organisatorischen Team kann selbstverständlich variieren.

organisatorische Team wiederum in mehrere Wealth-Management-Beratungsteams (nachfolgend als **Beratungsteam** bezeichnet) unterteilt.[256] Das Beratungsteam ist folglich auf die faktische Beratung von vermögenden Privatkunden ausgerichtet. Solch ein Team besteht üblicherweise aus einem Kundenberater, einem stellvertretenden Kundenberater,[257] einem Support-Mitarbeiter, dem Teamleiter[258] und diversen Spezialisten.[259] Die Spezialisten unterstützen mehrere Teams innerhalb der Bank und sind aus organisatorischer Perspektive meist zentralisierten Support-Abteilungen zugeordnet. Die Beratungsteams innerhalb des organisatorischen Teams lassen sich skizzenhaft wie folgt darstellen:[260]

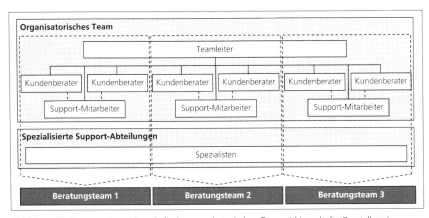

Abbildung 13: Beratungsteams innerhalb des organisatorischen Teams (skizzenhafte Darstellung)
Quelle: Eigene Darstellung, basierend auf Expertengesprächen (K3)

Nachfolgend werden diese zwei Teamverständnisse genauer beleuchtet. Analog zur Vorgehensweise in den vorangegangenen Kapiteln (Support-Mitarbeiter, Kundenberater und Teamleiter) wird auch hier der Wandlungsbedarf vom traditionellen zum modernen Verständnis herausgearbeitet.

---

[256] Dies basiert auf Expertengesprächen (K3).
[257] Kundenberater und stellvertretender Kundenberater vertreten sich i. d. R. gegenseitig. Bei Kunden des Beraters A ist Berater B Stellvertreter und bei Kunden des Beraters B ist Berater A Stellvertreter.
[258] Der Teamleiter ist jedoch nicht regelmäßig in den Beratungsprozess involviert, sondern je nach Bedarf und Kundensituation unterstützend tätig.
[259] Je nach Kundenbedürfnis und -situation sind ausgewählte Spezialisten in das Beratungsteam involviert.
[260] Eine ausführliche Beschreibung folgt im weiteren Verlauf dieses Abschnitts 3.2.5.

3.2.5.1. Traditionelles Teamverständnis

Es wird nun das organisatorische Team sowie das Beratungsteam im traditionellen Verständnis beschrieben.

Das **organisatorische Team** besteht aus dem Teamleiter, mehreren Kundenberatern und Support-Mitarbeitern.[261] Da der Teamleiter, wie im traditionellen Rollenverständnis beschrieben,[262] weitgehend als Kundenberater agiert, bleibt für die Mitarbeiterführung zur gezielten und koordinierten Marktentwicklung meist nur wenig Zeit. Das Führungsverständnis beschränkt sich oft auf die Schaffung organisatorischer Rahmenbedingungen und die Abwicklung administrativer Personalaufgaben. Kundenberater und Teamleiter agieren meist als Einzelkämpfer in der Kundenbetreuung und der Teamgedanke innerhalb des traditionellen organisatorischen Teams ist folglich nur wenig ausgeprägt. Die nachfolgende Abbildung 14 visualisiert das Teamverständnis sowie die Beziehungen der Rollen untereinander und zum Kunden:[263]

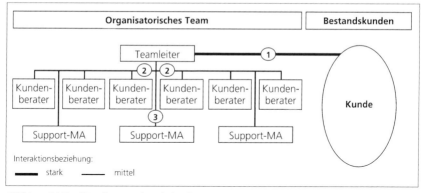

Abbildung 14: Traditionelles organisatorisches Team
Quelle: Eigene Darstellung, basierend auf Gesprächen mit Kundenberatern, Teamleitern (K1) und Experten (K3)

---

[261] Vgl. hierzu Abschnitt 3.1.
[262] Vgl. hierzu auch Abschnitt 3.2.4.
[263] In Abbildung 14 wird nur die Beziehung des Teamleiters zum Kunden aufgezeigt, um die Bedeutsamkeit der Kundenberatung für den Teamleiter herauszuheben. Selbstverständlich haben auch Kundenberater und teilweise auch Support-Mitarbeiter eine Beziehung zum Kunden. Vgl. hierzu Abschnitt 3.2.3.1. und Abschnitt 3.2.2.1.

Um die Funktionsweise des traditionellen organisatorischen Teams besser zu verstehen, werden nachfolgend die einzelnen Interaktionsbeziehungen erläutert:

(1) Der Teamleiter fokussiert sich auf die Beratung seiner eigenen Kunden. Auf Basis eines intensiven Informationsaustauschs mit dem Kunden werden Anlagevorschläge ausgearbeitet und mit dem Kunden diskutiert.

(2) Die Beziehung zwischen Teamleiter und Kundenberatern beschränkt sich hauptsächlich auf die Zielvereinbarung und -beurteilung zum Jahreswechsel mit regelmäßigen Kontrollen der laufenden Verkaufsergebnisse während des Jahres. Eine aktive Unterstützung der Kundenberater durch den Teamleiter bei der Beratung und der gezielten Entwicklung des Kundenstamms findet selten statt.

(3) Die Beziehung zwischen Teamleiter und Support-Mitarbeitern fokussiert sich neben dem jährlichen Zielvereinbarungs- und -beurteilungsprozess maßgeblich auf die administrative Unterstützung des Support-Mitarbeiters bei der Kundenberatungstätigkeit des Teamleiters.

Das **Beratungsteam** besteht im traditionellen Sinne aus einem Kundenberater und einem Support-Mitarbeiter, welche durch Spezialisten bei der internen Abwicklung unterstützt werden.[264] Diese Spezialisten sind nicht direkt dem organisatorischen Team zugeordnet, sondern unterstützen mehrere Teams innerhalb der Bank. Die zentrale Figur in diesem traditionellen Beratungsteamverständnis ist der Kundenberater, welcher hauptsächlich als Einzelkämpfer agiert.[265] Der Kundenberater hat den alleinigen Kontakt zum Kunden, ist jedoch bei diversen administrativen, verwaltungs- und abwicklungsorientierten Aufgaben auf die Unterstützung des Support-Mitarbeiters und auf Spezialisten angewiesen. Teamleiter und andere Kundenberater sind im traditionellen Verständnis nicht Teil des Beratungsteams, werden jedoch bei außergewöhnlich schwierigen Kundensituationen und bei Absenz des Kundenberaters

---

[264] Vgl. hierzu das „Private Banking Team" in Pechlaner, H., Private Banking – Eine Wettbewerbsanalyse des Vermögensverwaltungs- und Anlageberatungsmarktes in Deutschland, Österreich und der Schweiz, Zürich 1993, 164. Dieses Teamverständnis wiederspiegelt sich auch in den Gesprächen mit erfahrenen Kundenberatern (K1) und diversen Experten (K3). Als Spezialisten erwähnt Pechlaner lediglich Portfoliomanager und Händler. Er bezeichnet den Support-Mitarbeiter auch als Verwaltungsassistenten. Die Bezeichnung des Verwaltungsassistenten kann mit der Rolle des traditionellen Support-Mitarbeiters gleichgesetzt werden.

[265] Vgl. Held, H. K., Moderne Führung im Private Banking – Flexible Organisationsformen, Bern 1999, 20.

unterstützend bzw. vertretend tätig. Die nachfolgende Abbildung 15 visualisiert das Teamverständnis sowie die Beziehungen der Rollen untereinander und zum Kunden:

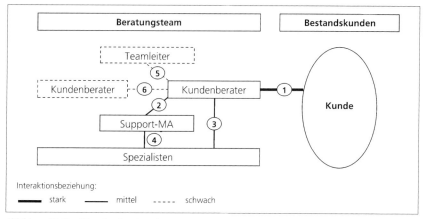

Abbildung 15: Traditionelles Beratungsteam
Quelle: Eigene Darstellung, basierend auf Gesprächen mit Kundenberatern, Teamleitern (K1) und Experten (K3)

Um die Funktionsweise des traditionellen Beratungsteams besser zu verstehen, werden nachfolgend die einzelnen Interaktionsbeziehungen kurz erläutert:

①   Der Kundenberater hat den alleinigen Kontakt zu seinen Kunden. Auf Basis eines intensiven Informationsaustausches mit dem Kunden werden Anlagevorschläge ausgearbeitet und mit dem Kunden diskutiert.

②   Der Support-Mitarbeiter leistet den Kundenberatern administrative Unterstützung im Beratungsprozess.

③   Die Spezialisten unterstützen den Kundenberater bei der Abwicklung von Transaktionen und bei der Erarbeitung und Umsetzung von Anlagevorschlägen.

④   Abwicklungstechnische Aufgaben werden vom Kundenberater oft an den Support-Mitarbeiter delegiert, welcher dann direkt mit den Spezialisten in Kontakt tritt.

⑤   Der Teamleiter unterstützt den Kundenberater bei außergewöhnlich schwierigen Kundensituationen.

(6) Ein anderer Kundenberater vertritt den Kundenberater bei Absenzen. Der stellvertretende Kundenberater kennt in der Regel die Kundenbeziehungen des Kundenberaters nicht und reagiert daher nur passiv auf Kundenanfragen. So werden wichtige Transaktionen abgewickelt, bei Beratungsfragen wird jedoch wieder auf den betreuenden Kundenberater verwiesen.

Nachfolgend wird untersucht, wie sich dieses traditionelle Teamverständnis – sowohl aus Organisations- als auch aus Beratungsperspektive – im Kontext der Herausforderungen des Wealth-Management-Geschäfts wandelt.

3.2.5.2. Teamwandel im Kontext bedeutsamer Herausforderungen

Der Übergang vom traditionellen zum modernen Teamverständnis wird von den Trends und den damit einhergehenden Herausforderungen im Wealth-Management-Geschäft beeinflusst. Die wesentlichen Veränderungstreiber hierbei sind die erhöhten Kundenbedürfnisse, das stetig breiter und komplexer werdende Produkt- und Dienstleistungsangebot, die verstärkte Wettbewerbssituation und der damit einhergehende Kampf um qualifizierte Mitarbeiter.[266]

Der Wandel im **organisatorischen Team** wird hauptsächlich durch die verstärkte Wettbewerbssituation und den Kampf um qualifizierte Mitarbeiter geprägt. Die Rolle des Teamleiters wandelt sich, wie bereits beschrieben,[267] von einer Beratungsorientierung hin zur Mitarbeiterorientierung. Er hat für eine verstärkte Teamkultur innerhalb des organisatorischen Teams zu sorgen. Durch einen erhöhten Teamgeist und eine gute Arbeitsatmosphäre kann der Herausforderung des Mangels an qualifizierten Mitarbeitern entgegengewirkt werden. Die Bindung der Mitarbeiter zum Team erhöht sich, Mitarbeiter fordern und unterstützen sich pro-aktiv gegenseitig, was sich wiederum vorteilhaft auf die Mitarbeiterausbildung- und -entwicklung auswirkt. Auch hilft die Strahlkraft einer guten Teamkultur bei der Mitarbeiterakquisition. Zudem kann auch die Einhaltung aller Legal-, Compliance- und Risk-Richtlinien durch eine verstärkte Teamzusammenarbeit besser sichergestellt werden, indem man sich gegenseitig bei diversen Fragestellungen hilft und sich gegebenenfalls gegenseitig

---

[266] Vgl. hierzu Abschnitt 2.3.6. (Kundenbedürfnisse), Abschnitt 2.3.4. (Produkt- und Dienstleistungsangebot), Abschnitt 2.3.5. (Verstärkte Wettbewerbssituation) und Abschnitt 2.3.3. (Qualifizierte Mitarbeiter).
[267] Vgl. Abschnitt 3.2.4.

kontrolliert. Der Teamleiter hat in der Umsetzung einer verstärkten Teamzusammenarbeit zur effizienten Marktbearbeitung eine zentrale Funktion. Er ist dafür verantwortlich, dass alle innerhalb des Teams die Unternehmens- und Teamwerte leben, hinter der Vision und der erarbeiteten Strategie stehen sowie koordiniert und effizient in der gemeinsamen Marktbearbeitung agieren.

Der Wandel im **Beratungsteam** wird wesentlich durch die erhöhten Kundenbedürfnisse, die verstärkte Wettbewerbssituation und das komplexere Produkt- und Dienstleistungsangebot geprägt. Durch die beiden ersten Faktoren gewinnt vor allem die Beratungs- und Servicequalität stark an Bedeutung. Der Kundenberater im traditionellen Einzelkämpfersinne ist jedoch nicht mehr in der Lage, eine umfassende und kompetente Beratung im Hinblick auf das gesamte Produkt- und Dienstleistungsangebot aus eigener Hand anzubieten. Deshalb ist der verstärkte Zuzug von diversen Spezialisten in der Kundenberatung unabdingbar. Neben den eher umsetzungsorientierten Spezialisten im traditionellen Teamverständnis, welche keinen direkten Kundenkontakt haben, werden Spezialisten aus den verschiedensten Bereichen, je nach Bedürfnisse des Kunden, vermehrt aktiv in das Beratungsgespräch einbezogen. Lag der traditionelle Fokus im Wesentlichen noch auf dem Anlagegeschäft, werden im Hinblick auf eine ganzheitliche Kundenbetrachtung auch vermehrt Spezialisten aus dem Wealth Planning[268] und der Finanzierung[269] in das Beratungsteam eingebunden. darüber hinaus werden verstärkt auch andere Teamkollegen ins Team integriert, um die gewandelten Ansprüche der Kunden – speziell im Hinblick auf eine ganzheitliche Erfassung der Kundenbedürfnisse – bestmöglich zu erfüllen. Zudem wird der Teamleiter verstärkt auch in die Kundenberatung integriert, um systematisch Feedback zur Gestaltung der Kundenbeziehung einzuholen. Dadurch kann die Kundenbeziehung laufend verbessert werden, was sich wiederum positiv auf die Kundenzufriedenheit und -bindung auswirkt.[270] Der Kundenberater ist folglich nicht mehr Einzelkämpfer, welcher durch Support-Mitarbeiter und Anlagespezialisten auf verwaltungs- und umsetzungstechnischer Seite unterstützt wird; vielmehr ist er integriert in ein Beratungsteam, bestehend aus diversen Spezialisten und anderen Teamkollegen, welche auch beim Kunden als Team auftreten.

---

[268] Vgl. Fußnote 154.
[269] Vgl. Abschnitt 2.3.4. Wobei man sich im Schweizer Offshore-Geschäft i. d. R. auf Lombardkredite fokussiert. Dies basiert auf Expertengespräche (K3).
[270] Vgl. Abschnitt 4.5.

Im Hinblick auf die verstärkte Wettbewerbssituation gewinnt auch die gezielte Akquisition, Entwicklung und Rückgewinnung von Kunden stark an Bedeutung. Dies geht mit der Entwicklung einher, dass sich der Kundenberater neben der Beratung bestehender Kunden verstärkt auch auf diese Themen fokussieren muss. Aber auch hier findet ein Wandel in Richtung des Teamansatzes statt. Der Kundenberater wird wesentlich vom Teamleiter, aber auch von diversen Spezialisten und anderen Teamkollegen bei der systematischen Herangehensweise und bei der Umsetzung dieser strategisch wichtigen Themen unterstützt.[271]

Die folgende Tabelle 27 skizziert den Wandel nochmals im Überblick, wobei das moderne Teamverständnis in detaillierter Form im nachfolgenden Abschnitt 3.2.5.3 beschrieben wird:

---

[271] Dies basiert auf Gesprächen mit Kundenberatern, Teamleitern (K1) und Experten (K3). Vgl. hierzu auch ausführlicher Kapitel 4 dieser Arbeit.

	Traditionelles Verständnis	**Herausforderungen im Wealth-Management-Geschäft**	**Auswirkung auf das moderne Verständnis**[272]
Organisatorisches Team	□ Im Zentrum der Rolle des Teamleiters und Kundenberaters steht die Beratung eigener Kunden als Spezialist □ Teamgedanke und Teamzusammenarbeit sind wenig ausgeprägt □ TL und KB agieren als Einzelkämpfer in der Marktbearbeitung	□ Mitarbeiterakquisition □ Mitarbeiterausbildung / -entwicklung □ Mitarbeiterbindung □ Gesetze / Richtlinien / Standards implementieren	□ TL übernimmt zentrale Führungsfunktion □ Verstärkter Teamgeist und Teamzusammenarbeit im Hinblick auf die Umsetzung gemeinsamer Werte, Visionen und Strategien □ Koordinierte und effiziente Bearbeitung des Markts im Team
Beratungsteam	□ KB tritt im Beratungsgespräch alleine als Spezialist auf Teamansatz ist auch intern wenig ausgeprägt (Sup und SP agieren als Umsetzungspartner) □ KB hat Kunden intuitiv (meist unsystematisch) entwickelt und Akquisition und Rückgewinnung fand eher passiv statt (i. d. R. kein Teamansatz)	□ Beratungs- und Servicequalität □ Kundenbindung □ Kooperation mit spez. Partnern □ Kundenakquisition □ Kundenentwicklung □ Kundenrückgewinnung	□ KB tritt zusammen mit Spezialisten und anderen Teammitgliedern beim Kunden als Generalist auf □ KB wird bei der aktiven und systematischen Herangehensweise an die Akquisition, Entwicklung und Rückgewinnung durch den TL aber auch durch SP und andere Teammitglieder unterstützt

TL = Teamleiter; K = Kunde; KB = Kundenberater; Sup = Support-Mitarbeiter; SP = Spezialisten; skizzenhafte Darstellung Interaktionsbeziehung: ▬▬ stark ──── mittel ----- schwach

Tabelle 27: Wandel des Teamverständnisses durch Herausforderungen im Wealth Management
Quelle: Eigene Darstellung

[272] Die Darstellungen sollen die Auswirkungen auf das moderne Teamverständnis nur skizzieren. Dies wird im Abschnitt 3.2.5.3. ausführlicher beschrieben.

3.2.5.3. Modernes Teamverständnis

Analog zur Beschreibung des traditionellen Teamverständnisses[273] wird nun das organisatorische Team sowie das Beratungsteam im modernen Sinne beschrieben.

Das **organisatorische Team** im modernen Verständnis besteht aus dem Teamleiter, mehreren Kundenberatern und Support-Mitarbeitern.[274] Das Team fokussiert sich auf eine gemeinsame und effiziente Bearbeitung des zugeordneten Markts bzw. Segments. Der Teamleiter hat diesbezüglich eine zentrale Funktion inne.[275] Er ist analog seinem modernen Rollenverständnis[276] wesentlich dafür verantwortlich, dass alle Mitarbeiter des organisatorischen Teams die Unternehmens- und Teamwerte leben, eine gemeinsame Vision haben und zusammen an der effizienten Umsetzung der Strategie arbeiten. In diesem Zusammenhang ist auch die Koordination innerhalb des Teams von großer Wichtigkeit. Kundenberater müssen sich im Hinblick auf die Marktbearbeitung abstimmen, damit bspw. potentielle Kunden nicht von zwei Seiten angesprochen werden. Neben dieser Abstimmung zwischen den Teammitgliedern ist auch die gemeinsame Ideengenerierung genereller Marktentwicklungsmöglichkeiten und möglicher Umsetzungsvarianten sowie ein laufender Erfahrungsaustausch im Hinblick auf Markt- und Kundengegebenheiten von wesentlicher Bedeutung.

Das moderne Verständnis zeichnet sich vor allem durch eine verstärkte Teamzusammenarbeit in der gezielten Marktbearbeitung aus. Analog zu Abbildung 14 zum traditionellen Teamverständnis werden in der nachfolgenden Abbildung 16 die Beziehungen der Rollen untereinander und zum Kunden im modernen Sinne visualisiert:

---

[273] Vgl. Abschnitt 3.2.5.1.
[274] Vgl. hierzu Abschnitt 3.1.
[275] Analog zur Beschreibung im traditionellen Verständnis steht auch hier die Beziehung zwischen dem Teamleiter und seinen Mitarbeitern im Fokus.
[276] Vgl. Abschnitt 3.2.4.3.

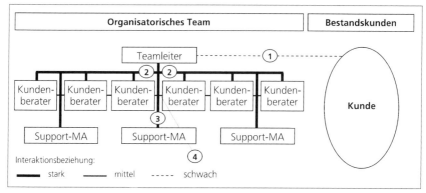

Abbildung 16: Modernes organisatorisches Team
Quelle: Eigene Darstellung, basierend auf Expertengesprächen (K3)

Um die Funktionsweise des modernen organisatorischen Teams besser zu verstehen, werden nachfolgend die einzelnen Interaktionsbeziehungen kurz erläutert:

① Der Teamleiter unterstützt seine Kundenberater in der Kundenbetreuung und holt systematisch Kundenfeedback ein. Er hat keine eigenen Kundenbeziehungen mehr.

② Der Teamleiter steht in seiner Mitarbeiterführungsfunktion in engem Kontakt mit seinen Kundenberatern. Neben der Zielvereinbarung und -beurteilung zu Jahreswechsel führt der Teamleiter regelmäßig Gespräche mit den Kundenberatern und unterstützt diese aktiv in der Zielerreichung.

③ Auch Support-Mitarbeiter und Teamleiter stehen in engem Kontakt. Neben der Zielvereinbarung und -beurteilung werden regelmäßig Gespräche geführt, um Support-Mitarbeiter gezielt zu entwickeln und mögliches Optimierungspotential im Prozessabwicklungsbereich zu identifizieren.

④ Die Kundenberater stehen untereinander in regelmäßigem Kontakt, tauschen Erfahrungen aus und sprechen sich im Sinne der koordinierten Marktbearbeitung ab.

Innerhalb des gesamten organisatorischen Teams ist auch darüber nachzudenken, welche Kundenberater und Support-Mitarbeiter im täglichen Beratungsgeschäft als Beratungsteams zusammenarbeiten sollen. Im Vordergrund sollten hierbei nicht persönliche Präferenzen stehen, sondern es sollte dezidiert darüber nachgedacht werden, wer über welche Kompetenzen verfügt und welche Teammitglieder sich dementsprechend am besten ergänzen.[277]

Das **Beratungsteam** im modernen Verständnis lässt sich vor dem Hintergrund der geführten Interviews und Expertengespräche in ein Kernteam und ein Unterstützungsteam differenzieren.[278] Das Kernteam, welches stark in den Kundenberatungsprozess involviert ist, besteht aus Kundenberater, Support-Mitarbeiter und diversen Spezialisten. Das Unterstützungsteam besteht aus einem stellvertretenden Kundenberater und dem Teamleiter. Primäres Ziel des Kernteams ist es, den Kunden zu verstehen, bedürfnisorientierte Lösungen vorzuschlagen, die gewünschte Lösung effizient umzusetzen und regelmäßig zu überprüfen, ob die implementierte Lösung noch den Kundenbedürfnissen entspricht.[279] Das moderne Beratungsteamverständnis zeichnet sich wesentlich dadurch aus, dass der Kundenberater mit einem Team von Spezialisten kooperiert und auch mit diesen vor dem Kunden auftritt. Der Einbezug von Spezialisten in den Beratungsprozess ist essentiell, da Kundenberater durch die erhöhten Kundenbedürfnisse und das breitere und komplexere Produktangebot nicht mehr persönlich in der Lage sind, eine umfassende Beratung anzubieten. Der Kundenberater ist weiterhin für die Beziehungsgestaltung verantwortlich, fungiert als wesentliche Ansprechperson für den Kunden und leitet bzw. koordiniert das Kernteam. Teamleiter und stellvertretender Kundenberater unterstützen das Kernteam je nach Bedarf im Beratungsprozess und holen systematisch Kundenfeedback zur laufenden Verbesserung der Beratungs- und Servicequalität ein. Der stellvertretende Kundenberater wird zudem noch in regelmäßigen Abständen ganz gezielt in den Beratungsprozess einbezogen, kennt dadurch die Kundenbeziehung und ist somit jederzeit in der Lage den Kundenberater fast vollumfänglich zu vertreten.

---

[277] Dies basiert auf Expertengesprächen (K3).
[278] Als Differenzierungskriterium wird die Häufigkeit der Involvierung in den Kundenberatungsprozess herangezogen. Kundenberater, Support-Mitarbeiter und Spezialisten sind bei fast jedem Kundenkontakt in irgendeiner Weise involviert, während stellvertretender Kundenberater und Teamleiter ‚nur' in regelmäßigen Abständen und zusätzlich je nach Bedarfslage in den Beratungsprozess involviert sind.
Beim traditionellen Beratungsteam lässt sich diese Differenzierung nicht vornehmen, da der Kundenberater im Beratungsprozess beim Kunden weitgehend als Einzelkämpfer agiert. Support-Mitarbeiter und Spezialisten sind lediglich Umsetzungspartner und nicht direkt in den Beratungsprozess beim Kunden involviert.
[279] Vgl. hierzu auch Abschnitt 4.3.

Neben der Beratung bestehender Kunden fokussiert sich das Beratungsteam auch auf die Akquisition von Neukunden, auf die Entwicklung bzw. Potentialausschöpfung bestehender Kunden und auf die Rückgewinnung bereits verlorener Kunden. Bei der Kundenakquisition wird versucht das Empfehlungspotential durch bestehende Kunden auszuschöpfen und andere Akquisitionsmöglichkeiten[280] zu erörtern und entsprechend umzusetzen. Bei der Potentialausschöpfung bestehender Kunden wird das gesamte Kundenbuch eines Kundenberaters analysiert, um gezielte Kundenentwicklungsstrategien auszuarbeiten und umzusetzen. Der Fokus liegt hierbei auf Steigerungsmöglichkeiten im Hinblick auf *Return on Assets* und *Share of Wallet*.[281] Bei der Kundenrückgewinnung soll ganz gezielt darüber nachgedacht werden, wie verlorene Kunden wieder zurück gewonnen werden können.[282] Der Teamleiter hat im Hinblick auf die gezielte Umsetzung dieser strategisch wichtigen Themen eine zentrale Funktion. Er unterstützt den Kundenberater bei der systematischen Herangehensweise sowie bei der effektiven Umsetzung. Aber nicht nur der Teamleiter, sondern auch die anderen Teammitglieder unterstützen den Kundenberater bei diesen Themen, ganz im Sinne eines kooperativen Teams.

Analog zu Abbildung 15 zum traditionellen Teamverständnis werden in der nachfolgenden Abbildung 17 die Beziehungen der Rollen untereinander und zum Kunden im modernen Sinne visualisiert:

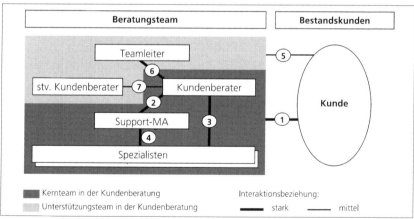

Abbildung 17: Modernes Beratungsteam
Quelle: Eigene Darstellung, basierend auf Expertengesprächen (K3)

---

[280] Vgl. hierzu ausführlicher Abschnitt 4.4.2.
[281] Vgl. hierzu ausführlicher Abschnitt 4.5.2.
[282] Vgl. hierzu ausführlicher Abschnitt 4.6.2.

Um die Funktionsweise des modernen Beratungsteams besser zu verstehen, werden nachfolgend die einzelnen Interaktionsbeziehungen kurz erläutert:

(1) Kundenberater, Spezialisten und Support-Mitarbeiter treten als Team vor dem Kunden auf. Hauptansprechpartner des Kunden ist weiterhin der Kundenberater, welcher koordiniert, in welchen Situationen welche Teammitglieder in den Kundenberatungsprozess einbezogen werden. Durch einen intensiven Informationsaustausch mit dem Kunden soll der Kunde in seiner gesamten Lebenssituation verstanden werden, um im Team bedürfnisorientierte ganzheitliche Lösungsvorschläge ausarbeiten zu können und diese dann mit dem Kunden zu diskutieren.

(2) Der Support-Mitarbeiter unterstützt den Kundenberater bei diversen administrativen und organisatorischen Aufgaben und wird verstärkt auch in den kundenfokussierten Beratungsprozess einbezogen. Dies hat mehrere Vorteile: die Motivation des Support-Mitarbeiters steigt; der Support-Mitarbeiter sammelt Erfahrung im Umgang mit Kunden und verbreitet sein Bankfachwissen, was die Entwicklung zum Kundenberater stark unterstützt; der Kunde kennt den Support-Mitarbeiter, dies fördert das Vertrauen und Standardtransaktion kann der Kunde direkt mit dem Support-Mitarbeiter abwickeln, wodurch zeitliche Ressourcen für den Kundenberater frei werden.[283]

(3) Spezialisten werden durch den Kundenberater je nach Kundensituation in den Beratungsprozess einbezogen. Im Wesentlichen werden Spezialisten aus den Bereichen Anlageberatung, Finanzierungsberatung und Wealth Planning einbezogen. Bei der Anlageberatung kann es bei komplexeren Kundensituationen, meist im Key-Client-Bereich, vorkommen, dass nicht alle Bedürfnisse durch die Wealth-Management-Einheit[284] befriedigt werden können, sodass Spezialisten aus den Unternehmensbereichen „Asset Management" oder „Investment Banking" involviert werden. Ähnlich ist es bei der Finanzierungsberatung, wobei hier hauptsächlich Spezialisten aus der Investmentbank integriert werden.

---

[283] Dies basiert auf Gesprächen mit Support-Mitarbeitern, Kundenberatern und Teamleitern (K1). An dieser Stelle wurden nur die drei meistgenannten Vorteile aufgezählt.

(4) Beratungsspezifische Fragestellungen und abwicklungstechnische Aufgaben werden vom Kundenberater oft an den Support-Mitarbeiter delegiert, welcher dann direkt mit den betreffenden Spezialisten in Kontakt tritt.

(5) Stellvertretender Kundenberater und Teamleiter holen systematisch Kundenfeedback ein, um die Kundenbeziehungsgestaltung und die damit einhergehende Beratungs- und Servicequalität laufend zu verbessern.

(6) Der Teamleiter bespricht mit dem Kundenberater das Kundenfeedback und diskutiert gegebenenfalls Maßnahmen zur Verbesserung der Beratungs- und Servicequalität. In schwierigen Kundensituationen oder bei sehr wichtigen Schlüsselkunden ist der Teamleiter teilweise auch im Kundenberatungsprozess involviert.

Der Teamleiter unterstützt den Kundenberater bei der systematischen Herangehensweise bezüglich Akquisition, Entwicklung und Rückgewinnung von Kunden sowie bei der effektiven Umsetzung im Kundengespräch.

(7) Der stellvertretende Kundenberater bespricht mit dem Kundenberater das Kundenfeedback und diskutiert gegebenenfalls Maßnahmen zur Verbesserung. Der stellvertretende Kundenberater wird regelmäßig in den Beratungsprozess einbezogen, kennt die Kundenbeziehung und vertritt den Kundenberater bei Absenzen fast vollumfänglich.

Durch den modernen Teamansatz in der Kundenberatung kann auch die ‚Paschastellung'[285] des Kundenberaters zu einem großen Teil eliminiert werden.

---

[284] Bei der UBS AG sind dies die Unternehmensbereiche Global Wealth Management & Swiss Bank sowie Wealth Management Americas, bei der Credit Suisse Group ist dies der Unternehmensbereich „Private Banking". Vgl. hierzu auch Tabelle 8.

[285] Im traditionellen Verständnis hatte der Kundenberater den alleinigen Kontakt zum Kunden. Support-Mitarbeiter und Spezialisten agierten als interne Umsetzungspartner. Oft war genau dieser alleinige Kundenkontakt ein Druckmittel gegen die Bank. Teilweise argumentierten Kundenberater, dass sie bei einem Wechsel zu einem anderen Bankinstitut einen Großteil der Kunden ‚mitnehmen' könnten. Da durch den modernen Teamansatz mehrere Personen Kontakt zum Kunden haben, verliert dieses Druckmittel zunehmend an Bedeutung. Dies bestätigen auch Experten (K3). Vgl. hierzu auch Merrill Lynch / Capgemini, New York 2008, 33 und Oliver Wyman Financial Services, London 2008, 43 f.

3.2.5.4. Zusammenfassende Darstellung

Die nachfolgende Darstellung zeigt die wichtigsten Punkte des Teamwandels im Wealth Management nochmals im Überblick auf:

Teamwandel	
Traditionelles Teamverständnis	
☐ Organisatorisches Team 　o Verantwortlich für die Bearbeitung eines bestimmten Markts / Segments 　o Team besteht aus Teamleiter, mehreren Kundenberatern und Support-Mitarbeitern 　o Teamleiter agiert hauptsächlich als Kundenberater 　o Teamleiter u. Kundenberater agieren weitgehend als Einzelkämpfer in der Marktbearbeitung 　o Teamdenken und Teamzusammenarbeit sind wenig ausgeprägt ☐ Beratungsteam 　o Verantwortlich für die faktische Beratung von vermögenden Privatkunden 　o Team besteht aus Kundenberater (zentrale Figur), Support-Mitarbeiter und Spezialisten (Unterstützung bei der Umsetzung) 　o Kundenberater tritt als Einzelkämpfer im Beratungsprozess beim Kunden auf	
Herausforderungen im WM Kundengeschäft	**Auswirkungen auf das Teamverständnis**
☐ Beratungs- und Servicequalität ☐ Kooperation mit spez. Partnern ☐ Kundenbindung	Teamansatz in der Kundenberatung (auch beim Kunden); Einbezug von Spezialisten (Fachkompetenz) und anderen Teammitgliedern (Verstehen der Bedürfnisse und Einholen von Feedback)
☐ Kundenakquisition ☐ Kundenentwicklung ☐ Kundenrückgewinnung	Maßnahmenerarbeitung zur systematischen Kundenakquisition und -rückgewinnung; ganzheitliche Potentialerhebung zur gezielten Entwicklung bestehender Kunden; verstärkter Teamansatz
☐ Mitarbeiterakquisition ☐ Mitarbeiterausbildung / -entwicklung ☐ Mitarbeiterbindung ☐ Gesetze / Richtlinien / Standards implementieren	Teamleiter hat eine zentrale Führungsfunktion. Einzelkämpfermentalität wird durch Teamkultur weitgehend abgelöst; verstärkter Zusammenarbeit im Hinblick auf die Umsetzung gemeinsamer Werte, Visionen und Strategien
Modernes Teamverständnis	
☐ Organisatorisches Team 　o Verantwortlich für die Bearbeitung eines bestimmten Markts / Segments 　o Team besteht aus Teamleiter, mehreren Kundenberatern und Support-Mitarbeitern 　o Teamleiter hat eine zentrale Führungsfunktion 　o Schaffung einer gemeinsamen Kultur, Vision und Strategie um Teamdenken und Teamzusammenarbeit zu forcieren ☐ Beratungsteam 　o Verantwortlich für die faktische Beratung von vermögenden Privatkunden 　o Team besteht aus Kundenberater, Support-Mitarbeiter und Spezialisten (Kernteam) sowie Teamleiter und stellvertretendem Kundenberater (Unterstützungsteam) 　o Strukturierter Beratungsprozess[286] durch das Team steht im Zentrum 　o Teammitglieder unterstützen sich gegenseitig bei der systematischen Akquisition von Neukunden, der Potentialausschöpfung bestehender Kunden (Steigerung *Return on Assets / Share of Wallet*) sowie der gezielten Rückgewinnung verlorener Kunden	

Tabelle 28: Zusammenfassender Überblick zum Teamwandel

---

[286] Vgl. hierzu auch Abschnitt 4.3.2.

3.3. Zusammenfassender Überblick zum Rollen- und Teamwandel

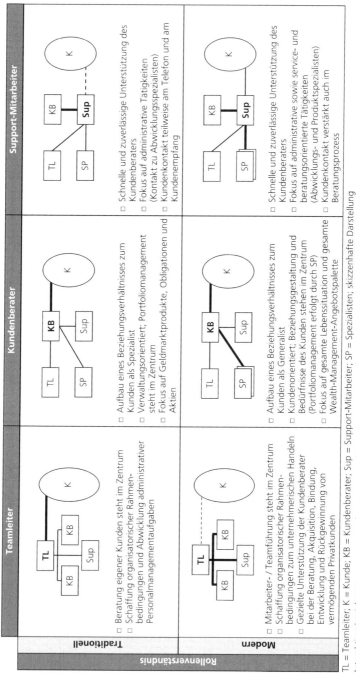

Fortsetzung der Darstellung auf der nächsten Seite

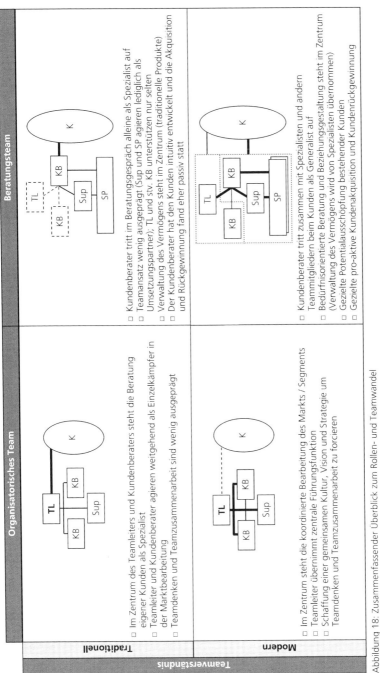

Abbildung 18: Zusammenfassender Überblick zum Rollen- und Teamwandel

Die obige Abbildung 18 zeigt zusammenfassend die Rollen- und Teamverständnisse im traditionellen und modernen Sinne auf und unterstreicht in diesem Zusammenhang nochmals die zentralen Aspekte. Die erarbeiteten modernen Rollen- und Teamverständnisse bildet eine wesentliche Grundlage für das nachfolgende vierte Kapitel dieser Arbeit. Dieses Kapitel geht auf die Kundenbetreuung durch das Wealth-Management-Team ein, wobei das Wealth-Management-Beratungsteam verstärkt beleuchtet wird.[287] In einem ersten Schritt wird die Kundenbetreuung definiert und deren Kernaufgaben aufgezeigt. Im Fokus der weiteren Untersuchung steht dann die strukturierte Beratung sowie die gezielte Akquisition, Bindung, Entwicklung und Rückgewinnung von vermögenden Privatkunden. In diesem Rahmen soll konkret aufgezeigt werden, welche Rolle das Wealth-Management-Beratungsteam bei der Umsetzung dieser Aufgaben hat.

---

[287] Da der Fokus dieser Arbeit auf der Betreuung von vermögenden Privatkunden liegt und die Umsetzung dieser Betreuung beim Kunden durch das faktische Beratungsteam erfolgt, wird nachfolgend das moderne Beratungsteam verstärkt beleuchtet.

4. Die Rolle des Teams in der Kundenbetreuung

Ziel dieses Kapitels ist es, die Kernaufgaben der Kundenbetreuung aufzuzeigen und zu untersuchen, welche Rolle das moderne Team bei der Umsetzung dieser Aufgaben hat. Da die Betreuung von vermögenden Privatkunden im Zentrum steht und die Umsetzung beim Kunden durch das faktische Beratungsteam[288] erfolgt, wird dieses bei der Rollenuntersuchung verstärkt beleuchtet.[289]

Dieses vierte Kapitel ist wie folgt strukturiert:

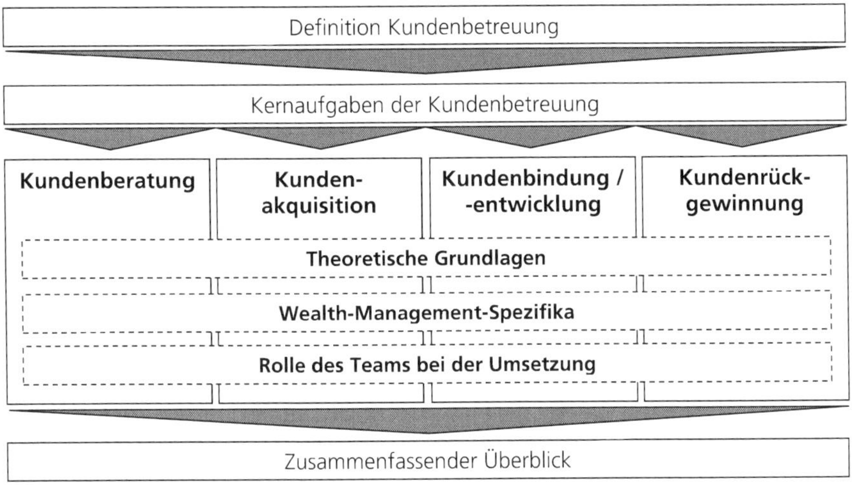

Definition Kundenbetreuung			
Kernaufgaben der Kundenbetreuung			
Kundenberatung	Kunden-akquisition	Kundenbindung / -entwicklung	Kundenrück-gewinnung
Theoretische Grundlagen			
Wealth-Management-Spezifika			
Rolle des Teams bei der Umsetzung			
Zusammenfassender Überblick			

Abbildung 19: Struktur des vierten Kapitels

Nach einer einleitenden Begriffsdefinition werden anhand eines Werttreiberbaums und des Kundenlebenszyklus aus Anbieterperspektive die Kernaufgaben der Kundenbetreuung aufgezeigt. Im Fokus der weiteren Untersuchung steht dann die strukturierte Kundenberatung sowie die gezielte Akquisition, Bindung / Entwicklung und Rückgewinnung von vermögenden Privatkunden. Für diese Kernaufgaben der Kundenbetreuung werden in einem ersten Schritt theoretische Grundlagen geschaffen. Darauf basierend werden in einem zweiten Schritt ausgewählte spezifische Aspekte im Hinblick auf die Umsetzung in der Wealth-Management-Praxis genauer beleuchtet. In dem sich anschließenden dritten Schritt wird dann aufgezeigt, welche Rolle das Wealth-

---

[288] Vgl. hierzu Abschnitt 3.2.5.
[289] Aber auch Aspekte des organisatorischen Teamverständnisses fließen in die Rollenuntersuchung ein. So ist die Koordination und Abstimmung zwischen den faktischen Beratungsteams bspw. bei der gezielten Kundenakquisition von zentraler Bedeutung.

Management-Team bei der Umsetzung dieser Kernaufgaben hat. Eine abschließende zusammenfassende Übersicht fasst die Kerngedanken des Kapitels nochmals zusammen. Die Erkenntnisse in diesem Kapitel basieren neben der Literaturrecherche hauptsächlich auf Interviewgesprächen mit erfolgreichen Kundenberatern und Teamleitern sowie auf diversen Expertengesprächen.[290]

4.1. Definition „Kundenbetreuung"

Der Begriff der Kundenbetreuung[291] findet sich häufig in unserer Alltagssprache wieder; dennoch existiert keine einheitliche Definition bzw. kein einheitliches Verständnis dieses Begriffs, weder im Hinblick auf den Aufgabenumfang noch den angesprochenen Kundenkreis.

Hinsichtlich des Aufgabenumfangs sehen einige Autoren die Kundenbetreuung als umfassendes Konzept im Sinne einer kundenorientierten Unternehmensphilosophie.[292] Dieses Verständnis ist allerdings sehr weit gefasst. Andere Autoren nehmen im Gegensatz dazu eine starke Konkretisierung des Begriffs vor, indem sie die Kundenbetreuung als den planvollen Umgang mit den Anliegen, die Kunden an das Unternehmen richten, definieren.[293] Dieses Begriffsverständnis ist wiederum sehr eng gefasst und eher reaktiv, da der Kunde erst ein Anliegen äußern muss. Im Wealth-Management-Geschäft ist es jedoch gerade vor dem Hintergrund der erarbeiteten Herausforderungen[294] von zentraler Bedeutung, dass der Kunde auch proaktiv angesprochen wird. In diesem Sinne fassen Engelbach und Meier den Begriff etwas weiter und berücksichtigen auch die Wirtschaftlichkeit: Kundenbetreuung ist nach ihrem Verständnis die Beziehungspflege zwischen Anbieter und Kunden und umfasst alle Aktivitäten, die das Geschäftsergebnis verbessern.[295]

Auch in Bezug auf den Kundenkreis existieren unterschiedliche Auffassungen. Einige Autoren beschränken den Kundenkreis auf Bestandskunden bzw. auf die Nachkauf-

---

[290] Vgl. Abschnitt 1.4. (K2 und K3)
[291] Der deutsche Begriff „Kundenbetreuung" und der englische Begriff „customer care" werden in dieser Arbeit synonym verwendet.
[292] Vgl. Reinecke, S. / Sipötz, E. / Wiemann E.-M., Total Customer Care – Kundenorientierung auf dem Prüfstand, Wien 1998; Schmidt, M., Zufriedenheitsorientierte Steuerung des Customer Care, Wiesbaden 2007, 9.
[293] Vgl. Stauss, B. / Seidel, W., Beschwerdemanagement, Unzufriedene Kunden als profitable Zielgruppe, 4. Auflage, München 2007, 35.
[294] Vgl. Abschnitt 2.3.
[295] Vgl. Engelbach, W. / Meier, R., Customer Care Management, Wiesbaden 2001, 19.

phase. Hansen und Jenschke ordnen die Kundenbetreuung in das Nachkaufmarketing ein,[296] während bei Anton die Hauptaufgabe der Kundenbetreuung darin besteht, „to assist the customer after the sale and build a long term relationship"[297]. Auch Hafner definiert die Kundenbetreuung als Anstrengung eines Unternehmens zum Erhalt des bereits bestehenden Kundenstammes und Maßnahmen zur Verhinderung von Kundenabwanderungen.[298] Bestandskunden sind sicherlich zentral für jedes Unternehmen. Eine alleinige Fokussierung auf die bestehenden Kunden führt langfristig jedoch nicht zum Erfolg, da in der Bankenbranche jedes Jahr Kunden an die Konkurrenz verloren gehen.[299] Um diese Fluktuation auszugleichen bzw. um als Unternehmen langfristig zu wachsen, müssen auch potentielle und bereits verlorene Kunden berücksichtigt werden. Diesem Verständnis folgen auch Stauss und Seidel, welche die Kundenbetreuung als eine unternehmerische Aufgabe sowohl gegenüber Bestandskunden als auch Interessenten und verlorenen Kunden definieren.[300] Aber auch andere Autoren folgen diesem breiteren Verständnis im Hinblick auf den Kundenkreis.[301]

Die vorliegende Arbeit folgt der Definition von Engelbach und Meier im Hinblick auf den Aufgabenumfang und dem Verständnis von Stauss und Seidel im Bezug auf den Kundenkreis. Den weiteren Ausführungen dieser Arbeit liegt folgende Arbeitsdefinition zu Grunde, wobei auch die thematische Abgrenzung der Arbeit berücksichtigt wird:[302]

Arbeitsdefinition Kundenbetreuung
Kundenbetreuung ist die Pflege der Beziehung zwischen dem Wealth-Management-Team und potentiellen, bestehenden und verlorenen Kunden und umfasst alle Aktivitäten die das Geschäftsergebnis verbessern.

Tabelle 29: Arbeitsdefinition „Kundenbetreuung"

---

[296] Vgl. Hansen, U / Jeschke, K., Nachkaufmarketing, in: Diller, H. (Hrsg.), Vahlens Großes Marketinglexikon, München 1992, 94.
[297] Vgl. Anton, J., Customer Relationship Management – Making Hard Decisions with Soft Numbers, New Jersey, 1996, 3.
[298] Vgl. Hafner, N., Servicequalität des Telefonmarketing, Wiesbaden 2001, 2.
[299] Vgl. Magicato, R., Customer Relationship in Banken, Zürich 2000, 27.
[300] Vgl. Stauss, B. / Seidel, W., München 2007, 35.
[301] Vgl. Bullinger, H.-J. / Bamberger, R. / König, A., Customer Care Center professionell managen, Wiesbaden 2003.
[302] Im Hinblick auf die thematische Abgrenzung dieser Arbeit (vgl. Abschnitt 1.5.) fokussiert sich die Untersuchung dieser Arbeit ausschließlich auf die Kundenbetreuung durch das Wealth-Management-Team.

4.2. Kernaufgaben der Kundenbetreuung

Betrachtet man diese Arbeitsdefinition der Kundenbetreuung, so stellt sich grundsätzlich die Frage, durch welche Aktivitäten sich das Geschäftsergebnis verbessern lässt. An dieser Stelle geht es jedoch nicht darum, mögliche Einzelaktivitäten aufzuzählen, sondern vielmehr soll systematisch aufgezeigt werden, welche Kernaufgaben der Kundenbetreuung das Geschäftsergebnis wesentlich beeinflussen. Dies soll anhand eines Werttreiberbaums und des Kundenlebenszyklus aus Anbieterperspektive dargestellt werden. Im Anschluss daran werden die einzelnen Kernaufgaben der Kundenbetreuung detaillierter untersucht.

In Anlehnung an Simonovic[303] kann ein Werttreiberbaum für das Kundengeschäft im Wealth Management wie folgt dargestellt werden:

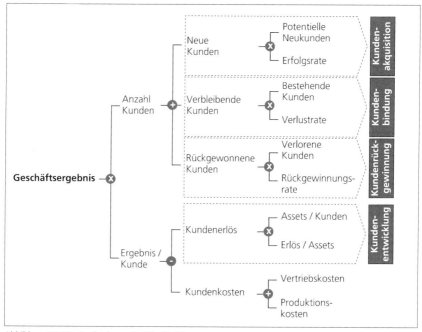

Abbildung 20: Werttreiberbaum im Wealth Management
Quelle: Modifizierte Darstellung nach Simonovic B., Zürich 2003, 197

---

[303] Im Gegensatz zur Darstellung von Simonovic, B., Zürich 2003, 197 werden die Kundenerlöse nicht transaktions-, sondern vermögensorientiert dargestellt. Auch wird zu den Treibern „neue Kunden" und „verbleibende Kunden" ein zusätzlicher Treiber „rückgewonnene Kunden" hinzugefügt.

Anhand dieses Werttreiberbaums können wesentlichen Kernaufgabe der Kundenbetreuung aufgezeigt werden, welche das Geschäftsergebnis bedeutsam beeinflussen. Das *Geschäftsergebnis* setzt sich zusammen aus der Multiplikation von *Anzahl Kunden* und *Ergebnis / Kunde*. Im Hinblick auf den Werttreiber *Anzahl Kunden* hat das Wealth-Management-Team die zentrale Aufgabe, neue Kunden zu akquirieren, bestehende Kunden zu binden und verlorene Kunden wieder zurückzugewinnen. Aber auch das *Ergebnis / Kunde* kann durch das Wealth-Management-Team speziell auf der Erlösseite durch eine gezielte Entwicklung der bestehenden Kunden gesteigert werden. Die Kostenseite ist vom Team zwar auch beeinflussbar, jedoch in weit geringerem Ausmaß als die Erlösseite.[304] Daher fokussiert sich diese Arbeit in der weiteren Ausführung auf die Erlösseite.

Betrachtet man den Kundenlebenszyklus aus Wealth-Management-Anbieterperspektive, zeigt sich ein ähnliches Bild, was die Relevanz der in Abbildung 20 herausgehobenen Kernaufgaben bestätigt. Dieser Lebenszyklus lässt sich schematisch wie folgt darstellen:

---

[304] Dies basiert auf Expertengesprächen (K3). Dies zeigt sich auch ganz klar, wenn man das cost / income ratio eines Wealth-Management-Teams betrachtet. Im Schweizer Offshore-Geschäft liegt das cost / income ratio eines Teams in einer Bandbreite von 4,5 % – 10 % (Core Affluent), 4 % – 12 % (HNWI), 10 % – 16 % (Key Clients). Hierbei ist jedoch zu berücksichtigen, dass diesem cost / income ratio auf Team-Ebene nur direkt Kosten (Personal- und Sachkosten) zugerechnet werden. Dies geht mit der generellen Schwierigkeit der Kostenallokation im direkten Wealth-Management-Kundengeschäft einher. Vgl. hierzu ausführlicher Simonovic, B. Zürich 2003, 194.

Kunden-lebenszyklus aus Anbieter-perspektive	Noch-nicht-Kunden	Aktuelle Kunden				Nicht-mehr-Kunden
		ZEITPFAD →				
Status der Kunden-beziehung	potentiell	neu	stabil	gefährdet		verloren
Ziel	Aufbau von neuen Kunden-beziehungen	Stabilisier-ung von neuen Kunden-beziehungen	Stärkung von stabilen Kunden-beziehungen u. kontinu-ierliche Entwick-lung	Stärkung der Beziehung auch zur Nachfolge-generation	Stabilisier-ung gefährdeter Beziehungen von beschwerenden Kunden	Verhinderung von Kündig-ungen	Rücknahme von Kündig-ungen	Wieder-anbahn-ung von Kunden-beziehungen
Kern-aufgaben	**Kunden-aquisition**	**Kundenbindung u. -entwicklung**				**Kunden-rückgewinnung**
		Bindung durch intensive Beratung	Kunden-buch-entwick-lung	Fokus auf Nach-folgege-neration	Fokus auf Kunde@risk	
		Kundenberatung				

Abbildung 21: Kernaufgaben der Kundenbetreuung (Kundenlebenszyklus aus Anbieterperspektive)
Quelle: Eigene Darstellung, in Anlehnung an Stauss, B., Wiesbaden 2000, 452

Will ein Wealth-Management-Team in der Kundenbetreuung das Geschäftsergebnis gezielt und systematisch verbessern, so empfiehlt es sich, die folgenden Kernaufgaben verstärkt zu berücksichtigen:

□ **Kundenakquisition**

Potentielle Wealth-Management-Kunden sollen in einem ersten Schritt identifiziert werden. Ziel ist es dann durch gezielte Akquisitionsmaßnahmen neue Kundenbeziehungen mit den identifizierten potentiellen Kunden aufzubauen.

□ **Kundenbindung und -entwicklung**

Der Status bestehender Kunden lässt sich grundsätzlich in neue, stabile und gefährdete Kundenbeziehungen unterteilen. Primäres Ziel bei neuen Kundenbeziehungen ist es, diese zu festigen bzw. die Bindung an das Bankinstitut zu stärken. Eine verstärkte Kundenbindung kann durch eine qualitativ hochwertige Kundenberatung bzw. -pflege erreicht werden.[305] Stabile Kundenbeziehungen sollen weiter gestärkt und ganz gezielt entwickelt werden. Ziel bei der

---

[305] Vgl. hierzu Abschnitt 4.3. und Abschnitt 4.5.

Kundenentwicklung ist die Ausschöpfung des Kundenpotentials zur Steigerung der Ertragskraft. Damit stabile Beziehungen auch nach dem Tod des Kunden solche bleiben, muss auch die Bindung zur Nachfolgegeneration verstärkt forciert werden. Nicht zu vergessen sind auch abgangsgefährdete Kundenbeziehungen. Ziel ist es, diese zu identifizieren, die Gründe für die Gefährdung zu verstehen und entsprechende Maßnahmen zur Stabilisierung bzw. Verhinderung von Kündigungen einzuleiten.

- **Kundenrückgewinnung**

  Hat ein Kunde die Geschäftsbeziehung beendet, gilt es die Gründe zu identifizieren und gezielt zu untersuchen. Dies ist zum einen wichtig, um diese Geschäftsbeziehung durch entsprechende Maßnahmen möglicherweise noch zu retten (Rücknahme von Kündigung), zum anderen, um Kündigungen (aus denselben / ähnlichen Gründen) potentiell gefährdeter Kunden zu verhindern. Kann eine Rücknahme der Kündigung nicht mehr erreicht werden, soll eine kundenindividuelle Rückgewinnungsstrategie erarbeitet und umgesetzt werden.

- **Kundenberatung**

  Die effektive Kundenberatung stellt die fundamentale Basis für eine erfolgreiche Akquisition, Bindung / Entwicklung und Rückgewinnung von Kunden dar[306] und gilt in der Bankenpraxis als die zentrale Kernaufgabe im Geschäft mit vermögenden Privatkunden.[307] Hierbei geht es im Wesentlichen um vier Schritte: 1. Erfassung des Kundenprofils, 2. Entwicklung und Vorstellung des kundenindividuellen Anlagekonzepts, 3. Umsetzung des Anlagekonzepts, 4. Überwachung und Berichterstattung. Die qualitativ hochwertige Umsetzung dieser Schritte beim Kunden ist von wesentlicher Bedeutung im Wealth-Management-Geschäft.

Diese vier Kernaufgaben der Kundenbetreuung werden nachfolgend eingehend – verstärkt aus praxisorientierter Perspektive – beleuchtet. Da die Kundenberatung die fundamentale Basis für die drei anderen Themen bildet, wird diese in einem ersten Schritt untersucht. Dann wird in Anlehnung an den Lebenszyklus die Akquisition, Bindung / Entwicklung und Rückgewinnung von Kunden näher beleuchtet.

---

[306] So kann bspw. eine hohe Kundenbindung nur bei qualitativ hochwertiger und zufriedenstellender Kundenberatung erreicht werden. Vgl. hierzu speziell Abschnitt 4.5.2.1.

[307] Dies basiert auf Expertengesprächen (K3) und -befragungen (E3).

4.3. Kundenberatung

Die Kundenberatung ist eine ganz zentrale Aufgabe im Wealth-Management-Kundengeschäft. Will man das Geschäftsergebnis gezielt entwickeln, ist eine qualitativ hochwertige bedürfnisorientierte Beratung von essentieller Wichtigkeit und stellt die Grundlage für eine erfolgreiche Akquisition, Bindung, Entwicklung und Rückgewinnung von vermögenden Privatkunden dar.[308]

4.3.1. Theoretische Grundlagen

Kundenberatung im weiteren Sinne umfasst jede Art von Beratung, welche mit der wirtschaftlichen Verwaltung des Kundenvermögens zusammenhängt.[309] Im engeren Sinne unterscheidet man bei der Kundenberatung zwischen der Anlageberatung und der Vermögensverwaltung.[310]

Die Anlageberatung wird in Anlehnung an *Zimmermann* definiert als die gewerbsmäßige, durch einen fachkundigen Kundenberater durchgeführte Beratung bei der Planung, Entscheidung und Realisierung einer Kapitalanlage oder bei der Umlagerung von Vermögensteilen.[311] Die Bandbreite der Anlageberatung ist hoch und reicht vom Erteilen eines Ratschlages in Einzelfragen bis hin zur umfassenden Gesamtberatung.[312] Eines ist für die Anlageberatung jedoch charakteristisch: Die Entscheidung über die Durchführung einer Kapitalanlage oder die Umschichtung von Vermögensteilen wird vom Kunden getroffen.[313] Dem Kundenberater kommt folglich eine beratende Rolle zu.

In der Vermögensverwaltung hingegen trifft die Anlageentscheidung nicht der Kunde, sondern die Bank wird durch den Kunden vertraglich ermächtigt, die Verwaltung des Kundenvermögens zu übernehmen. Durch den Vermögensverwaltungsauftrag, in der

---

[308] Dies basiert auf Expertengesprächen (K3). Vgl. z. B. auch Schäfer, M., Der Kunde im Mittelpunkt des Private Banking, 327, in: Künzel, H. (Hrsg.), Handbuch der Kundenzufriedenheit, Berlin 2005, 323-345, wo der „Beratungsprozess [...] maßgeblich für die Generierung der Zufriedenheit eines Kunden verantwortlich" ist.
[309] Vgl. Bassi, M., Der bankunabhängige Vermögensverwalter, Zürich 1996, 6.
[310] Vgl. z. B. Wöhle, C. B., Bern 1999, 15 f.; Galasso, G., Bern 1999, 60 ff.; Maag-Ivanova, A., St. Gallen 2004, 12. Vgl. hierzu auch Abschnitt 2.2.3.
[311] Vgl. Zimmermann, C., Bankmarketing im Anlagegeschäft mit institutionellen Kunden, Bank- und finanzwirtschaftliche Forschungen, Band 224, Bern / Stuttgart 1996, 8.
[312] Vgl. Galasso, G., Bern 1999, 61.
[313] Vgl. Bassi, M., Zürich 1996, 6.; Wöhle, C. B., Bern 1999, 15.

Praxis auch als Verwaltungsvollmacht bezeichnet, wird der Bank folglich das Recht übertragen, Anlageentscheidungen zu treffen und Transaktionen im Namen und auf Rechnung des Kunden zu tätigen.[314] Die Bank verpflichtet sich durch den Vermögensverwaltungsauftrag sowohl in technischer als auch wirtschaftlicher Hinsicht, das Vermögen des Kunden selbständig in dessen Interesse und nach dessen Zielen zu verwalten.[315]

In dieser Arbeit wird der Begriff „Kundenberatung" wie erwähnt im weiteren Sinne als Oberbegriff für die Vermögensverwaltung und die umfassende Anlageberatung verstanden. Dies geht auch damit einher, dass der Beratungsprozess im Fokus der weiteren Ausarbeitung steht, welcher sich bis auf die Anlageentscheidung durch den Kunden oder die Bank nicht wesentlich unterscheidet.[316]

Durch die Bereitstellung eines qualitativ hochwertigen Beratungsprozesses, welcher von den Kundenberatern auch gelebt wird, sind Wealth-Management-Anbieter in der Lage, sich wesentlich von der Konkurrenz abzuheben.[317] Der Beratungsprozess lässt sich in vier logisch miteinander verknüpfte Schritte unterteilen:[318]

1. Erfassung des Kundenprofils
2. Entwicklung des kundenindividuellen Anlagekonzeptes
3. Umsetzung des Anlagekonzeptes
4. Überwachung und Berichterstattung

Nachfolgend werden diese vier Schritte der Kundenberatung beschrieben. Hierbei wird auch der Zusammenhang des Beratungsprozesses mit dem Anlageprozess und den Support-Abteilungen, welche bei der Umsetzung dieser vier Schritte unterstützend tätig sind, kurz beleuchtet. Grafisch lässt sich dies in Anlehnung an Wöhle und Zimmermann wie folgt darstellen:

---

[314] Vgl. Maag-Ivanova, A., St. Gallen 2004, 10; Galasso, G., Bern 1999, 61.
[315] Vgl. Galasso, G., Bern 1999, 61.
[316] Vgl. hierzu auch Wöhle, C. B., Bern 1999, 15 ff.
[317] Vgl. IBM Business Consulting Services, London 2005, 31.
[318] Vgl. z. B. Wöhle, C. B., Bern 1999, 16; Zimmermann, C., Bern / Stuttgart 1996, 23.

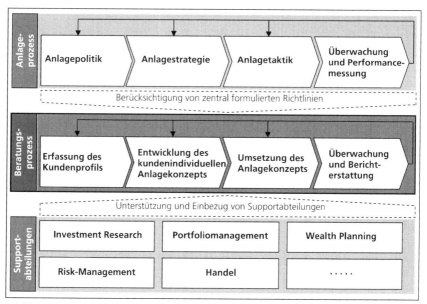

Abbildung 22: Kundenberatungsprozess im Kontext
Quelle: Modifizierte Darstellung nach Wöhle, C. B., Bern 1999, 16; Zimmermann, C., Bern /Stuttgart 1996, 23

Der erste Schritt und die fundamentale Basis des Beratungsprozesses bildet die Erarbeitung des individuellen Kundenprofils. Dieses verlangt eine kundenorientierte Analyse, welche sowohl die aktuellen Bedürfnisse als auch die Zukunftspläne und -ziele, den Anlagehorizont, die steuerliche Situation, die Präferenzen sowie die Risikotoleranz des Kunden berücksichtigt.[319] Im Rahmen dieser Analyse sind auch die drei grundsätzlichen Kundenzielsetzungen Sicherheit (Schutz gegen Kapitalverlust), Rentabilität (Vermögenswachstum) und Liquidität (Verfügbarkeit des Kapitals) kundenindividuell zu untersuchen. Diese drei Ziele werden auch als „magisches Dreieck" bezeichnet, da sie in Abhängigkeit zueinander stehen und meist zu einem Zielkonflikt führen.[320] Neben der Ermittlung der Rentabilitäts- und Liquiditätsziele kommt bei der Beratung speziell auch dem Sicherheitsziel eine hohe Bedeutung zu. Kundenberater haben hierbei die Aufgabe, die Risikotoleranz des Kunden zu erkennen und zu erfassen. Die Risikotoleranz beschreibt jenes Risiko, welches der Anleger

---

[319] Vgl. Maag-Ivanova, A., St. Gallen 2004, 32.
[320] Vgl. Burns, C. / Meyer-Bullerdiek, F., Professionelles Portfoliomanagement, Stuttgart 2000, 1; Galasso, G., Bern 1999, 65.

aufgrund seiner Risikoneigung[321] sowie seiner Risikofähigkeit[322] bereit ist einzugehen.[323] Weiters sind auch noch Anlagerestriktionen von Seiten des Kunden zu klären. Vor dem Hintergrund all dieser Informationen ist der Kundenberater dann in der Lage, ein individuelles, bedürfnis- und zielorientiertes Kundenprofil zu erstellen.[324]

In einem zweiten Schritt ist auf Basis des Kundenprofils ein Anlagekonzept zu entwickeln. Dabei geht es im Wesentlichen darum, eine bedürfnisorientierte und kundenindividuelle Vermögensstruktur mit Fokus auf die Bestimmung der „Asset Allocation"[325] unter Berücksichtigung der Anlagepolitik und -strategie[326] der Bank zu erarbeiten.[327] Die Kundenberater werden im modernen Verständnis[328] bei der Erarbeitung des Anlagekonzepts durch diverse Support-Abteilungen wesentlich unterstützt. Neben spezialisierten Portfoliomanagement- und Investment-Research-Abteilungen, welche verstärkt bei der Bestimmung der „Asset Allocation" mitwirken, kommt auch dem „Wealth Planning" in der Erarbeitung der Vermögensstruktur eine verstärkte Bedeutung zu.[329] Ist das Anlagekonzept erarbeitet und stimmt dies mit den Bedürfnissen und Erwartungen des Kunden überein, folgt die Umsetzungsphase.

Im dritten Schritt des Beratungsprozesses geht es um die Umsetzung des Anlagekonzepts. Bei Vermögensverwaltungskunden erfolgt die Umsetzung durch die Bank. Der Kundenberater koordiniert im Sinne des modernen Verständnisses[330] lediglich, wobei die effektive Umsetzung durch spezialisierte Support-Abteilungen übernommen wird. Neben der Anlagetaktik, welche sich auf die Titelselektion, das Trading und das richtige Timing bezieht,[331] steht auch die moderne Portfoliotheorie[332]

---

[321] Die *Risikoneigung* charakterisiert jene Risikokomponente, welche sich der Anleger aufgrund seiner persönlichkeitsbedingten Präferenzen und Erfahrungen leisten möchte.
[322] Die *Risikofähigkeit* charakterisiert jene Risikokomponente, welche sich der Anleger aufgrund seiner derzeitigen Lebens-, Finanz- und Vermögenssituation ‚vernünftigerweise' leisten kann.
[323] Vgl. hierzu Verwilghen, N. S., Bern / Stuttgart 1997, 113.
[324] Vgl. hierzu ausführlicher Abschnitt 4.3.2.
[325] Der Begriff „Asset Allocation" kommt aus dem angelsächsischen Sprachraum und bezeichnet die systematische Aufteilung des zu investierenden Vermögens auf die einzelnen Anlagekategorien, Währungen und geographischen Regionen.
[326] Unter „Anlagepolitik und -strategie" wird die Gesamtheit der von der Bank formulierten politischen, strategischen und taktischen Richtlinien zur Erreichung der Anlageziele des Kunden verstanden.
[327] Vgl. Galasso, G., Bern 1999, 68 f.
[328] Vgl. hierzu Abschnitt 3.2.3.3. und Abschnitt 3.2.5.3.
[329] Vgl. hierzu Abschnitt 2.3.4.
[330] Vgl. hierzu Abschnitt 3.2.3.3. und Abschnitt 3.2.5.3. Vgl. auch Maag-Ivanova, A., St. Gallen 2004, 34.
[331] Vgl. Galasso, G., Bern 1999, 69.

im Zentrum des Umsetzungsprozesses. All dies wird bei einem Vermögensverwaltungsmandat meist durch eine Portfoliomanagement-Abteilung übernommen, welche sich dann mit dem Investment Research, dem Handel und diversen anderen Abteilungen koordiniert. Bei Beratungskunden werden lediglich Vorschläge erarbeitet, bei denen der Kunde über die Umsetzung entscheidet.

Im vierten Schritt des Beratungsprozesses geht es um die Überwachung und Berichterstattung. Nach der erfolgreichen Umsetzung des Anlagekonzepts muss dieses ständig überwacht und gegebenenfalls an veränderte Marktverhältnisse sowie an veränderte Investorenziele und Anlagevorschriften angepasst werden.[333] Der Kundenberater hat diese Überwachung sicherzustellen[334] und fokussiert sich verstärkt auf die Überprüfung der Anlageziele und -bedürfnisse des Kunden. Ändern sich diese, ist das Anlageprofil und folglich auch das Anlagekonzept des Kunden entsprechend anzupassen. Auch die Berichterstattung an den Kunden ist ein wesentliches Element des Beratungsprozesses. Zum einen erhält der Kunde diverse branchenübliche Auszüge,[335] zum anderen ist es Aufgabe des Kundenberaters, dem Kunden regelmäßig – bevorzugt persönlich – über die Umsetzung und Entwicklung des individuellen Anlagekonzepts zu berichten. Eine ordentliche und regelmäßige Berichterstattung durch den Kundenberater erhöht das Vertrauen des Kunden in den Berater und das Bankinstitut.[336]

---

[332] Vgl. hierzu z. B. Markowitz, H. M., Portfolio Selection, in: Journal of Finance 7 / 1952, 77-91; Sharpe, W. F., Capital Asset Prices – A Theory of market equilibrium under conditions of risk, in: Journal of Finance, 19 / 1964, 425-442; Auckenthaler, C., Theorie und Praxis des modernen Portfolio-Managements, Bank und finanzwirtschaftliche Forschung, Band 135, 2. Auflage, Bern / Stuttgart 1994; Copeland, T. / Weston, J. F. / Shastri K., Financial Theory and Corporate Policy, 4. Auflage, New York 2005; Markowitz, H. M., Portfolio Selection – Die Grundlagen der optimalen Portfolio-Auswahl, München 2008.
[333] Vgl. Galasso, G., Bern 1999, 80.
[334] Bei Vermögensverwaltungskunden werden Anpassungen im Hinblick auf sich verändernde Marktbedingungen und sich verändernde regulatorische Anlagevorschriften durch Support-Abteilungen vorgenommen. Der Kundenberater hat dies, im Sinne der Endverantwortung gegenüber dem Kunden, zu kontrollieren.
[335] Wertschriftenabrechnungen, Konto- und Depotauszüge, Performanceanalysen etc.
[336] Vgl. Maag-Ivanova, A., St. Gallen 2004, 35.

4.3.2. Kundenberatung im Wealth Management

Es stellt sich nun die Frage, wie diese theoretischen Grundlagen der Kundenberatung in der Wealth-Management-Praxis umgesetzt werden. Die Arbeit fokussiert sich hierbei auf den Beratungsprozess. In einem ersten Schritt werden ausgewählte Beratungsansätze aus der Praxis im Überblick dargestellt. Dann wird der Beratungsansatz der UBS AG, dem weltweit größten Wealth-Management-Anbieter,[337] exemplarisch herausgegriffen und eingehend untersucht.

4.3.2.1. Ausgewählte Beratungsansätze aus der Bankenpraxis im Überblick

Es werden nun einige ausgewählte Beratungsansätze von Wealth-Management-Anbietern, welche einen strukturierten Beratungsansatz / -prozess[338] verfolgen und diesen auch verstärkt nach außen kommunizieren, dargestellt. Die nachfolgende Tabelle 30 gibt hierzu einen Überblick:

Wealth-Management-Anbieter	Beratungs-schritte	Beratungsansatz / -prozess
Deutsche Bank	3	▫ Analyse ▫ Anlagestrategie ▫ Monitoring
Credit Suisse Group	5	▫ Bedürfnisanalyse ▫ Finanzkonzept ▫ Anlegerprofil ▫ Anlagestrategie ▫ Umsetzung / Verwaltung
Clariden Leu	4	▫ Kundenbedürfnis ▫ Investmentprofil ▫ Anlagevorschlag ▫ Portfoliobetreuung
Merrill Lynch	4	▫ Kundenzielsetzung / -bedürfnis ▫ Anlagestrategie ▫ Umsetzung ▫ Überprüfung
Morgan Stanley	5	▫ Kundenzielsetzung / -bedürfnis ▫ Ist-Situationsanalyse ▫ Anlagestrategie ▫ Umsetzung ▫ Monitoring
UBS AG	4	▫ Verstehen (Bedürfnisanalyse) ▫ Vorschlagen (Analagestrategie) ▫ Entscheiden & Umsetzen ▫ Überprüfen

Tabelle 30: Beratungsansätze ausgewählter Wealth-Management-Anbieter
Quelle: Websites der einzelnen Unternehmen, Stand per 30.05.2009

---

[337] Vgl. hierzu Abschnitt 2.2.2.
[338] Einige Wealth-Management-Anbieter sprechen von einem Beratungsansatz, andere wiederum von einem Beratungsprozess. In dieser Arbeit werden diese beiden Begriffe synonym verwendet. Unter einem strukturierten Beratungsansatz versteht man ein systematisches Vorgehen in der Beratung, welches sich an vordefinierten Prozessschritten orientiert, mit dem Ziel, innerhalb des Unternehmens eine einheitliche und hohe Beratungsqualität bereitzustellen.

Betrachtet man diese ausgewählten Beratungsansätze im Überblick, zeigt sich, dass sich alle erwähnten Wealth-Management-Anbieter am vierstufigen Beratungsprozess aus der Theorie[339] orientieren. Dennoch sind die einzelnen Ansätze nicht identisch. Sie differenzieren sich jedoch weniger im Inhalt als in der Ausgestaltung und im Detaillierungsgrad der Beratungsschritte.

Die **Deutsche Bank** orientiert sich an drei Beratungsschritten, wobei nach einer umfassenden Kundenanalyse die Entwicklung und Umsetzung des Anlagekonzepts in einem Beratungsschritt, der sogenannten Anlagestrategie, zusammengefasst werden. Analog zum theoretischen Prozess bildet das Monitoring den abschließenden Schritt, welcher sowohl die Überwachung als auch die Berichterstattung inkludiert.[340]

Die **Credit Suisse Group** hingegen hat ihren Beratungsansatz an fünf Prozessschritten ausgerichtet. In einem ersten Schritt geht es um die Bedürfnisanalyse des Kunden, was dann in die Erarbeitung eines Finanzkonzepts übergeht, welches in gebundene und freie Anlagen[341] differenziert. Im dritten Prozessschritt soll dann das Anlegerprofil erstellt werden. Basierend auf diesem Anlegerprofil wird dann für den Vermögensanteil der freien Anlagen eine Anlagestrategie erarbeitet. Im fünften und letzten Schritt geht es folglich um die Umsetzung und die entsprechende Verwaltung des Vermögens. Die Überwachung, Bedürfnisüberprüfung und Berichterstattung wird in diesem Beratungsansatz nicht explizit erwähnt.[342]

Clariden Leu verfolgt einen vierstufigen Beratungsansatz. Die beiden ersten Schritte fokussieren sich auf die Erfassung der Kundenbedürfnisse und die Erstellung des Investmentprofils. Basierend auf diesem Profil wird in dritten Schritt ein Anlagevorschlag ausgearbeitet, welcher nach Zustimmung des Kunden entsprechend umgesetzt wird. Im vierten Schritt geht es um die Portfoliobetreuung, welche sich auf die Bedürfnisüberprüfung und Berichterstattung fokussiert.[343]

---

[339] Erfassung des Anlageprofils; Entwicklung des kundenindividuellen Anlagekonzepts; Umsetzung des Anlagekonzepts; Überwachung / Berichterstattung. Vgl. Abschnitt 4.3.1.
[340] Vgl. Deutsche Bank, Unsere Beratungsphilosophie, 30.05.2009.
[341] Gebundene Anlagen dienen dazu, aktuellen und zukünftigen finanziellen Verpflichtungen sicher und termingerecht nachkommen zu können. Dieser Vermögensanteil wird mit geringem Risiko investiert. Freie Anlagen dienen dazu, den gewohnten Lebensstandard zu erhalten und Pläne und Wünsche in der Zukunft zu ermöglichen. Dieser Vermögensanteil wird entsprechend dem persönlichen Risikoprofil investiert. Vgl. Credit Suisse Group, Finanzkonzept, 30.05.2009.
[342] Vgl. Credit Suisse Group, Beratungsprozess, 30.05.2009.
[343] Vgl. Clariden Leu, Beratungsprozess, 30.05.2009.

Die Ansätze von **Merrill Lynch**, **Morgan Stanley** und **UBS AG** orientieren stark am Beratungsprozess der Theorie. Lediglich Morgan Stanley fügt noch den Prozessschritt einer Ist-Situationsanalyse hierzu, welcher bei den beiden anderen Ansätzen in die Ziel- und Bedürfnisanalyse integriert ist. Bei diesen drei Ansätzen wird nach einer umfassenden Ziel- und Bedürfnisanalyse zur Kundenprofilerstellung eine Anlagestrategie ausgearbeitet und dem Kunden vorgeschlagen. Entspricht diese Anlagestrategie den Wünschen und Vorstellungen des Kunden, so wird sie umgesetzt. Diese Anlagestrategie wird im Hinblick auf sich verändernde Kundenziele und -bedürfnisse regelmäßig überprüft und bei Bedarf angepasst. Mit dieser Überprüfung geht auch eine laufende Berichterstattung einher.[344]

Vor dem Hintergrund der Erkenntnis, dass die einzelnen Beratungsansätze der ausgewählten Wealth-Management-Anbieter zwar nicht identisch sind, jedoch im Grundgedanken und der Grundsystematik sehr ähnlich sind, soll am Beispiel der UBS AG ein Beratungsansatz aus der Bankenpraxis detaillierter erläutert werden.

4.3.2.2. Beratungsansatz der UBS AG

Im Wealth-Management-Geschäft ist es kaum mehr möglich, sich von anderen Anbietern bloß durch hervorragende Produkte und Dienstleistungen abzuheben, da diese meistens leicht kopierbar sind. Aus diesem Grund hat die UBS AG im Jahr 2004 einen strukturierten vierstufigen Beratungsansatz eingeführt, mit dem Ziel, sich durch eine qualitativ hochstehende und einheitliche Beratung wesentlich von der Konkurrenz zu differenzieren.[345] Aber auch Beratungsansätze sind grundsätzlich leicht zu kopieren.[346] Die systematische Umsetzung des Beratungsansatzes durch das Wealth-Management-Team macht somit den Unterschied.[347] Vor diesem Hintergrund hat sich die UBS AG weiters zum Ziel gesetzt, dass der vierstufige Beratungsansatz konsequent angewendet wird. Die Erreichung dieses Ziels hat innerhalb der UBS AG eine sehr hohe Priorität. In diesem Sinne wurde nicht nur die Ausbildung stark auf den Beratungsansatz ausgerichtet, auch Tools und Systeme wurden verstärkt an den

---

[344] Vgl. Merrill Lynch, Advise & Market Intelligence; Morgan Stanley, Your Financial Advisor, 30.05.2009; UBS AG, Unser Beratungsansatz, Zürich 2008a.
[345] Dies basiert auf Expertengesprächen (K3).
[346] Ein Vergleich ausgewählter Beratungsansätze zeigt, dass sich diese nicht wesentlich voneinander unterscheiden. Vgl. hierzu Abschnitt 4.3.2.1.
[347] Vgl. hierzu Abschnitt 4.3.3.

vierstufigen Ansatz angepasst. Teilweise wurden sogar einzelne Support-Abteilungen reorganisiert, um eine möglichst effiziente und zielgerichtete Umsetzung des Beratungsansatzes sicherzustellen.[348]

Wie sieht nun aber dieser Beratungsansatz aus, der innerhalb der UBS AG solch einen hohen Stellenwert hat und stets konsequent angewendet werden soll? Die nachfolgende Abbildung 23 stellt den vierstufigen Ansatz grafisch dar:

Abbildung 23: Beratungsansatz der UBS AG
Quelle: UBS AG, Unser Beratungsansatz, Zürich 2004

---

[348] Dies basiert auf Expertengesprächen (K3).

Im Zentrum der Beratung stehen der Kunde und seine Bedürfnisse. Um die Bedürfnisse und Ziele des Kunden zu verstehen, hört der Kundenberater dem Kunden aufmerksam zu und stellt gezielt Fragen. Die UBS AG legt auf diesen ersten Beratungsschritt besonders viel Wert, denn nur wenn der Kunde umfassend verstanden wird, können in einem zweiten Schritt maßgeschneiderte Finanzierungs- und Anlagelösungen vorgeschlagen werden. Im dritten Schritt werden auf spezielle Wünsche und Anregungen des Kunden eingegangen, um diesen in der Entscheidung zu unterstützen und zu bestärken, damit schließlich die gewünschte Lösung effizient und professionell umgesetzt werden kann. Der Kundenberater bleibt dann laufend mit dem Kunden im Kontakt, um diesen im Rahmen des vierten Schritts über die Vermögensentwicklung zu informieren und zeitnah Anpassungen auf eine veränderte Lebenssituation des Kunden vornehmen zu können. Genau hier, im Übergang von der Überprüfung der Kundenlebenssituation zum Verstehen eventuell veränderter Kundenbedürfnisse und -ziele, schließt sich der Beratungskreislauf. Dieser Ansatz wird jedoch nicht als starrer Prozess verstanden, sondern soll ein flexibles Instrument sein, das dem Kunden Transparenz bietet und so den Aufbau einer langfristigen Kundenbeziehung fördert.

Interne Studien der UBS AG haben gezeigt, dass eine strukturierte und konsequente Anwendung aller vier Beratungsschritte die Kundenzufriedenheit maßgeblich steigert. Speziell die Schritte „Verstehen" und „Überprüfen" sind von besonderer Bedeutung für eine hohe Kundenzufriedenheit. In diesem Sinne ist die UBS AG auch verstärkt darauf ausgerichtet, dass Kundenberater diesen beiden Schritten mehr Aufmerksamkeit schenken.[349] Nachfolgend werden die einzelnen Schritte detaillierter beschrieben.

---

[349] Dies basiert auf Expertengesprächen (K3) und -befragungen (E3).

Beim **Verstehen** geht es maßgeblich darum, vor dem Hintergrund der individuellen Lebenssituation die Bedürfnisse und Ziele des Kunden möglichst vollumfänglich zu erfassen. Hierzu orientieren sich Kundenberater an folgenden Themenbereichen:

Themen	Nützliche Informationen	
Persönliche Situation	☐ Familiensituation ☐ Alter ☐ Berufliche Situation ☐ Zukunftspläne / -ziele	☐ Kinder ☐ Wohnsitz / Steuersituation ☐ Hobbys / Freizeit ☐ Nachfolgeplanung
Finanzielle Situation	☐ Gesamtvermögen ☐ Vermögensallokation ☐ Verbindlichkeiten ☐ Immobilien	☐ Vermögensherkunft / Art der Erwirtschaftung ☐ Liquiditätsbedarf ☐ Vorsorgesituation
Finanzerfahrung & -kenntnisse	☐ Finanzerfahrung ☐ Anlagepräferenz	☐ Finanzkenntnisse ☐ Zufriedenheit
Risikoprofil	☐ Risikobereitschaft ☐ Risikofähigkeit (Finanzielle Situation)	☐ Kunden-Risikoprofil (CRP) ☐ Portfolio-Risikoprofil (PRP)[350]
Servicepräferenzen & -erwartungen	☐ Kontakthäufigkeit ☐ Kontaktmedium ☐ Kundenbesuche ☐ Informationsbereitstellung ☐ Sonstige Wünsche / Erwartungen	☐ Korrespondenzsprache ☐ Postversand ☐ Kommunikationsrestriktionen ☐ Verhaltensrestriktionen ☐ Zufriedenheit

Tabelle 31: Nützliche Informationen zur Kundenprofilerstellung (beispielhaft; keine abschließende Liste)
Quelle: Eigene Darstellung, basierend auf Gesprächen mit Kundenberatern und Experten (K3)

Während die meisten der oben erwähnten Informationen kundenindividuell vom Kundenberater festgehalten werden, verfolgt die UBS AG bei der Erfassung des Risikoprofils einen standardisierten Prozess. Bei der Ermittlung der Risikotoleranz[351] wird zwischen dem Kunden-Risikoprofil und dem Portfolio-Risikoprofil differenziert.[352] Beim Kunden-Risikoprofil wird die allgemeine Risikotoleranz des Kunden eruiert. In diesem Sinne soll die gesamte Vermögenssituation des Kunden, also sämtliche Bankbeziehungen sowie sämtliche nicht bankfähige Vermögenswerte, berücksichtigt werden. Zusätzlich hat die UBS AG noch ein Portfolio-Risikoprofil, da meist nicht alle Vermögenswerte von einem Bankinstitut verwaltet werden und Kunden mit einzelnen Vermögensteilen (Portfolios) oft unterschiedliche Ziele verfolgen. Mit diesem Profil soll folglich für jeden Vermögensteil, mit dem ein unterschiedliches Ziel verfolgt wird, die Risikotoleranz bestimmt werden. Wichtig zu berücksichtigen ist jedoch, dass die

---

[350] Die UBS AG hat ein standardisiertes Risiko-Assessment, welches nachfolgend noch beschrieben wird.
[351] Vgl. hierzu Abschnitt 4.3.1.
[352] Vgl. UBS AG, Kunden-Risikoprofil und Portfolio-Risikoprofil, Version 1.2., Zürich 2007d.

Risikotoleranz aller ‚Sub-Portfolios' wieder der Risikotoleranz des Kunden als Ganzes entspricht.

Der Portfolio-Risikoprofil-Fragebogen setzt sich aus vier Fragen zusammen:

Portfolio-Risikoprofil (Fragebogen)	
Frage 1:	
Welches Spar- / Anlageziel verfolgen Sie mit diesem Portfolio?	
☐ Vorsorge (z. B. für Ruhestand, Nachlass, Rente) ☐ Künftige Verpflichtungen (z. B. Ausbildung, Eigentum, Selbständigkeit) ☐ Künftige, nicht obligatorische Konsumwünsche (z. B. Boot, Auto) ☐ Nicht näher definiert (Vermögensbildung ohne spezifischen Verwendungszweck) ☐ Anderes: _____	Zeithorizont (Jahre): _____ % des Gesamtvermögens: _____
Frage 2:	
Welches primäre Anlageziel verfolgen Sie mit diesem Portfolio?	
☐ Kapitalerhaltung (begrenztes Verlustrisiko, aber auch begrenztes Wertsteigerungspotential) ☐ Kombination aus Kapitalerhaltung und Vermögenszuwachs ☐ Vermögenszuwachs (höheres Wertsteigerungspotenzial bei höherem Verlustrisiko)	
Frage 3:	
Innerhalb welcher Bandbreite sollten sich die jährlichen Renditen und Marktschwankungen dieses Portfolios bewegen?	
☐ – 4 % bis + 8 % ☐ – 8 % bis + 16 % ☐ – 12 % bis + 24 % ☐ – 18 % bis + 36 %	
Frage 4:	
Sind Sie bereit, zur Erreichung des primären Anlageziels im Rahmen des für dieses Portfolio definierten Anlagehorizonts einen jährlichen Verlust von 10 % hinzunehmen?	
☐ Auf keinen Fall ☐ Für eine kurze Zeitspanne (bis zu einem Jahr) ☐ Für eine mittlere Zeitspanne (bis zu drei Jahren)	

Tabelle 32: Portfolio-Risikoprofil (Fragebogen)
Quelle: UBS AG, Kunden-Risikoprofil und Portfolio-Risikoprofil, Version 1.2., Zürich 2007d, 3

Basierend auf diesem Fragebogen kann der Kunde dann für dieses spezielle Portfolio in einer von drei Risikoklassen (geringe, mittlere und hohe Risikotoleranz) zugeordnet werden. Ist schließlich das Risikoprofil erfasst und hat der Kundenberater die Ziele und Bedürfnisse des Kunden umfassend verstanden, ist die Grundlage dafür geschaffen, eine maßgeschneiderte Lösung für den Kunden zu erarbeiten.

Beim **Vorschlagen** geht es dann darum, basierend auf den erfassten Kundeninformationen eine bedürfnisgerechte und maßgeschneiderte Lösung für den Kunden zu erarbeiten und dem Kunden diesen Lösungsvorschlag zu präsentieren.

Analog zum modernen Verständnis[353] involviert der Kundenberater bei der Erarbeitung der Kundenlösung unterschiedlichste Fachspezialisten. Das Beratungsteam[354] fokussiert sich bei der Lösungserarbeitung auf drei Kernbereiche: Asset Management, Liability Management und Life Cycle Management. Zusätzlich werden noch je nach Kundensituation und -bedürfnis diverse Spezialberatungsthemen berücksichtigt. Die nachfolgende Abbildung 24 zeigt diese Bereiche und das damit einhergehende Beratungs- und Dienstleistungsangebot der UBS AG im Überblick auf:

Asset Management	Liability Management	Life Cycle Management
Verwaltungs- / Mandatslösung	Lombardkredite	Wealth Planning
Beratungslösung	Hypothekarkredite	Lebensversicherungen
Spezialberatung		
Relocation Planning	Art Banking	Wine Banking
Global Custody & Reporting	Corporate Advisory Services	...

Abbildung 24: Beratungs- / Dienstleistungsangebot von WM & SB der UBS AG (Makro-Perspektive)
Quelle: UBS AG, Zürich 2007a

Das Asset Management fokussiert sich auf die Anlageseite, wobei ganz grundsätzlich zwischen diskretionären Verwaltungs- / Mandatslösungen und nicht-diskretionären Beratungslösungen[355] differenziert wird. Das Liability Management hingegen berücksichtigt Bedürfnisse auf der Verbindlichkeitenseite. Im Zentrum stehen hier speziell Lombard- und Hypothekarkredite. Das Life Cycle Management fokussiert sich speziell nochmals auf die Lebenssituation des Kunden und berücksichtigt hier insbesondere Wealth Planning[356] und Lebensversicherungslösungen. Diese einzelnen Bereiche werden jedoch nicht isoliert, sondern integrativ im Sinne einer Gesamtlösung für den Kunden betrachtet. Neben diesen Kernbereichen werden stets diverse Spezialberatungsthemen im Auge behalten und je nach Kundensituation und -bedürfnis in den Lösungsvorschlag integriert. Beispiele für solche Spezialberatungs-

---
[353] Vgl. Abschnitt 3.2.3.3.
[354] Vgl. Abschnitt 3.2.5.3.
[355] Vgl. hierzu Abschnitt 2.2.3. und Abschnitt 4.3.1.
[356] Die UBS AG subsumiert unter dem Begriff „Wealth Planning" insbesondere folgende Finanzdienstleistungen: Finanzplanung, Steuerplanung, Vorsorgeplanung, Nachfolgeplanung, Trusts und Stiftungen.

themen innerhalb der UBS AG sind: Relocation Planning,[357] Art Banking,[358] Wine Banking,[359] Global Custody & Reporting[360] und Corporate Advisory Services.[361] Aus dem gesamten Beratungs- und Dienstleistungsangebot der UBS AG soll an dieser Stelle beispielhaft[362] auf die Verwaltungs- / Mandatslösungen eingegangen werden. Ist der Kunde diskretionär orientiert, so wird oft eine Verwaltungs- / Mandatslösung vorgeschlagen. Die nachfolgende Abbildung 25 gibt einen Überblick über die drei Grundausrichtungen (Stabilität, Partizipation und Chance) mit den jeweiligen Anlagekonzepten und den risikoadjustierten Strategien:

---

[357] Beratung in sämtlichen Fragen rund um die Verlegung des Wohnsitzes in die Schweiz. Die UBS AG bietet bspw. folgende Dienstleistungen für ausländische Kunden mit Erwerbstätigkeit in der Schweiz an: Steuerplanung vor dem Zuzug in die Schweiz, Steuerberatung und Steuervertretung in der Schweiz, Nachfolgeregelung nach schweizerischem Recht.

[358] Beratung beim Erwerb bzw. bei der Veräußerung von Kunstgegenständen. Die UBS AG entwirft nach Bedarf sogar eine individuelle Investment-Strategie.

[359] Beratung beim Erwerb bzw. bei der Veräußerung von Weingütern bzw. diesem Gewerbezweig nahen Unternehmungen. Die UBS AG hat hier eine spezielle Branchenexpertise aufgebaut und bietet Kunden Zugang zu einem weltweiten Netzwerk von Fachspezialisten.

[360] Durch diese Dienstleistung können alle Vermögenswerte bei einer Bank, dem Global Custodian zusammengezogen werden. Der Kunde hat somit nur noch einen Ansprechpartner, wobei die Vermögenswerte von verschiedenen Portfoliomanagern verwaltet werden können. Dies schafft mehr Transparenz speziell im Hinblick auf ein aggregiertes einheitliches Reporting.

[361] Corporate-Finance-Beratung für Wealth-Management-Kunden mit Privatunternehmen. Von der Kapitalbeschaffung, über die strategische Finanzberatung bis zu Fusionen und Übernahmen werden kleine und mittlere Privatunternehmen umfassend beraten. Enge Kooperation mit dem Investment Banking.

[362] Auf die anderen Bereiche wird in dieser Arbeit nicht weiter eingegangen, da dies den Rahmen der Arbeit sprengen würde. Speziell die Beratungs- und Wealth-Management-Lösungen sind sehr umfassend.

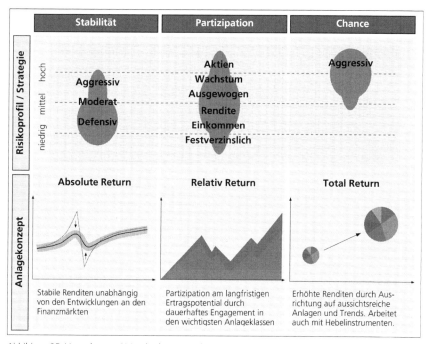

Abbildung 25: Verwaltungs- / Mandatslösungen der UBS AG
Quelle: Modifiziert Darstellung nach UBS AG, UBS Mandatslösungen, Zürich 2007m

Bei der Grundausrichtung *Stabilität* fokussiert sich die UBS AG auf ein Absolut-Return-Anlagekonzept,[363] welches versucht, stabile Renditen unabhängig von den Entwicklungen an den Finanzmärkten zu erzielen. Dieses Angebot richtet sich mit den Strategien *Defensiv* und *Moderat* an Anleger mit niedriger bis mittlerer Risikotoleranz. Aber auch Anlegern mit einer leicht höheren Risikotoleranz kann dieses Anlagekonzept durch die Strategie *Aggressiv* offeriert werden. Die Ausrichtung *Partizipation* verfolgt ein Relativ-Return-Anlagekonzept, welches durch Engagements in den wichtigsten Anlageklassen versucht an der Marktentwicklung zu partizipieren. Durch eine unterschiedliche Allokation der einzelnen Anlageklassen können Kunden von niedrigem bis hohem Risikoprofil bedient werden. Die nachfolgende Tabelle 33 zeigt beispielhaft die Vermögensallokation der Relativ-Return-Strategien:

---

[363] Vgl. hierzu ausführlicher Ineichen, A. M., Asymmetrische Renditen und aktives Risikomanagement – Ein Paradigmenwechsel im Asset Management, in: Busack, M. / Kaiser, D. G. (Hrsg.): Handbuch Alternative Investments, Wiesbaden 2006, 35 ff.; Ineichen, A. M., Absolute Returns: The Risk and Opportunities of Hedge Fund Investing, New York 2003.

Relative Return: Vermögensallokation (in %)													UBS Portfolio Management – Classic				
	Festverzinslich			Einkommen			Rendite			Ausgewogen			Wachstum			Aktien		
	min.	n.	max.	min.	n.	max.	min.	n.	max.	min.	n.	max.	min.	n.	max.	min.	n.	max.
Liquidität	0	10	25	0	10	25	0	10	25	0	10	25	0	10	25	0	10	25
Anleihen	75	90	100	40	55	70	30	45	60	10	25	40	0	5	20	0	0	15
Aktien	0	0	0	0	15	30	10	25	40	30	45	60	50	65	80	75	90	100
Altern.Anl.	0	0	0	0	15	30	0	15	30	0	15	30	0	15	30	0	0	15
Immobilien	0	0	0	0	5	20	0	5	20	0	5	20	0	5	20	0	0	15
Rohstoffe	0	0	0	0	0	15	0	0	15	0	0	15	0	0	15	0	0	15

min. = minimale Allokation; n. = neutrale Allokation; max. = maximale Allokation

Tabelle 33: Vermögensallokation der Relativ-Return-Strategien
Quelle: UBS AG, UBS Portfolio Management – Classic, Referenzwährung EUR, Stand per 30.09.2008

Die Ausrichtung *Chance* verfolgt ein Total-Return-Anlagekonzept,[364] welches versucht durch eine verstärkte Ausrichtung auf aussichtsreiche Anlagen und Trends an den Märkten eine erhöhte Rendite zu erzielen. Im Gegensatz zum Relativ Return orientiert sich dieses Anlagekonzept an keinem Vergleichsmaßstab (Benchmark). Hier wird auch verstärkt mit Hebelinstrumenten gearbeitet. Dieses Angebot richtet sich mit der Strategie *Aggressiv* vor allem an Kunden mit einer hohen Risikotoleranz.[365]

Ist eine umfassende maßgeschneiderte Lösung durch das Beratungsteam erarbeitet, kann diese schließlich dem Kunden vorgestellt werden.[366]

Beim **Entscheiden & Umsetzen** steht die Unterstützung des Kunden bei der Entscheidungsfindung im Fokus; dies wird umgesetzt, indem man gezielt auf Wünsche und Anregungen eingeht und schließlich die gewünschte Lösung effizient und professionell umsetzt. Falls die ausgearbeitete Lösung nicht genau den Wünschen des Kunden entspricht, müssen die angesprochenen Punkte genau diskutiert und erfasst

---

[364] Oft werden die Begriffe „Total Return" und „Absolut Return" synonym verwendet. Vgl. hierzu z. B. Schmitt, A., Total & Absolute Return-Fonds in Deutschland, in: Moritz G. (Hrsg.): Handbuch Finanz- und Vermögensberatung, Wiesbaden 2004, 61 f. Bei der UBS AG unterscheiden sich die Konzepte jedoch im Hinblick auf das Risikoniveau. Die Absolut-Return-Strategie gilt als eher konservativ, während die Total-Return-Strategie als eher risikoreich gilt. Gemeinsam haben diese beiden Konzepte jedoch, dass sie sich nicht an einer Benchmark orientieren. Vgl. hierzu ausführlicher UBS Wealth Management – Das Magazin für Anleger, Ausgabe April 2008 (Schweiz), Eine Frage des Stils – Absolut, Relativ, Total, Zürich 2008, 15 ff.
[365] Vgl. UBS AG, UBS Mandatslösungen, Zürich 2007e.
[366] Vgl. hierzu ausführlicher Abschnitt 4.3.3.

werden, damit der Vorschlag entsprechend angepasst werden kann.[367] Entspricht die vorgeschlagene Lösung dann den Wünschen des Kunden, geht es oft noch in eine Preisdiskussion.[368] Hier soll dem Kunden vor allem der Mehrwert, welcher durch die Lösungsumsetzung entsteht, aufgezeigt werden. Wurde auch in dieser Hinsicht eine für beide Parteien zufriedenstellende Vereinbarung gefunden, folgt die effektive Umsetzung der gewünschten Kundenlösung. Der Kundenberater hat die Verantwortung, dass dies präzise, rasch und möglichst effizient geschieht. Im modernen Verständnis[369] erfolgt die tatsächliche Umsetzung bspw. des Portfoliomanagements größtenteils durch spezialisierte Support-Abteilungen, wobei der Kundenberater den Kunden stets über die Umsetzung informieren soll. Eine qualitativ hochwertige Beratung ist jedoch nicht zu Ende, wenn die vom Kunden gewünschte Lösung umgesetzt ist. Essentiell für eine erfolgreiche und langfristige Kundenbeziehung ist der nachfolgende Schritt des Überprüfens.[370]

Beim **Überprüfen** geht es wesentlich darum, die gesamte Kundenlösung laufend zu überwachen, den Kunden zu informieren, seine Bedürfnisse und Ziele regelmäßig zu überprüfen, um gegebenenfalls zeitnah Anpassungen vornehmen zu können. Um dies sicherzustellen und eine nachhaltige Kundenbeziehung aufzubauen ist es bedeutsam, dass der Kundenberater regelmäßig und pro-aktiv[371] mit dem Kunden im Kontakt bleibt. Neben der laufenden Überwachung der gesamten Kundenlösung durch den Kundenberater,[372] wird der Kunde periodisch über die Entwicklung seines Vermögens und evt. Verbindlichkeiten informiert. Auch bei stark verändernden Marktbedingungen wird ein Gespräch mit dem Kunden gesucht, speziell wenn diese verändernden Bedingung Auswirkungen auf die Zielsetzungen des Kunden haben könnten.
Besonders bedeutsam in diesem Beratungsschritt ist auch die periodische Überprüfung der Kundensituation und des damit einhergehenden Kundenprofils. Verändert sich dies, wird die Kundenlösung entsprechend angepasst. Gegebenenfalls wird von Grund auf eine neue Lösung erarbeitet. In diesem Sinne schließt sich auch der Beratungskreislauf.

---

[367] Hier zeigt sich wiederum, dass der Beratungsansatz kein starrer Prozess ist. Von „Entscheiden & Umsetzen" geht es zurück zum „Verstehen" und dann wieder zum „Vorschlagen" (Erarbeitung eines angepassten Lösungsvorschlags mit anschließender Präsentation).
[368] Dies basiert auf Gesprächen mit Kundenberatern.
[369] Vgl. Abschnitt 3.2.3.3.
[370] Dies basiert auf Gesprächen mit Kundenberatern und Experten.
[371] Ausgenommen der Kunde wünscht explizit keinen pro-aktiven Kontakt. Hier sind die Servicepräferenzen des Kundenprofils besonders zu berücksichtigen.
[372] Der Kundenberater trägt gegenüber dem Kunden die Verantwortung, wird jedoch von diversen spezialisierten Support-Abteilungen bei der Überwachung unterstützt.

Wie eingangs erwähnt, kommt diesem vierten Beratungsschritt größere Aufmerksamkeit zu. Eine erfolgreiche Gestaltung dieser Beratungsphase kann das Vertrauensverhältnis – als Basis einer langfristigen Kundenbeziehung – stark positiv beeinflussen.[373]

Die nachfolgende Abbildung 26 zeigt zusammenfassend nochmals den strukturierten Beratungsansatz der UBS AG im Kontext der Kernaufgaben der Kundenbetreuung.[374] Sowohl bei der Akquisition, Bindung, Entwicklung und Rückgewinnung von Kunden ist der Beratungsprozess allgegenwärtig. Lediglich in der ersten Phase der Kundenakquisition (Identifikation von potentiellen Kunden)[375] und wenn Kunden abgewandert und effektiv verloren sind, ist der Beratungsprozess nicht von Relevanz.

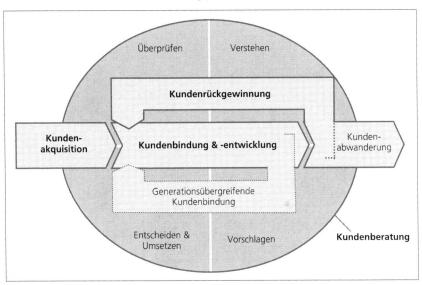

Abbildung 26: Kundenberatung im Kontext der Kernaufgaben (schematische Darstellung)
Quelle: Eigene Darstellung

Auf die Themen der Akquisition, Entwicklung, Bindung[376] und Rückgewinnung von Kunden wird in den nachfolgenden Abschnitten detaillierter eingegangen. Zuvor wird jedoch noch untersucht, welche Rolle dem Wealth-Management-Team im Hinblick auf die Bereitstellung einer strukturierten Kundenberatung zukommt.

---

[373] Dies basiert auf Gesprächen mit Kunden, Kundenberatern (K2) und Experten (K3).
[374] Vgl. hierzu Abschnitt 4.2.
[375] Vgl. hierzu Abschnitt 4.4.2.
[376] Zunehmend an Bedeutung gewinnt im Wealth Management auch die generationsübergreifende Kundenbindung. Auch diese wird in Abschnitt 4.5.2.3. kurz thematisiert.

4.3.3. Das Team in der Kundenberatung

Es stellt sich nun die Frage, welche Rolle das Wealth-Management-Team bzw. die einzelnen Teammitglieder bei der Umsetzung dieses Beratungsansatzes haben. Die Arbeit fokussiert sich bei dieser Frage auf eine praxisorientierte Aufgabenbeschreibung hinsichtlich der Bereitstellung einer qualitativ hochwertigen Kundenberatung durch das Wealth-Management-Beratungsteam. In einem ersten Schritt wird das moderne Beratungsteamverständnis[377] nochmals im Überblick dargestellt. In einem vertiefenden zweiten Schritt soll dann aufgezeigt werden, wie die einzelnen Teammitglieder idealtypisch bei der Umsetzung des Beratungsprozesses involviert sind.[378]

4.3.3.1. Das Team im Überblick

An dieser Stelle wird nochmals das moderne Beratungsteam im Überblick dargestellt, um dann die Umsetzung des Beratungsprozesses durch die einzelnen Teammitglieder genauer zu beleuchten. Das Beratungsteam kann wie folgt visualisiert werden:[379]

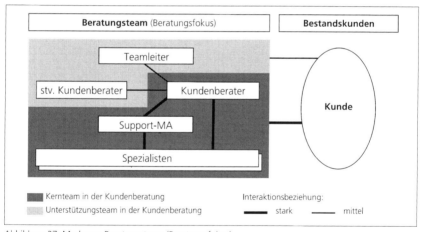

Abbildung 27: Modernes Beratungsteam (Beratungsfokus)
Quelle: Eigene Darstellung, basierend auf Gesprächen mit Kundenberatern, Teamleitern (K2) und Experten (K3)

---

[377] Vgl. hierzu Abschnitt 3.2.5.3.
[378] Dies basiert auf Gesprächen mit Kundenberatern, Teamleitern (K2) und Experten (K3).
[379] Vgl. hierzu Abschnitt 3.2.5.3. Abweichend ist die Stärke der Beziehungsinteraktion zwischen Kundenberater und Teamleiter; beim reinen Beratungsfokus ist diese mittelmäßig ausgeprägt. Die starke Ausprägung, die man Abbildung 17 entnehmen kann, bezieht sich auf die Kundenakquisition, -entwicklung und -rückgewinnung.

Ziel des Beratungsteam ist es, den Kunden, welcher im Zentrum des Interesses steht, zu verstehen, ihm bedürfnisorientierte Lösungen vorzuschlagen, die von ihm gewünschte Lösung effizient umzusetzen und regelmäßig zu überprüfen, ob diese noch den Kundenbedürfnissen entspricht. Die gezielte Umsetzung des Beratungsansatzes steht also im Mittelpunkt.[380] Kundenberater, Support-Mitarbeiter und Spezialisten bilden das Kernteam und haben folglich die zentrale Aufgabe, durch die Umsetzung dieses Beratungsansatzes dem Kunden eine qualitativ hochstehende bedürfnisorientierte Kundenberatung bereitzustellen. Teamleiter und stellvertretender Kundenberater unterstützen je nach Bedarf im Beratungsprozess. Der stellvertretende Kundenberater wird auch in regelmäßigen Abständen in den Beratungsprozess einbezogen, um jederzeit in der Lage zu sein, den Kundenberater zu vertreten. Die Rolle des stellvertretenden Kundenberaters und insbesondere des Teamleiters ist wesentlich durch die gezielte Einholung von Kundenfeedback zur laufenden Verbesserung der Beratungsqualität charakterisiert.

Nachfolgend werden die einzelnen Rollen innerhalb des Beratungsteams beleuchtet. Es geht darum aufzuzeigen, welche Rolle bzw. Aufgaben Kundenberater, Support-Mitarbeiter, Spezialisten, Teamleiter und stellvertretende Kundenberater bei der Umsetzung des Beratungsprozesses haben.

4.3.3.2. Die Rolle des Kundenberaters

Der Kundenberater ist die zentrale Figur im Kundenberatungsprozess. Er ist verantwortlich für die Bereitstellung einer hohen Beratungsqualität und koordiniert in diesem Sinne das Beratungsteam. Basierend auf dem modernen Rollenverständnis des Kundenberaters,[381] wird nun aufgezeigt, welche Rolle bzw. welche Aufgaben er bei der konkreten Umsetzung des Kundenberatungsprozesses hat. Die nachfolgende Tabelle 34 gibt hierzu einen Überblick. Im Anschluss an die Tabelle werden die einzelnen Punkte kurz beleuchtet.

---

[380] Vgl. Abschnitt 4.3.2.
[381] Vgl. Abschnitt 3.2.3.3.

Prozessschritte[382]	Rolle des Kundenberaters im Beratungsprozess
Erfassung des Kundeprofils (Verstehen)	□ Entscheidet wer in das Kundengespräch involviert wird □ Leitet und koordiniert das Gespräch zur Kundenprofilerstellung □ Zu berücksichtigen sind insbesondere: persönliche & finanzielle Situation; Finanzerfahrung & -kenntnisse; Risikoprofil; Servicepräferenzen & -erwartungen □ Konsolidiert die Ergebnisse und koordiniert das weitere Vorgehen
Entwicklung und Vorschlag des kundenindividuellen Anlagekonzepts (Vorschlagen)	□ Leitet und koordiniert die Entwicklung eines Anlagekonzepts □ Entscheidet je nach Kundenbedürfnis / -situation wer hierbei involviert wird □ Präsentiert das Anlagekonzept beim Kunden (meist mit Spezialisten) □ Holt Feedback beim Kunden ein □ Fasst das Gespräch zusammen und bespricht das weitere Vorgehen
Umsetzung des Anlagekonzepts (Entscheiden / Umsetzen)	□ Leitet die Umsetzung des Anlagekonzepts (vorausgesetzt der Kunde entscheidet sich für dieses Konzept; sonst Überarbeitung) □ Koordiniert mit Support-Mitarbeiter und Spezialisten die Umsetzung □ Informiert den Kunden bzgl. Umsetzung
Überwachung und Berichterstattung (Überprüfen)	□ Überwacht das Anlagekonzept □ Überprüft regelmäßig die Anlageziele und Bedürfnisse des Kunden □ Berichtet regelmäßig an den Kunden

Tabelle 34: Rolle des Kundenberaters im Beratungsprozess
Quelle: Eigene Darstellung, basierend auf Gesprächen mit Kundenberatern und Teamleitern (K2)

Bei der Erfassung des Kundenprofils entscheidet der Kundenberater, wer (also welche Teammitglieder des Beratungsteams) in das Kundengespräch involviert wird. Hat man bereits Informationen bezüglich bestimmter Kundenbedürfnisse / -ziele, können schon bei der Profilerstellung gezielt Spezialisten zugezogen werden. I. d. R. werden jedoch bei der ersten Profilerstellung noch keine Spezialisten involviert, sondern man tritt mit einem anderen Teammitglied, meist mit stellvertretendem Kundenberater oder Teamleiter, auf. Durch diesen Teamauftritt lässt sich eine umfassende Kundenprofilerstellung gewährleisten.[383] Der Kundenberater leitet das Gespräch und stellt sicher, dass die wesentlichen Aspekte einer umfassenden Kundenprofilerstellung[384] in strukturierter Weise beleuchtet werden. Bedeutend hierbei sind insbesondere: persönliche & finanzielle Situation; Finanzerfahrung & -kenntnisse; Risikoprofil; Servicepräferenzen & -erwartungen. Sind die wesentlichen Punkte erfasst, wird das weitere Vorgehen mit dem Kunden besprochen. Meist wird ein persönlicher Folgetermin vereinbart, um dann das Anlagekonzept zu besprechen.

---

[382] Vgl. Abschnitt 4.3.1. und Abschnitt 4.3.2.2.
[383] Wird nicht im Team agiert, muss eine Person eine Vielzahl von Aufgaben erfüllen (Leitung und Strukturierung des Gesprächs, Festhaltung der Erkenntnisse, gezieltes Rückfragen, Zusammenfassung etc.). Dadurch besteht die Gefahr, dass einzelne Aspekte nicht berücksichtigt werden. Durch das Agieren im Team bzw. durch eine gezielte Aufgabenteilung lässt sich diese Gefahr minimieren. I. d. R. leitet der Kundenberater das Gespräch und das andere Teammitglied fokussiert sich auf die Festhaltung der Erkenntnisse und das gezielte Rückfragen bei offenen bzw. unklaren Punkten.
[384] Vgl. hierzu speziell Tabelle 31.

Der Kundenberater leitet und koordiniert dann die Entwicklung eines kundenindividuellen Anlagekonzepts.[385] Hierbei entscheidet der Kundenberater, wer aus dem Beratungsteam in diese Erarbeitung involviert wird. Je nach Kundensituation / -bedürfnis werden meist Spezialisten aus den Bereichen Anlage, Finanzierung und Wealth Planning berücksichtigt. Ist das Anlagekonzept erarbeitet, wird dies dem Kunden präsentiert. Der Kundenberater zieht zu dem Gespräch meist jene Teammitglieder hinzu, die bei der Konzeptentwicklung wesentlich beteiligt waren. Es empfiehlt sich jedoch, dass das Team, welches beim Kunden auftritt, nicht aus mehr als drei Personen besteht.[386] Im Gesprächsverlauf geht der Kundenberater auf Fragen und Anregungen des Kunden ein und holt gezielt Feedback ein. Entspricht das erarbeitete Anlagekonzept den Vorstellungen und Wünschen des Kunden,[387] folgt die Umsetzung.

Der Kundenberater leitet und koordiniert die Umsetzung des gewünschten Anlagekonzepts, wobei die Umsetzung selbst – also die reine Abwicklung – i. d. R. durch den Support-Mitarbeiter und die Spezialisten erfolgt. Ist das Anlagekonzept schließlich umgesetzt und der Kunde diesbezüglich informiert, geht es anschließend um die Überwachung dieses Konzepts.[388] Der Kundenberater hat diese Überwachung sicherzustellen[389] und fokussiert sich verstärkt auf die Überprüfung der Anlageziele und Bedürfnisse des Kunden. Ändern sich diese, ist das Anlagekonzept durch den Kundenberater entsprechend anzupassen. Auch die regelmäßige persönliche Berichterstattung ist eine zentrale Aufgabe des Kundenberaters, denn dadurch erhöht sich das Vertrauen des Kunden in den Berater und die Bank.[390]

---

[385] Vgl. Abschnitt 4.3.1 und Abschnitt 4.3.2.2.
[386] Tritt der Kundenberater zusammen mit Spezialisten und anderen Teammitgliedern auf, wird dies grundsätzlich vom Kunden sehr geschätzt. Zum einen zeigt es dem Kunden, dass er für das Bankinstitut wichtig ist, zum anderen wird durch den Zuzug von Spezialisten Fachkompetenz aufgezeigt. Es sollten jedoch max. 3 Personen in das Gespräch involviert werden, da der Kunde sich sonst überfordert fühlen könnte und das Diskretionsgefühl möglicherweise verloren geht. Zudem könnte der Eindruck erscheinen, dass im Institut nicht effizient gearbeitet wird. Diese Erkenntnisse basieren auf Gesprächen mit Kundenberatern, Teamleitern (K2) und Experten (K3).
[387] Ist dies nicht der Fall, muss vom Kundenberater ganz gezielt geklärt werden, was die Gründe hierfür sind. Dies ist zentral für die Überarbeitung des Anlagekonzepts.
[388] Im Zentrum hierbei steht neben der Anpassung an veränderte Marktbedingungen auch die regelmäßige Überprüfung der Kundenziele und -bedürfnisse.
[389] Bei Vermögensverwaltungskunden werden Anpassungen im Hinblick auf sich verändernde Marktbedingungen und sich verändernde regulatorische Anlagevorschriften durch Support-Abteilungen vorgenommen. Der Kundenberater hat dies, im Sinne der Endverantwortung gegenüber dem Kunden, zu kontrollieren.
[390] Vgl. Maag-Ivanova, A., St. Gallen 2004, 35.

4.3.3.3. Die Rolle des Support-Mitarbeiters

Der Support-Mitarbeiter unterstützt den Kundenberater im Beratungsprozess. Neben der zuverlässigen Erledigung administrativer und abwicklungsorientierter Aufgaben wird der Support-Mitarbeiter verstärkt auch in die Kundengespräche sowie in die Erarbeitung des Anlagekonzepts involviert.[391] Basierend auf dem modernen Rollenverständnis[392] wird nun aufgezeigt, welche Rolle bzw. welche Aufgaben er bei der konkreten Umsetzung des Kundenberatungsprozesses einnimmt. Die nachfolgende Tabelle 35 gibt hierzu einen Überblick. Anschließend werden die einzelnen Punkte kurz beleuchtet.

Prozessschritte	Rolle des Support-Mitarbeiters im Beratungsprozess
Erfassung des Kundeprofils (Verstehen)	▫ Unterstützt den Kundenberater bei der Vorbereitung zur effektiven Kundenprofilerstellung beim Kunden
Entwicklung und Vorschlag des kundenindividuellen Anlagekonzepts (Vorschlagen)	▫ Mitentwicklung des kundenindividuellen Anlagekonzepts ▫ Unterstützt das Team bei diversen Abklärungen / Recherchen ▫ Aufbereitung der Kundenpräsentation ▫ Präsentiert evt. einen kleinen Teil der gesamten Anlagekonzeption (je nach Erfahrung und Spezialisierung)
Umsetzung des Anlagekonzepts (Entscheiden / Umsetzen)	▫ Abwicklung der internen administrativen Aufgaben zur gezielten Umsetzung des Anlagekonzepts ▫ Abwicklung des Tagesgeschäfts (auch direkt mit dem Kunden)
Überwachung und Berichterstattung (Überprüfen)	▫ Überwachung des Anlagekonzepts ▫ Berichterstattung an den Kunden ▫ Unterstützt den Kundenberater teilweise im Kundengespräch (z. B. bei der Überprüfung der Anlageziele / Bedürfnisse des Kunden)

Tabelle 35: Rolle des Support-Mitarbeiters im Beratungsprozess
Quelle: Eigene Darstellung, basierend auf Gesprächen mit Kundenberatern und Teamleitern (K2)

Der Support-Mitarbeiter ist bei der Erfassung des Kundenprofils in unterstützender Funktion tätig. Geht es um die Profilerstellung bei Neukunden, hat der Support-Mitarbeiter i. d. R. die Aufgabe, vorab Informationen über den Kunden zu sammeln und den Kundenberater entsprechend zu informieren. Zudem ist er für die Vorbereitung der Unterlagen zur Kundenprofilerstellung verantwortlich. Nach dem Gespräch sollte der Support-Mitarbeiter vom Kundenberater umfassend informiert werden, damit dieser in der Lage ist, bei der Entwicklung des kundenindividuellen Anlagekonzepts mitzuwirken. Er arbeitet bei der Ideengenerierung mit, recherchiert bei offenen Fragen gezielt nach und unterstützt das Team bei diversen Abklärungen im

---

[391] Ziel ist die Entwicklung des Support-Mitarbeiters zum Kundenberater. Vgl. Abschnitt 3.2.2.3.
[392] Vgl. Abschnitt 3.2.2.3.

Hinblick auf die Entwicklung des Anlagekonzepts. Steht das Konzept, bereitet der Support-Mitarbeiter die Kundenpräsentation auf. Je nach Erfahrung und Spezialisierung wird er in das Kundengespräch einbezogen und übernimmt eventuell einen kleinen Teil der Gesamtpräsentation. Bei der Umsetzung des Anlagekonzepts hat der Support-Mitarbeiter eine zentrale Rolle. Er ist zum einen verantwortlich für die gesamte administrative Abwicklung zur gezielten Umsetzung des besprochenen Anlagekonzepts, zum anderen wickelt er auch das Tagesgeschäft[393] direkt mit dem Kunden ab. Ist das Anlagekonzept umgesetzt, überwacht der Support-Mitarbeiter dieses zusammen mit dem Kundenberater (Vier-Augen-Prinzip). Die Berichterstattung ist zwar Aufgabe des Kundenberaters, dennoch werden Informationen, welche dem Kunden regelmäßig und in standardisierter Weise übermittelt werden, wie z. B. die monatliche Vermögensentwicklung, meist durch den Support-Mitarbeiter kommuniziert. Im Hinblick auf die gezielte Entwicklung des Support-Mitarbeiters zum Kundenberater[394] wird er auch verstärkt in regelmäßig stattfindende Kundengespräche involviert.

4.3.3.4. Die Rolle der Spezialisten

Die Bedeutung der Spezialisten[395] im Beratungsprozess nimmt stark zu. Wesentliche Gründe hierfür sind zum einen die stetig steigenden Kundenbedürfnisse[396] und zum anderen das sich stetig verbreiternde und komplexer werdende Produkt- und Dienstleistungsangebot.[397] Besonders bei der Entwicklung und Vorstellung des Anlagekonzepts sowie bei der Implementierung übernehmen die Spezialisten eine zentrale Funktion innerhalb des Beratungsteams.[398] Es wird nun aufgezeigt, welche Rolle bzw. welche Aufgaben die Spezialisten bei der konkreten Umsetzung des Kundenberatungsprozesses haben. Die nachfolgende Tabelle 36 gibt hierzu einen Überblick. Im Anschluss daran werden die einzelnen Punkte kurz beleuchtet.

---

[393] Dies sind bspw. Börsenaufträge, Überweisungen, Bereitstellung von Informationen bzgl. Kontostand / Depotentwicklung etc.
[394] Vgl. hierzu Abschnitt 3.2.2.3.
[395] Grundsätzlich werden unter dem Begriff „Spezialisten" in dieser Arbeit alle Personen (Abteilungen) verstanden, welche in einer bestimmten Fachrichtung ein vertieftes Wissen haben, auf welches das Wealth-Management-Team bei Bedarf direkt zugreifen kann. Bei der Kundenberatung sind dies hauptsächlich Spezialisten aus den Bereichen Anlageberatung, Finanzierungsberatung und Wealth Planning. Dies basiert auf Gesprächen mit Kundenberatern und Teamleitern. Vgl. hierzu auch Abbildung 24.
[396] Vgl. Merrill Lynch / Capgemini, New York 2006, 3.
[397] Vgl. Maude, D., New York 2006, 77 ff.
[398] Dies basiert auf Gesprächen mit Kundenberatern und Teamleitern (K2).

Prozessschritte	Rolle der Spezialisten im Beratungsprozess
Erfassung des Kundeprofils (Verstehen)	☐ Bei Erstprofilerstellung i. d. R. nicht involviert ☐ Bei vertiefter Profilerstellung (aufgrund spezieller Bedürfnisse) involviert ☐ Erfassen und verstehen der spezifischen Kundenbedürfnisse
Entwicklung und Vorschlag des kundenindividuellen Anlagekonzepts (Vorschlagen)	☐ Mitentwicklung des Anlagekonzepts ☐ Erarbeitung einzelner Spezialthemen im Rahmen des Gesamtanlagekonzepts ☐ Aufbereitung dieser Themen (Beiträge zur Kundenpräsentation) ☐ Präsentation der erarbeiteten Spezialthemen beim Kunden
Umsetzung des Anlagekonzepts (Entscheiden / Umsetzen)	☐ Überarbeitung / Umsetzung des Anlagekonzepts resp. einzelner Spezialthemen ☐ Informiert den Kundenberater regelmäßig über den Stand der Umsetzung
Überwachung und Berichterstattung (Überprüfen)	☐ Überwacht vor allem seinen Spezialbereich, jedoch stets unter Berücksichtigung des Gesamtanlagekonzepts ☐ Berichtet regelmäßig an den Kundenberater ☐ Unterstützt den Kundenberater teilweise bei der Berichterstattung und Überprüfung der Anlageziele / Bedürfnisse

Tabelle 36: Rolle der Spezialisten im Beratungsprozess
Quelle: Eigene Darstellung, basierend auf Gesprächen mit Kundenberatern und Teamleitern (K2)

Bei der Ersterfassung des Kundenprofils sind die Spezialisten i. d. R. nicht involviert. Äußert der Kunde jedoch schon vor dem Erstgespräch ein spezifisches Interesse, werden teilweise schon von Beginn an gezielt Spezialisten ins Kundengespräch einbezogen. So kann neben der allgemeinen Profilerstellung[399] auch ein vertiefter Fokus auf ganz spezifische Bedürfnisse des Kunden gelegt werden. Wesentliche Aufgabe der Spezialisten ist es hierbei, die Gesamtkundensituation zu verstehen und vor diesem Hintergrund spezifische Bedürfnisse und Informationen im Hinblick auf sein Spezialgebiet zu erfassen. Grundsätzlich spielen vor allem Spezialisten aus den Bereichen Anlageberatung, Finanzierungsberatung und Wealth Planning eine zentrale Rolle im Kundenberatungsprozess.[400] So wirken auch bei der Entwicklung des Anlagekonzepts i. d. R. Spezialisten aus diesen Bereichen mit. Im gesamten Beratungsteam wird meist die Grundstruktur des Anlagekonzepts erarbeitete, wobei sich die Spezialisten dann auf die Ausarbeitung ihres Spezialbereichs fokussieren. Sie sind auch für die Aufbereitung dieser Spezialthemen verantwortlich und präsentieren diese als integrativen Bestandteil des gesamten Anlagekonzepts beim Kunden. Entspricht das erarbeitete Konzept dann den Wünschen und Bedürfnissen des Kunden,[401] muss dies entsprechend umgesetzt werden. Der Kundenberater hat zwar

---
[399] Vgl. hierzu speziell Tabelle 31.
[400] Dies basiert auf Gesprächen mit Kundenberatern und Teamleitern (K2).
[401] Ist dies nicht der Fall, muss vom Kundenberater und den Spezialisten ganz gezielt geklärt werden, was die Gründe hierfür sind. Dies ist zentral für die Überarbeitung des Anlagekonzepts.

die Gesamtverantwortung,[402] jedoch erfolgt die faktische Umsetzung i. d. R. durch die Spezialisten, welche vom Kundenberater koordiniert wird. In diesem Sinne informieren die Spezialisten den Kundenberater regelmäßig über den Stand der Umsetzung. Ist das Konzept umgesetzt, funktioniert die Überwachung in einer ähnlichen Weise. Die Spezialisten überwachen ihren Spezialbereich und informieren den Kundenberater, welcher das Gesamtkonzept im Auge hat, regelmäßig. Auch bei der Berichterstattung beim Kunden werden Spezialisten je nach Kunden- und Marktsituation gezielt ins Kundengespräch involviert. Der Spezialist hat hierbei meist die Aufgabe, den Kunden im Detail zu informieren und bei Rückfragen kompetent Auskunft zu geben.

4.3.3.5. Die Rolle des Teamleiters

Da viele Wealth-Management-Anbieter einen strukturierten Beratungsansatz haben,[403] ist dies allein kein Differenzierungsmerkmal zur Konkurrenz. Viel bedeutsamer ist, dass der Beratungsansatz vom Kernteam (Kundenberater, Support-Mitarbeiter und Spezialisten) angewendet und aktiv gelebt wird.[404] Der Teamleiter hat diesbezüglich eine zentrale Rolle.[405] Er hat innerhalb seines Teams sicherzustellen, dass allen Kunden in seinem Verantwortungsbereich eine strukturierte Beratung in höchster Qualität angeboten wird. Der Teamleiter hat in diesem Sinne die wichtige Aufgabe, systematisch Kundenfeedback einzuholen und dieses mit dem Kundenberater resp. dem gesamten Beratungsteam zu diskutieren und gegebenenfalls Maßnahmen zur Verbesserung zu erarbeiten. Die nachfolgende Tabelle 37 zeigt, wie solch ein Kundenfeedbackgespräch durch den Teamleiter gestaltet werden kann:

---

[402] Vgl. Abschnitt 4.3.3.2.
[403] Vgl. Abschnitt 4.3.2.1.
[404] Dies basiert auf Expertengesprächen (K3).
[405] Vgl. hierzu auch Abschnitt 3.2.4.3. und Abschnitt 3.2.5.4.

Kundenfeedbackgespräch durch den Teamleiter	- beispielhaft -
Einleitung	
□ Sich bedanken, dass sich der Kunde die Zeit für das Gespräch nimmt □ Dem Kunden sagen, dass seine Zufriedenheit von größter Bedeutung ist □ Dem Kunden das Gesprächsziel aufzeigen: Feedback, damit Kundenbeziehung in Zukunft noch besser gestaltet werden kann	
Fragen zur Beratung (Frage → Was ist gut? Wo gibt es Verbesserungspotential?)	
□ Wie gut verstehen wir Ihre Bedürfnisse und Ziele? □ Wie sind Sie mit unseren Lösungsvorschlägen im Hinblick auf Ihre Bedürfnisse und Ziele zufrieden? □ Wie gut sind wir in der Lösungsumsetzung? □ Wie sind Sie mit der laufenden Betreuung zufrieden? □ Wie gut sind wir in der regelmäßigen Informationsbereitstellung? □ Wie gut sind wir in der periodischen Überprüfung Ihrer Lebenssituation, Ziele und Bedürfnisse im Hinblick auf evt. Anpassungen von Finanzlösungen?	
Fragen zum Kundenberater	
□ Wie sehen Sie die Rolle Ihres Kundenberaters? □ Wie zufrieden sind Sie mit Ihrem Kundenberater? □ Wie geht Ihr Kundenberater bei der Beratung vor? □ Worin besteht Ihrer Meinung nach der größte Unterschied zwischen dem Kundenberater unserer Bank und Kundenberatern von Drittbanken? □ Was erwarten Sie von einem exzellenten Kundenberater? □ Wenn wir Ihnen anbieten würden, den Kundenberater zu wechseln, würden Sie dies tun? Wenn ja, was ist Ihnen bei einem neuen Kundenberater wichtig? □ Welche Themen hat Ihr Kundenberater noch nie angesprochen, hätte dies aber längst tun sollen? □ Wie oft wurden Sie in den letzten 12 Monaten von Ihrem Kundenberater kontaktiert? Empfinden Sie dies als zu wenig? Genau richtig? Zu häufig? □ Würden Sie den Kundenberater Ihren Freunden empfehlen? Wenn ja, haben Sie dies schon gemacht?	
Schluss	
□ Sich für das interessante, aufschlussreiche und offene Gespräche bedanken □ Dem Kunden versichern, dass die erwähnten Punkte ernstgenommen werden □ Dem Kunden anbieten, dass er den Teamleiter bei Bedarf jederzeit gerne kontaktieren kann	

Tabelle 37: Leitfaden eines Kundenfeedbackgesprächs durch den Teamleiter
Quelle: Eigene Darstellung, basierend auf Expertengesprächen (K3)

Nach einem Kundenfeedbackgespräch sollte der Teamleiter direkt den Kontakt mit dem Kundenberater resp. dem gesamten Team suchen, um die Gesprächserkenntnisse zu diskutieren und entsprechende Maßnahmen zu vereinbaren. Damit soll eine unmittelbare und kontinuierliche Verbesserung der Beratungsqualität gewährleistet werden.

Zudem ist der Teamleiter bei schwierigen Kundensituationen oder bei wichtigen Schlüsselkunden oft auch in den Kundenberatungsprozess involviert. Im Wesentlichen hat er hierbei die Aufgabe, den Berater im Kundengespräch zu unterstützen, wobei der Fokus insbesondere auf der Erfassung und Überprüfung der Kundenbedürfnisse sowie auf dem Vorschlag des Anlagekonzepts liegt.

4.3.3.6. Die Rolle des stellvertretenden Kundenberaters

Im Zentrum der Kundenberatung steht der Kunde.[406] Um dem Kunden höchste Beratungsqualität in kontinuierlicher Weise – also auch bei Abwesenheit des Kundenberaters – bereitstellen zu können, hat jeder Kunde einen stellvertretenden Kundenberater. Die zentrale Aufgabe des stellvertretenden Kundenberaters ist folglich den Hauptkundenberater bei dessen Absenz möglichst vollumfänglich zu vertreten. Um dies sicherstellen zu können, muss der stellvertretende Kundenberater die Kundenbeziehung gut kennen. In diesem Sinne wird der stellvertretende Kundenberater von Hauptberater ständig informiert und in regelmäßigen Abständen in den Kundenberatungsprozess involviert. Wichtig ist, dass der stellvertretende Kundenberater den Kunden selbst sowie auch seine Kundenbedürfnisse und sein Anlagekonzept kennt. Er agiert hierbei aber nicht als passiver Partner, sondern unterstützt den Kundenberater in regelmäßigen Abständen und je nach Bedarf aktiv im Kundenberatungsprozess. Beispielsweise ist es speziell bei komplexeren Kundenbeziehungen sinnvoll, wenn die Überprüfung der Kundenbedürfnisse nicht nur von einem, sondern von zwei Kundenberatern durchgeführt wird.

Neben der Vertretung und Unterstützung im Kundenberatungsprozess hat der stellvertretende Kundenberater – ähnlich dem Teamleiter[407] – zudem die Aufgabe, gezielt Kundenfeedback einzuholen. Mit jedem Kunden soll mindestens einmal im Jahr ein Feedbackgespräch geführt werden.[408] Der Teamleiter fokussiert sich meist auf die vermögensstärksten und strategisch wichtigsten Kunden. Die restlichen Feedbackgespräche werden dann meist vom stellvertretenden Kundenberater durchgeführt. Dieser hat diesbezüglich die Aufgabe, das Feedback mit dem Kundenberater resp. dem gesamten Team zu diskutieren und gegebenenfalls Maßnahmen zur Verbesserung zu vereinbaren.[409] Somit kann eine laufende Verbesserung der Beratungsqualität sichergestellt werden.

---

[406] Vgl. Abbildung 23.
[407] Vgl. Abschnitt 4.3.3.5.
[408] Dies basiert auf Gesprächen mit Kundenberatern, Teamleitern (K2) und Experten (K3).
[409] Wurden im Kundenfeedbackgespräch zentrale verbesserungswürdige Punkte identifiziert, sollte im anschließenden Gespräch mit dem Kundenberater immer auch der Teamleiter hinzugezogen werden.

4.4. Kundenakquisition

Die Kundenakquisition ist eine Kernaufgabe der Kundenbetreuung.[410] Will man das Wealth-Management-Geschäft gezielt entwickeln, müssen kontinuierlich Neukunden akquiriert werden, da auch mit einer exzellenten Kundenberatung und besten Kundenbindungsmaßnahmen jedes Jahr Kunden an die Konkurrenz verlorengehen.[411] Um diese Fluktuation auszugleichen und noch viel mehr um kontinuierliches und langfristiges Wachstum zu erreichen, ist die Kundenakquisition für Wealth-Management-Anbieter von enormer Bedeutung.[412]

4.4.1. Theoretische Grundlagen

Auch für den Begriff der Kundenakquisition gibt es in der Theorie und Praxis keine einheitliche Definition.[413] Die Kundenakquisition umfasst – grob definiert – sämtliche Maßnahmen, die dazu führen, dass ein Kunde erstmalig bei einem Anbieter kauft.[414] Es geht also ganz banal gesagt darum, neue Kunden zu gewinnen. Nach Tomczak, Reinecke und Karg existieren aus einem strategischen Blickwinkel zwei Grundstrategien zur Kundenakquisition:[415] Zum einen kann sich der Anbieter darauf fokussieren, die Kunden der Konkurrenz zu akquirieren, zum anderen kann darauf abgezielt werden, Nichtverwender zu akquirieren. Tomczak und Karg stellen diese zwei Grundstrategien grafisch wie folgt dar:[416]

---

[410] Vgl. Abschnitt 4.2.
[411] Vgl. hierzu z. B. Magicato, R., Zürich 2000, 27; Koch, M., Akquisition neuer Zielgruppen, St. Gallen 2006, 44, welcher das „variety seeking" – den Wunsch des Kunden nach Abwechslung, selbst wenn dieser grundsätzlich zufrieden ist – beispielhaft erwähnt.
[412] Gerade auch im Hinblick auf die verstärkten Onshore-Strategien von Schweizer Wealth-Management-Anbietern und den Aus- / Aufbau von Offshore-Buchungszentren in diversen Wachstumsmärkten (z. B. Singapur) verstärkt sich die Bedeutung der Kundenakquisition noch einmal. Vgl. hierzu auch Abschnitt 2.3.5.
[413] Vgl. Karg, M., Kundenakquisition als Kernaufgabe im Marketing, St. Gallen 2001, 8.
[414] Tomczak, T. / Karg, M., Grundstrategien der Kundenakquisition, in Thexis 1999, 16. Jg., H. 2, 4.
[415] Vgl. Tomczak, T. / Reinecke, S., Best Practice in Marketing, in: Tomczak, T. / Reinecke, S. (Hrsg.): Best Practice in Marketing – Erfolgsbeispiele zu den vier Kernaufgaben im Marketing, St. Gallen / Wien 1998, 19 ff.; Tomczak, T. / Karg, M., Thexis 1999, 4 ff.
[416] Tomczak, T. / Karg, M., Thexis 1999, 5.

Nichtverwender gewinnen	☐ Spezifischer Nutzen darstellen ☐ Wahrgenommenes Risiko reduzieren ☐ Vertrauen und positive Erwartungen aufbauen ☐ Latente Bedürfnisse ansprechen
Kunden der Konkurrenz gewinnen	☐ Bestimmungsfaktoren der Kundenbindung verstehen ☐ Wechselgründe analysieren ☐ Maßnahmen zur Überwindung von Wechselbarrieren einleiten

Abbildung 28: Grundstrategien der Kundenakquisition
Quelle: Leicht modifiziert nach Tomczak, T. / Karg, M., Thexis 1999, 5

Unter *Nichtverwender* werden Personen oder Organisationen verstanden, die bestimmte Produkte oder Dienstleistungen in der Vergangenheit noch nicht verwendet beziehungsweise in Anspruch genommen haben.[417] Um diese Kunden zu gewinnen, ist es besonders wichtig, den spezifischen Nutzen darzustellen, das wahrgenommene Risiko einer Inanspruchnahme zu reduzieren, Vertrauen und positive Erwartungen aufzubauen und latente (unbewusste) Bedürfnisse anzusprechen bzw. zu wecken.[418]

Unter *Kunden der Konkurrenz* werden Personen oder Organisationen verstanden, die den Bedarf an bestimmten Produkten oder Dienstleistungen bei Mitbewerbern decken.[419] Hier ist eine andere Vorgehensweise als bei Nichtverwendern notwendig, da diese Kunden bereits eine Beziehung und somit auch eine gewisse Bindung zu einem Mitbewerber haben. Speziell in den letzten Jahren wurde die Implementierung von Kundenbindungsstrategien in Unternehmen stark forciert und intensiviert, was die Wechselbereitschaft der Kunden grundsätzlich verringert. Um dennoch Kunden der Konkurrenz zu gewinnen, müssen die Bestimmungsfaktoren der Kundenbindung verstanden, Wechselbarrieren bzw. -gründe analysiert und schließlich Maßnahmen zur Überwindung dieser Wechselbarrieren eingeleitet werden.[420] Tomczak und Karg stellen in diesem Zusammenhang die Bestimmungsfaktoren der Kundenbindung und entsprechende Akquisitionsmaßnahmen grafisch wie folgt dar:

---

[417] Vgl. Karg, M., St. Gallen 2001, 9; Tomczak, T. / Karg, M., Thexis 1999, 4.
[418] Vgl. Tomczak, T. / Karg, M., Thexis 1999, 4.
[419] Vgl. Karg, M., St. Gallen 2001, 9.
[420] Vgl. Tomczak, T. / Karg, M., Thexis 1999, 4 ff.

Bestimmungsfaktoren der Kundenbindung	Kundenakquisitionsmaßnahmen zur Auflösung der Kundenbindung
faktische Faktoren: □ ökonomische Faktoren □ technologische Faktoren □ vertragliche Faktoren	**mögliche Maßnahmen:** □ rechtliche Unterstützung □ Kompensationszahlungen □ ökonomische Anreize □ Branchenstandards
psychologische Faktoren: □ Zufriedenheit □ Vertrauen □ innere Verpflichtung	**mögliche Maßnahmen:** □ Vorabinvestitionen □ Garantien □ Referenzen

wechselfördernde Faktoren:
□ faktische: Nichtverfügbarkeit, Umfeld, Zeit □ psychologische: Bequemlichkeit, variety seeking

Abbildung 29: Bestimmungsfaktoren der Kundenbindung und mögliche Akquisitionsmaßnahmen
Quelle: Leicht modifiziert nach Tomczak, T. / Karg, M., Thexis 1999, 5

Die Bestimmungsfaktoren der Kundenbindung lassen sich in faktische und psychologische Faktoren differenzieren. Bei der faktischen Bindung können sich Kunden meistens nicht – oder nur mit Verlust – lösen, da dies mit Sanktionen oder einem Verlust von Belohnungen einhergeht. Bei der psychologischen Bindung möchten Kunden nicht wechseln, obwohl sie es können, weil sie im Idealfall sehr zufrieden sind und dem Anbieter vertrauen resp. eine ‚innere Verpflichtung' diesem gegenüber haben.[421]

Je nachdem, ob die faktischen Faktoren ökonomischer, technologischer oder vertraglicher Natur sind, müssen unterschiedliche Kundenakquisitionsmaßnahmen ergriffen werden. Die ökonomische Bindung hat einen monetären Hintergrund. So versuchen bspw. Vielfliegerprogramme oder Rabattsysteme den Kunden durch monetäre Anreize zu binden. Diese Bindung kann aufgelöste werden, indem bspw. Meilengutschriften von der Konkurrenz angerechnet oder ähnliche Rabatte angeboten werden. Dies führt generell zu Preissenkungen innerhalb der Branche. So wird in bestimmten Branchen auf den Einsatz von ökonomischen Faktoren zur Kundenbindung gänzlich verzichtet. Eine besondere Form der ökonomischen Bindung ist die technologische Bindung. So sind bspw. für Hilti-Bohrmaschinen oder Gilette-Rasierer

---

[421] Vgl. Tomczak, T. / Dittrich, S., Erfolgreich Kunden binden, Zürich 1997, 14.

bestimmte Bohrer bzw. Klingen notwendig. Unternehmen können auf solche technologischen Bindungen reagieren, indem sie bspw. branchenweite Standards durchsetzen und dadurch proprietäre Systeme öffnen. Ist der Kunde vertraglich gebunden, kann die Kundenakquisition bspw. durch eine rechtliche Unterstützung oder die Übernahme von Gebühren oder Konventionalstrafen unterstützt werden.[422]

Die psychologischen Faktoren Zufriedenheit, Vertrauen und ‚innere Verpflichtung' führen im Idealfall zu einer hohen Kundenloyalität. Jedoch ist die Kundenloyalität und die damit einhergehende Kundenzufriedenheit noch kein Garant gegen die Kundenabwanderung. Untersuchungen in der Automobilbranche haben gezeigt, dass 90 % der Kunden mit den Leistungen zufrieden sind und die Wiederkaufsrate dennoch nur bei 40 % liegt.[423] Ein hoher Zufriedenheitswert sollte folglich nicht von der Kundenansprache abhalten. Das Vertrauen von Kunden in einen Mitbewerber kann speziell bei langfristigen Geschäftsbeziehungen eine wichtige Wechselbarriere darstellen. Der Aufbau von Vertrauen benötigt viel Zeit; ungleich schneller kann es jedoch zerstört werden. Kleinere ‚Fehltritte' oder ein falsches Verhalten von Mitbewerbern bieten Chancen für die Kundenakquisition. Vertrauen kann u. a. auch mit Hilfe von Garantien oder durch Referenzen aufgebaut werden. Die ‚innere Verpflichtung' basiert i. d. R. auf Erfahrungen zwischen Kunden und Anbieter und äußert sich in einem Dankbarkeitsempfinden des Kunden. So können auch im Rahmen der Akquisition Maßnahmen ergriffen werden, welche ebenfalls eine ‚innere Verpflichtung' beim Kunden auslösen.[424]

Bei der Akquisition sind neben den beschriebenen faktischen und psychologischen Faktoren auch noch wechselfördernde Faktoren wie Bequemlichkeit, Bedürfnis nach Abwechslung (variety seeking), Nichtverfügbarkeit von Produkten / Dienstleistungen, das Umfeld des Kunden und der Zeitaspekt zu berücksichtigen. Kunden wechseln i. d. R. den Anbieter, wenn das Kosten-Nutzen-Verhältnis der bestehenden Beziehung im Vergleich zum Verhältnis alternativer Anbieter zuzüglich der entstehenden Wechselkosten geringer ist. Um den Kunden zu akquirieren, muss ihm folglich im Vergleich zur bisherigen Geschäftsbeziehung ein höherer Wert in Aussicht gestellt

---

[422] Vgl. Tomczak, T. / Karg, M., Thexis 1999, 5; Tomczak, T. / Dittrich, S., Zürich 1997, 24 ff.
[423] Vgl. Reichheld, F., Lernen Sie von abtrünnigen Kunden, was Sie falsch machen, in: Harvard Business Manager, 02, 1997, 61.
[424] Vgl. Tomczak, T. / Karg, M., Thexis 1999, 5 f.

werden.[425] Auch das Timing der Kundenansprache kann entscheidend sein.[426] So können bspw. strukturelle Veränderungen des Gesamtmarktes, aber auch Krisensituationen einzelner Unternehmen gezielt genutzt werden, um Kunden der Konkurrenz zu akquirieren.

4.4.2. Kundenakquisition im Wealth Management

Vor dem Hintergrund der erarbeiteten theoretischen Grundlagen soll nun die Kundenakquisition im Wealth Management näher beleuchtet werden. Grundsätzliches Ziel der Kundenakquisition ist, dass ein potentieller Kunde erstmalig eine Vertragsbeziehung mit dem Wealth-Management-Anbieter eingeht.[427] Der Akquisitionsprozess um dieses Ziel zu erreichen, kann für das Wealth Management wie folgt darstellt werden:

Prozessschritte	Ziele
Identifikation	Identifikation von Namen und Hintergrundinformationen von potentiellen Wealth Management Kunden
Erstkontakt	Erster Vertrauensaufbau und persönliches Treffen vereinbaren
Bedarfserhebung	Vertrauensaufbau; Kundenbedürfnisse und Bestimmungsfaktoren der Kundenbindung identifizieren
Akquisitionsmaßnahmen	Bedürfnisse und Bestimmungsfaktoren analysieren und entsprechende Akquisitionsmaßnahmen ausarbeiten
Angebot	Vorschlag einer bedürfnisorientierten und maßgeschneiderten Kundenlösung
Verhandlung	Auf Einwände des Kunden eingehen und Lösungen unter Berücksichtigung beidseitiger Interessen präsentieren
Abschluss	Vertragsabschluss mit dem Kunden

Abbildung 30: Prozess der Kundenakquisition im Wealth Management
Quelle: Eigene Darstellung, basierend auf Expertengesprächen (K3)

Die einzelnen Prozesse werden nachfolgend beschrieben, mit einem verstärkten Fokus auf praktikable Ausgestaltungsmöglichkeiten im Wealth-Management-Kundengeschäft. Im Hinblick auf eine kompakte Beschreibung werden die Prozessschritte

---

[425] Vgl. Reichheld, F., 1997, 57 ff.
[426] Vgl. Tomczak, T. / Karg, M., Thexis 1999, 6.
[427] Vgl. hierzu auch die allgemeine Definition der Kundenakquisition von Tomczak, T. / Karg, M., Thexis 1999, 4.

Identifikation und *Erstkontakt*, *Bedarfserhebung* und *Akquisitionsmaßnahmen* sowie schließlich *Angebot*, *Verhandlung* und *Abschluss* jeweils in einem Abschnitt behandelt.

4.4.2.1. Identifikation und Erstkontakt

Es gibt eine Vielzahl von Möglichkeiten zur Identifikation von potentiellen Wealth-Management-Kunden. In der Bankenpraxis haben sich drei Schwerpunkte an die Herangehensweise der Kundenakquisition entwickelt:[428] Empfehlungen von bestehenden Kunden, Netzwerknutzung und -ausbau, direkte Ansprache potentieller Kunden.

Bei der *Empfehlung von bestehenden Kunden* geht es im Wesentlichen darum, dass der Bestandskunde den Kundenberater bzw. den Wealth-Management-Anbieter an eine andere vermögende Privatperson weiterempfiehlt. Um das Geschäft gezielt zu entwickeln und diesen Akquisitionskanal bestmöglich zu nutzen, sollten Kundenberater im Kundengespräch bzw. Teamleiter oder stellvertretender Kundenberater im Kundenfeedbackgespräch systematisch nach Empfehlungen fragen. Besonders zufriedene und loyale Kunden sollten aktiv angegangen werden. Die Fragen sollten nicht allgemein formuliert und geschlossen sein (z. B. „Kenn Sie andere vermögende Kunden?"), sondern offen und spezifischer Natur (z. B. „Wen kennen Sie, der sein Unternehmen veräußern möchte oder bereits veräußert hat?", „Wen kennen Sie, der mit der Anlageberatung und den angebotenen Finanzdienstleistungen unzufrieden ist?"). Ist ein Bestandskunde zu einer oder mehreren Empfehlungen bereit, sollten zum einen so viele Hintergrundinformationen wie möglich generiert werden (z. B. Beziehungsverhältnis mit dem Bestandskunden, berufliches Engagement, Vermögensherkunft, Hobbys, ...). Zum anderen sollte auch die Herangehensweise an den potentiellen Kunden besprochen werden, wobei die persönliche Vorstellung am Wirkungsvollsten ist. Aber auch eine indirekte Vorstellung[429] ist durchaus wirkungsvoll. Die empfohlene Person kann auch per Brief oder per Telefon kontaktiert werden, wobei man sich stets auf den Empfehlungsgeber berufen soll. Dem Empfehlungsgeber sollte ein großes Dankeschön ausgesprochen werden. Je nach Kunde kann auch über ein ökonomisches Entgegenkommen (z. B. Sonderkonditionen für den Empfehlungsgeber) nachgedacht

---

[428] Dies basiert auf Gesprächen mit Kundenberatern, Teamleitern (K2) und Experten (K3).
[429] Eine indirekte Vorstellung kann bspw. wie folgt aussehen: Der Bestandskunde kontaktiert den potentiellen Kunden und teilt diesem mit, dass sein Kundenberater (mit dem er persönlich sehr zufrieden ist) ihn in naher Zukunft kontaktieren wird.

werden. Vielfach schätzen die Kunden dies sehr und sind bereit, weitere potentielle Kunden bekanntzugeben.[430]

Bei der *Netzwerknutzung* werden über eigene direkte Netzwerke bzw. Netzwerke von Bezugspersonen potentielle Kunden identifiziert. Auch durch den aktiven *Netzwerkausbau* besteht die Möglichkeit potentielle Kunden kennen-zulernen. Zum Ausbau des eigenen Netzwerks gibt es eine Vielzahl von Möglichkeiten (z. B. Verbände, Vereine, Kongresse, Vernissagen, Alumni-Events, …). Oft kann so der Erstkontakt zu potentiellen Kunden auch in einem bankkontextfreien Umfeld geschaffen werden. Nach einem ersten Vertrauens- und Beziehungsaufbau kann dann die Finanzdienstleistungsthematik angesprochen werden. Erfolgreiche Kundenberater pflegen ihr Netzwerk und bauen dies kontinuierlich aus.[431]

Bei der *direkten Ansprache* werden potentielle Kunden, mit denen man noch in keiner Weise Kontakt hat (auch nicht über eine dritte Person), direkt anzusprechen. Zur Identifikation können verschiedene Quellen genutzt werden (z. B. Zeitungen, Radio, Fernsehen, Internet, Organisationen, Verbände, …). Ist ein potentieller Kunde identifiziert, geht es dann darum, akquisitionsnützliche Informationen (z. B. berufliches Engagement, finanzielles Umfeld, Familienumfeld, Netzwerke und Mitgliedschaften, …) über diesen zu generieren. Der Erstkontakt kann dann per Telefon, per Brief oder durch ein ‚zufälliges' Treffen stattfinden.[432] Bei der Kundenakquisition ist Hartnäckigkeit gefragt. Erfahrungen innerhalb der UBS AG zeigen, dass 85 % der Neukunden mindestens fünf Kontakte benötigen, damit eine Beziehung aufgebaut werden kann.[433]

4.4.2.2. Bedarfserhebung und Akquisitionsmaßnahmen

Konnte mit dem potentiellen Kunden ein persönliches Gespräch vereinbart werden, geht es in einem ersten Schritt darum, Vertrauen zu schaffen sowie Kundenbedürfnisse und Bestimmungsfaktoren der Kundenbindung zu bestehenden Beziehungen zu

---

[430] Dies basiert auf Gesprächen mit Kundenberatern und Teamleitern (K2).
[431] Dies basiert auf Gesprächen mit Kundenberatern, Teamleitern (K2) und Experten (K3).
[432] Bei der direkten Ansprache sind jedoch immer die Regulatorien der einzelnen Länder, in denen man agiert, zu berücksichtigen.
[433] Vgl. UBS AG, Cold Calling – Direkte Ansprache von Neukunden, Zürich 2007c, 2.

verstehen. In einem zweiten Schritt sollen dann, basierend auf den gewonnen Informationen, gezielte Akquisitionsmaßnahmen ausgearbeitet werden.[434]

Der Vertrauensaufbau[435] im ersten persönlichen Gespräch stellt oft eine große Herausforderung dar und muss je nach Kontext unterschiedlich gestaltet werden. Erfolgreiche Kundenberater haben jedoch ein gewisses Grundschema:[436]

- Begrüßung und Dank für die Möglichkeit des Gesprächs aussprechen
  [Bei Empfehlungen auf den Empfehlungsgeber Bezug nehmen und ins Gespräch einbinden]
- Kurzer *‚small talk'*
- Vorstellung der eigenen Person mit Fokus auf Kompetenz, Seriosität und Erfahrung
- Kurzvorstellung des Wealth-Management-Anbieters und stärkste Argumente, die für das Unternehmen sprechen, aufzeigen
- Gesprächsführung mit vielen offenen Fragen (Schwerpunkt des Gesprächs) *[Fragen z. B. zur Person, zum privaten und beruflichen Umfeld, bisherige Erfahrungen mit Finanzdienstleistungsunternehmen (Was schätzt der Kunden, Was wünscht sich der Kunde), zu finanziellen Zielen, zur Risikobereitschaft etc.]*
- Zusammenfassung der wesentlichen Punkte
- Nächste Schritte vereinbaren
- Zum Schluss nochmals ein Dankeschön aussprechen und verabschieden
- Gesprächsnachbearbeitung: Zusammenfassung der wesentlichen Gesprächspunkte und diese per E-Mail oder Brief an potentiellen Kunden senden

Bei der offenen Gesprächsführung soll neben dem Verstehen der Kundenbedürfnisse[437] auch ein Fokus auf das Verstehen von Kundenbindungsfaktoren zu bestehenden Bankbeziehungen eingegangen werden.

---

[434] Der Autor zeigt in dieser Arbeit lediglich beispielhafte Akquisitionsmaßnahmen auf. Vgl. zur Thematik der Akquisitionsmaßnahmen / -strategien ausführlicher Karg, M., St. Gallen 2001, 94 ff.

[435] Der Vertrauensbegriff stammt ursprünglich aus der Sozialpsychologie. Es gibt unterschiedliche Begriffsdefinitionen, wobei die Kernaussagen ähnlicher Natur sind. Beispielhaft sollen hier zwei Definitionen erwähnt werden. „Vertrauen lässt sich somit allgemein charakterisieren als die Überzeugung, dass der Austauschpartner keine Verhaltensweisen zum eigenen Nachteil anstrebt." [Eschenbach, S., Wenn Kunden ihrer Bank vertrauen, Wien 1997, 28]; „Trust is defined as a willingness to rely on an exchange partner in whom one has confidence." [Larzalere, R. / Huston, T. L., The dyadic trust scale: Toward understanding interpersonal trust in close relationships, in: Journal of Marriage and the Family 42, 09 / 1980, 595.].

[436] Dies basiert auf Gesprächen mit erfolgreichen Kundenberatern (K2).

[437] Vgl. hierzu speziell Abschnitt 4.3.2.2. (Schritt 1: Verstehen).

Im Hinblick auf die Bedarfserhebung dieser Bindungsfaktoren und die Erarbeitung entsprechender Akquisitionsmaßnahmen wird analog den theoretischen Grundlagen zwischen *Nichtverwendern* und *Kunden der Konkurrenz* differenziert.

Nichtverwender[438] von Wealth-Management-Dienstleistungen sind meist einfacher zu akquirieren als Kunden der Konkurrenz.[439] In einem ersten Schritt ist zu klären, warum von diesem potentiellen Kunden noch keine Wealth-Management-Dienstleistung in Anspruch genommen wird.[440] Vor diesem Hintergrund sind gezielt latente Bedürfnisse und der spezifische Nutzen einer Wealth-Management-Dienstleistung anzusprechen; so sind bspw. professionellere und umfassendere Beratung, ein erhöhtes Leistungsangebot sowie günstigere Konditionen nur einige ausgewählte Argumente, um den potentiellen Kunden zu überzeugen.

Um *Kunden der Konkurrenz* zu gewinnen, sollte im ersten Gespräch im Rahmen der offenen Gesprächsführung geklärt werden, welche Bestimmungsfaktoren den potentiellen Kunden an den konkurrierenden Anbieter binden. Die nachfolgende Tabelle 38 zeigt die wesentlichen Bindungsfaktoren und entsprechende Akquisitionsmaßnahmen zur Auflösung der Bindung im Wealth-Management-Geschäft auf:

---

[438] Vgl. Abschnitt 4.4.1. Grundsätzlich hat fast jeder in irgendeiner Weise eine Bankbeziehung. Unter „Nichtverwendern" werden in diesem Sinne hauptsächlich Personen verstanden, die im Retail-Geschäft betreut werden, jedoch von der Vermögensbasis bereits Wealth-Management-Kunden wären bzw. Personen, die ein hohes Potential zum Wealth-Management-Kunden haben (z. B. Excecutives, Firmengründer etc.).
[439] Vgl. Tomczak, T. / Karg, M., Thexis 1999, 4. Dies bestätigt sich auch in den Gesprächen mit Kundenberatern und Teamleitern (K2).
[440] Meist werden dem potentiellen Kunden vom betreuenden Kundenberater des Retail-Geschäfts gar keine spezifischen Wealth-Management-Dienstleistungen pro-aktiv angeboten. Dies basiert auf eigenen Erfahrungen und Gesprächen mit Kunden.

Bestimmungsfaktoren der Kundenbindung	Akquisitionsmaßnahmen zur Auflösung der Bindung (Beispiele)
faktische Bindung:	
☐ ökonomische Faktoren	☐ Preisgestaltung / Rabatte, Leistungsangebot
☐ technische Faktoren	☐ [im WM-Geschäft eher geringe Bedeutung]
☐ vertragliche Faktoren	☐ [im WM-Geschäft eher geringe Bedeutung][441]
psychologische Bindung:	
☐ Zufriedenheit	☐ Beratungsqualität (positive Erwartung schaffen), Performancevergleich aufzeigen
☐ Vertrauen	☐ Professionelles Erstgespräch, Referenzen, Timing (Krisen nutzen), Produktangebot der Konkurrenz hinterfragen (z. B. viele Eigenfonds mit hohen Margen)
☐ ‚innere Verpflichtung'	☐ Rationalität ansprechen
Wechselfördernde Faktoren:	
☐ Bequemlichkeit	☐ unkomplizierte Beziehungsgestaltung aufzeigen (nach Bedürfnis)
☐ variety seeking	☐ Wunsch nach Abwechslung ansprechen, weitere Bankbeziehung aus Diversifikationsgründen[442]
☐ Zeit	☐ zum Kunden reisen, laufende Erreichbarkeit
☐ Nichtverfügbarkeit von Dienstleistungen	☐ umfassendes Leistungsangebot aufzeigen

Tabelle 38: Akquisitionsmaßnahmen zur Auflösung der Kundenbindung im Wealth Management
Quelle: Eigene Darstellung, basierend auf Expertengesprächen (K3)

Im Hinblick auf eine weitere strategisch ausgerichtete Akquisition müssen diese Bindungsfaktoren kundenindividuell analysiert und zielgerichtete Maßnahmen zur Auflösung der Kundenbindung erarbeitet werden. Ähnlich müssen auch die Kundenbedürfnisse umfassend verstanden und analysiert werden,[443] um dem potentiellen Kunden ein überzeugendes und kundenindividuelles Angebot präsentieren zu können.

4.4.2.3. Angebot, Verhandlung und Abschluss

Ist eine grundsätzliche Vertrauensbasis geschaffen, sind die Kundenbedürfnisse und Bestimmungsfaktoren der Kundenbindung erfasst und entsprechende Akquisitionsmaßnahmen eingeleitet bzw. bereits umgesetzt, kann dem potentiellen Kunden eine

---

[441] Faktische Bindungsfaktoren sind im Vergleich zu den psychologischen Faktoren im Wealth-Management-Geschäft generell von geringerer Bedeutung. Vgl. Galasso, G., Bern 1999, 192 f.
[442] Wenn der Kunde die bestehende Bankbeziehung nicht beenden möchte, ist dies oft eine erfolgreiche Strategie, um dennoch einige Vermögenswerte zu akquirieren.
[443] Vgl. hierzu speziell Abschnitt 4.3.2.2. (Schritt 1: Verstehen).

erste bedürfnisorientierte und maßgeschneiderte Lösung angeboten werden.[444] Entspricht der Vorschlag[445] den Wünschen und Bedürfnissen des Kunden,[446] geht es anschließend meist in eine Preisverhandlung.[447] Ist unter Berücksichtigung beidseitiger Interessen eine Lösung gefunden, kommt es zum Vertragsabschluss. Der potentielle Kunde ist akquiriert und wird zum Bestandskunden.

4.4.3. Das Team in der Kundenakquisition

Es stellt sich nun die Frage, welche Rolle das Wealth-Management-Team bzw. die einzelnen Teammitglieder bei der Umsetzung dieses Akquisitionsprozesses einnehmen. Die Arbeit fokussiert sich hierbei auf eine praxisorientierte Aufgabenbeschreibung im Hinblick auf die gezielte Gewinnung neuer Kunden durch das Wealth-Management-Beratungsteam. In einem ersten Schritt wird das moderne Beratungsteam[448] mit Fokus auf die Akquisition im Überblick beschrieben. In einem vertiefenden zweiten Schritt soll dann aufgezeigt werden, wie die einzelnen Teammitglieder idealtypisch bei der Umsetzung des Akquisitionsprozesses involviert sind.[449]

4.4.3.1. Das Team im Überblick

Das Beratungsteam fokussiert sich neben der Beratung von Bestandskunden auch auf die gezielte Akquisition von Neukunden. Kundenberater und Teamleiter arbeiten im Akquisitionsprozess sehr eng zusammen und bilden das Kernteam.[450] Support-Mitarbeiter, stellvertretender Kundenberater und Spezialisten unterstützen den Kundenberater und den Teamleiter bei der gezielten Neukundengewinnung. Die nachfolgende Abbildung 31 zeigt das moderne Beratungsteam im Überblick, wobei an

---

[444] Im Wealth Management ist es oft ein längerer Prozess (mehrere persönliche Treffen und Telefonate), bis dem Kunden schließlich eine erfolgversprechende und überzeugende Kundenlösung angeboten werden kann. Dies basiert auf Gesprächen mit Kundenberatern.
[445] Vgl. hierzu speziell Abschnitt 4.3.2.2. (Schritt 2: Vorschlagen).
[446] Oft müssen nach der ersten Vorschlagsunterbreitung noch Anpassungen vorgenommen werden. Dies basiert auf Gesprächen mit Kundenberatern und Teamleitern (K2).
[447] Dies basiert auf Gesprächen mit Kundenberatern und Teamleitern (K2).
[448] Vgl. hierzu Abschnitt 3.2.5.4.
[449] Dies basiert auf Gesprächen mit Kundenberatern, Teamleitern (K2) und Experten (K3).
[450] Dies basiert auf Gesprächen mit Kundenberatern und Teamleitern (K2).

dieser Stelle der Akquisitionsfokus dieses Teams im Zentrum der Betrachtung steht:[451]

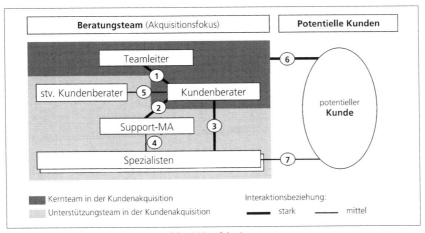

Abbildung 31: Modernes Beratungsteam (Akquisitionsfokus)
Quelle: Eigene Darstellung, basierend auf Gesprächen mit Kundenberatern, Teamleitern (K2) und Experten (K3)

Um die Funktionsweise des modernen Beratungsteams mit Fokus auf die Kundenakquisition besser zu verstehen, werden nachfolgend die einzelnen Interaktionsbeziehungen kurz erläutert:

(1) Um die Kundenakquisition systematisch voranzutreiben, arbeitet der Teamleiter sehr eng mit dem Kundenberater zusammen. Sie bilden das Kernteam im Akquisitionsprozess. Der Kundenberater ist hierbei zwar federführend tätig, wird jedoch bei der Identifikation, beim Erstkontakt, bei der Bedarfserhebung und der Erarbeitung von Akquisitionsmaßnahmen stark vom Teamleiter unterstützt.[452]

---

[451] Vgl. hierzu Abschnitt 3.2.5.4. Das Kernteam besteht bei der Akquisition nicht aus Kundenberater, Support-Mitarbeitern und Spezialisten, sondern aus dem Kundenberater und dem Teamleiter. Diese haben eine starke Interaktionsbeziehung zum potentiellen Kunden. Abweichend ist auch die Interaktionsbeziehung zwischen Support-Mitarbeiter, stv. Kundenberater und Spezialisten mit dem potentiellen Kunden. Während die Spezialisten eine mittlere Interaktionsbeziehung zum potentiellen Kunden haben, haben Support-Mitarbeiter und stv. Kundenberater meist keinen direkten Kundenkontakt im Akquisitionsprozess.
[452] Vgl. Abschnitt 4.4.2.

(2) Der Support-Mitarbeiter hat während des gesamten Akquisitionsprozesses eine allgemeine Unterstützungsfunktion. Er kann den Kundenberater insbesondere bei der Recherche über potentielle Neukunden tatkräftig unterstützen.

(3) Die Spezialisten leisten insbesondere bei der Erarbeitung und der Vorstellung einer möglichen Anlagestrategie für potentielle Neukunden ihren Beitrag. Aber auch bei der Bedarfserhebung arbeiten Kundenberater und Spezialisten je nach Kundensituation eng zusammen.

(4) Abwicklungstechnische Aufgaben werden vom Kundenberater oft an den Support-Mitarbeiter delegiert, welcher dann direkt mit den Spezialisten in Kontakt tritt.

(5) Kundenberater tauschen untereinander Erfahrungen aus und unterstützen sich bei Bedarf gegenseitig. Speziell bei der Erarbeitung von gezielten Akquisitionsmaßnahmen können andere Kundenberater oft sehr hilfreich sein.

(6) Der Kundenberater ist für die Umsetzung der erarbeiteten Akquisitions-maßnahmen beim potentiellen Kunden verantwortlich, wobei der Teamleiter den Kundenberater üblicherweise in den Kundengesprächen (insb. bei vermögensstarken potentiellen Kunden) unterstützt.

(7) Bei der Vorstellung des Gesamtanlagekonzepts sind oft auch Spezialisten im Kundengespräch unterstützend tätig.

Nachfolgend werden die einzelnen Rollen innerhalb des Beratungsteams im Hinblick auf den Akquisitionsprozess genauer beleuchtet. Dabei wird aufgezeigt, welche Rolle bzw. Aufgaben Kundenberater, Teamleiter, Support-Mitarbeiter, stellvertretende Kundenberater und Spezialisten bei der gezielten Neukundengewinnung haben.

4.4.3.2. Die Rolle des Kundenberaters

Der Kundenberater hat eine ganz zentrale Rolle im Akquisitionsprozess. Von der Identifikation potentieller Neukunden bis hin zum Vertragsabschluss ist er federführend tätig. Er entscheidet – meist in Absprache mit dem Teamleiter –, wie das Unterstützungsteam (Support-Mitarbeiter, stellvertretender Kundenberater und Spezialisten) in den Akquisitionsprozess involviert wird. Basierend auf dem modernen

Rollenverständnis des Kundenberaters[453] wird nun aufgezeigt, welche Rolle bzw. welche Aufgaben er bei der konkreten Umsetzung des Akquisitionsprozesses hat. Die nachfolgende Tabelle 39 gibt hierzu einen Überblick. Anschließend werden die einzelnen Punkte kurz beleuchtet.

Prozessschritte[454]	Rolle des Kundenberaters im Akquisitionsprozess

Identifikation und Erstkontakt	☐ Identifiziert potentielle Neukunden. Im Zentrum stehen hierbei:
	  - Empfehlung von bestehenden Kunden
	  - Netzwerknutzung und -ausbau
	  - Recherche
	☐ Priorisierung der potentiellen Kunden
	☐ Informiert sich möglichst umfassend über die identifizierten Personen
	☐ Bespricht die Herangehensweise an einzelne identifizierte Personen mit dem Teamleiter (evt. auch mit Unterstützungsteam)
	☐ Kontaktiert den potentiellen Kunden mit dem Ziel ein erstes persönliches Beratungsgespräch zu vereinbaren

Bedarfserhebung (Erstgespräch)	☐ Vertrauensaufbau im Erstgespräch ☐ Erfassung der Kundenbedürfnisse ☐ Erfassung der Bindungsfaktoren zu bestehenden Bankbeziehungen
Akquisitionsmaßnahmen	☐ Leitet und koordiniert die Erarbeitung / Umsetzung entsprechender Akquisitionsmaßnahmen ☐ Entscheidet je nach Kundenbedürfnis / -situation wie Support-Mitarbeiter, stv. Kundenberater und Spezialisten involviert werden
Angebot, Verhandlung und Abschluss	☐ Präsentation einer maßgeschneiderten Kundenlösung ☐ Diskussion des Lösungsvorschlags mit dem Kunden ☐ Führt eine evt. Preisverhandlung ☐ Vertragsabschluss mit dem potentiellen Kunden

Tabelle 39: Rolle des Kundenberaters im Akquisitionsprozess
Quelle: Eigene Darstellung, basierend auf Gesprächen mit Kundenberatern und Teamleitern (K2)

Um systematisch Neukunden zu gewinnen, hat der Kundenberater in einem ersten Schritt die Aufgabe potentielle Kunden zu identifizieren. In der Bankenpraxis stehen hierbei drei Vorgehensweisen im Zentrum: Empfehlung von bestehenden Kunden, Netzwerknutzung und -ausbau und die Recherche.[455] Sind mehrere potentielle Kunden identifiziert, erfolgt eine Priorisierung durch den Kundenberater, wobei hier i. d. R. auch der Teamleiter involviert ist. Diese Priorisierung erfolgt in der Bankenpraxis meist auf Basis der geschätzten Vermögensgröße und der geschätzten Akquisitionswahrscheinlichkeit.[456] Der Kundenberater informiert sich dann möglichst umfassend

---
[453] Vgl. Abschnitt 3.2.3.3.
[454] Vgl. Abschnitt 4.4.2.
[455] Im Fokus steht hierbei insbesondere das Medium Internet. Bei der Recherche zur Identifikation wird in der Praxis meist ein gezielter Fokus gelegt (z. B. Identifikation aller Unternehmer mit einem Umsatz größer x Millionen in einer bestimmten Region). So können potentielle Kunden relativ systematisch identifiziert werden. Dies basiert auf Gesprächen mit Kundenberatern und Teamleitern (K3). Die Recherche erfolgt meist durch den Support-Mitarbeiter. Vgl. die Abschnitte Abschnitt 4.4.2.1. und 4.4.3.4.
[456] Dies basiert auf Gesprächen mit Kundenberatern und Teamleitern (K2).

über die priorisierten Personen und denkt darüber nach, wie man an jede einzelne Person am besten herantreten kann. Diese Herangehensweise wird mit dem Teamleiter besprochen und weiter ausgearbeitet. Je nach potentiellem Kunden wird auch das Unterstützungsteam in diese Diskussion involviert. Die effektive Kontaktaufnahme mit dem potentiellen Kunden erfolgt dann i. d. R. durch den Kundenberater, mit dem Ziel, ein erstes persönliches Beratungsgespräch zu vereinbaren. In diesem persönlichen Gespräch stehen dann der Vertrauensaufbau,[457] das Verstehen der Kundenbedürfnisse[458] und die Erfassung der Bindungsfaktoren[459] zu bestehenden Bankbeziehungen im Zentrum.

Basierend auf den gewonnenen Erkenntnissen hat der Kundenberater die Aufgaben, gezielte Akquisitionsmaßnahmen[460] zu erarbeitet und entsprechend umzusetzen. Er leitet und koordiniert das Beratungsteam mit dem Ziel das Beziehungs- und Vertrauensverhältnis zum potentiellen Kunden zu stärken, um diesem schließlich eine erfolgversprechende und kundenindividuelle Lösung offerieren zu können. Die Präsentation der erarbeiteten Kundenlösung erfolgt i. d. R. durch den Kundenberater, welcher auch die anschließende Diskussion und eine eventuelle Preisverhandlung mit dem Kunden führt. Entspricht der Vorschlag schließlich den Wünschen und Bedürfnissen des Kunden,[461] hat der Kundenberater die Aufgabe, den Vertragsabschluss sicherzustellen.

---

[457] Vgl. Abschnitt 4.4.2.1.
[458] Vgl. Abschnitt 4.3.2.2. (Schritt 1: Verstehen).
[459] Vgl. Abschnitt 4.4.1.
[460] Vgl. Abschnitt 4.4.2.2.
[461] Oft müssen nach der ersten Vorschlagsunterbreitung noch Anpassungen vorgenommen werden. Dies basiert auf Gesprächen mit Kundenberatern und Teamleitern (K2).

4.4.3.3. Die Rolle des Teamleiters

Der Teamleiter hat zum einen mit jedem einzelnen Kundenberater Akquisitionsziele zu definieren, zum anderen hat er die Aufgabe den Kundenberater bei der Erreichung dieser Akquisitionsziele zu unterstützen. Im Hinblick auf die Ziele zeigt sich in der Bankenpraxis, dass es durchaus sinnvoll ist dem Kundenberater aufzuzeigen, wie viele potentielle Kunden zu bearbeiten sind, um das Akquisitionsziel zu erreichen.[462] Die nachfolgende Abbildung 32 zeigt dies anhand eines einfachen Werttreiberbaumes auf:

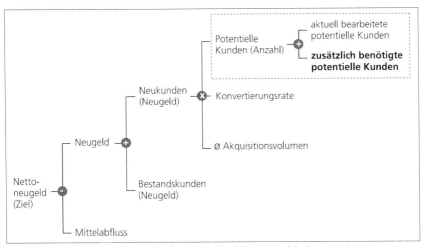

Abbildung 32: Netto-Neugeld-Werttreiberbaum (aus Akquisitionsperspektive)
Quelle: Eigene Darstellung

Als Akquisitionsziel wird im Wealth-Management-Geschäft üblicherweise das Netto-Neugeld[463] herangezogen. Durch diesen Werttreiberbaum kann der Teamleiter dem Kundenberater klar aufzeigen, wo die Stellschrauben sind, um das Akquisitionsziel zu erreichen. Für die einzelnen Treiber können dann entsprechende Maßnahmen ausgearbeitet werden.

---

[462] Dies basiert auf Gesprächen mit Teamleitern (K2).
[463] Das Netto-Neugeld innerhalb einer Berichtsperiode entspricht der Summe aus den verwalteten Vermögen, die neue und bestehende Kunden der Bank anvertrauen, abzüglich der verwalteten Vermögen, die bestehende Kunden und Kunden, welche die Bankbeziehung auflösen, abziehen. Zins- und Dividendenerträge der verwalteten Vermögen gelten nicht als Neugeldzufluss. Auch Markt- und Währungsschwankungen, Gebühren, Kommissionen und belastete Zinszahlungen werden in der Netto-Neugeld Berechnung nicht berücksichtigt. Vgl. hierzu UBS AG, Geschäftsbericht 2008, Zürich 2009b, 33 f. Das Netto-Neugeld ist neben dem *Net-Revenue* und dem *Return on Asset* eine der wichtigsten Kennzahlen zur Leistungsmessung (KPI) und hat somit einen direkten Einfluss auf die Höhe der variablen Vergütung. Vgl. hierzu auch Fußnote 34 und UBS AG, Investment Research, Q-Series ®: Swiss Private Banking, Zürich 2007 f., 8 ff.

Die Netto-Neugeld-Zielgrößen für Kundenberater in einem stabilen Marktumfeld bewegen sich je nach Kundensegment und Markt in folgenden Bandbreiten:[464]

		Offshore-Geschäft (Buchungszentrum Schweiz)	Onshore-Geschäft
Kundensegment	Core Affluent	4 – 10 Mio. CHF	5 – 12 Mio. CHF
	High Net Worth Individuals	10 – 30 Mio. CHF	15 – 40 Mio. CHF
	Ultra High Net Worth Individuals (Key Clients)	40 – 120 Mio. CHF	50 – 130 Mio. CHF

Tabelle 40: Netto-Neugeld-Zielgrößen
Quelle: Eigene Darstellung, basierend auf Expertengesprächen (K3)

Im Hinblick auf die Unterstützung zur Zielerreichung agiert der Teamleiter zum einen als Coach, zum anderen als Teammitglied in der effektiven Umsetzung im Akquisitionsprozess.[465] Die Bedeutung des Coaching für Teamleiter zeigt sich auch in der „Desk Head Survey"[466]. Diese ergab, dass rund 97 % der befragen Teamleiter ihre Mitarbeiter coachen, wobei davon rund 77 % regelmäßiges Coaching[467] betreiben. Die zwei nachfolgenden Abbildungen 33 und 34 zeigen die Coaching-Häufigkeit und die durchschnittliche Dauer der Coaching-Gespräche im Wealth-Management-Team:

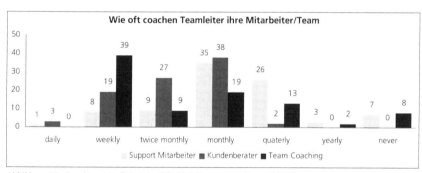

Abbildung 33: Coaching-Häufigkeit im Wealth-Management-Team (UBS AG)
Quelle: Eigene Darstellung, Desk Head Survey (E1)

---

[464] Je nach Seniorität des Kundenberaters liegt die Zielgröße eher am oberen oder unteren Ende der Bandbreite. Dies basiert auf Expertengesprächen (K3).
[465] Dies basiert auf Gesprächen mit Teamleitern (K2) und Experten (K3).
[466] Vgl. hierzu Abschnitt 1.4. (E1).
[467] Regelmäßiges Coaching wird vom Autor quantitativ definiert. Erfolgt mindestens ein Coaching-Gespräch im Monat, wird dies als regelmäßiges Coaching definiert.

Abbildung 34: Coaching-Gesprächsdauer im Wealth-Management-Team (UBS AG)
Quelle: Eigene Darstellung, Desk Head Survey (E1)

Aufgrund der starken Anwendung von Coaching im Wealth-Management-Team werden nun kurz in einem Exkurs die Wesenszüge von Coaching erläutert.[468]

Exkurs: Coaching-Theorie

Coaching ist definiert als ein „interaktiver personenzentrierter Beratungs- und Begleitungsprozess im beruflichen Kontext, der zeitlich begrenzt und thematisch (zielorientiert) definiert ist. Die individuelle Beratung von einzelnen Personen, Gruppen oder Teams richtet sich auf die Arbeitswelt bezogene, fachlich-sachliche und / oder psychologisch-soziodynamische Fragen bzw. Problemstellungen"[469]. Wobei Whitmore betont: „coaching is unlocking a person's potential to maximize their own performance. It is helping them to learn, rather than teaching them"[470]. Whitmore ist auch der Begründer des bekanntest Coaching-Modells GROW. Das GROW-Modell ist durch folgende Merkmale charakterisiert:[471]

☐ **G**oal setting
Zu Beginn des Coaching-Gesprächs soll ein möglichst konkretes Ziel festgelegt werden. Wichtig hierbei ist, dass die Ziele vom Gecoachten selbst beeinflusst werden können und auch aus objektiv realistischer Betrachtungsweise erreichbar sind.

☐ **R**eality checking
Nach der Zielvereinbarung wird die aktuelle Situation analysiert. Diese Realitätsprüfung soll möglichst objektiv in beschreibender Weise durchgeführt werden.

---

[468] Für ausführlichere Informationen zum Thema Coaching siehe z. B. Geser, P.-W., Wiesbaden 1991; Whitmore, J., Frankfurt 1994; Backhausen, W. / Thommen, J.-P., Wiesbaden 2004; Ahrer, B., Innsbruck 2004; Rauen, C., Göttingen 2005.
[469] Vgl. Austrian Coaching Council, www.coachingdachverband.at / coachingdefinition.asp (08-11-2007).
[470] Whitmore, J., Frankfurt 1994, 16.
[471] Vgl. Whitmore, J., Frankfurt 1994, 57 ff.

- **Options**

  Dann soll der Coach dem Gecoachten durch gezielte offene Fragen dabei unterstützen mögliche Handlungsoptionen bzw. alternative Strategien zu entwickeln. Hierbei ist wesentlich zu beachten, dass der Coach keine eigenen Ideen für den Gecoachten entwickelt, sondern darauf hin arbeitet, dass der Gecoachte die Optionen selbst findet. Ganz im Sinne der Hilfe zur Selbsthilfe.

- **What**, When, Who, Will (Way Forward)

  Sind diverse Optionen entwickelt, soll durch den Gecoachten entschieden werden, wie die nächsten Schritte aussehen sollen. Der Coach hilft durch offene Fragen die konkrete Umsetzung zu unterstützen. In diesem Zusammenhang sind folgende Fragen besonders nützlich:[472] Was werden Sie tun? Wann werden Sie es tun? Wird die Handlung zum gewünschten Ziel führen? Auf welche Hindernisse könnten Sie stoßen? Wer muss es wissen? Welche Unterstützung benötigen Sie? Wie und wann werden Sie diese Unterstützung erhalten? Welche anderen Überlegungen haben Sie? Wie sehr wollen Sie dies wirklich umsetzen?

Beim Coaching-Gespräch ist darauf zu achten, dass es zukunftsorientiert ausgerichtet ist. Die einzelnen Phasen sollen idealtypisch zeitlich wie folgt eingeteilt werden:[473] 10 % Goal setting, 10 % Reality check, 60 % Option und 20 % Way Forward. Der Entwicklung von Handlungsoptionen und Strategien soll folglich am meisten Aufmerksamkeit geschenkt werden.

Analog zum GROW-Coaching-Modell sollen hier dem Teamleiter einige Beispielfragen zum Coaching-Gespräch mit Kundenberatern gegeben werden:

GROW	Coaching-Fragen zur Kundenakquisition	- Beispiele -
Goal	□ Welches Ziel haben Sie in diesem Jahr bezüglich Netto-Neugeld? □ Welchen Anteil sollen Neukunden daran haben? □ Wie viel potentielle Kunden müssen Sie bearbeiten, um dieses Ziel zu erreichen? □ Welche Konvertierungsrate streben Sie an?	
Reality	□ Wo stehen Sie heute im Hinblick auf diese Zielerreichung? □ Was haben Sie bisher getan, um dieses Ziel zu erreichen? □ Auf welche Probleme / Hindernisse sind Sie in diesem Zusammenhang gestoßen?	
Options	□ Welche Netzwerke haben Sie, die noch nicht pro-aktiv und systematisch angegangen wurden? Soziales Umfeld? Freunde / Familie? Freizeit? Ausbildung? □ Welche ihrer Kunden haben Kontakt zu anderen vermögenden Personen und könnten Sie eventuell weiterempfehlen? □ Wie könnten Sie ihre Konvertierungsrate erhöhen? Konvertierungszeit reduzieren? □ Wer / Was könnte Sie dabei unterstützen, Ihre Ziele zu erreichen? □ Wie kann ich als Teamleiter Sie dabei unterstützen, Ihre Ziele zu erreichen?	
Way forward	□ Wie sehen Ihre konkreten weiteren Schritte zur Realisierung der besprochenen und fokussierten Optionen aus? □ Welche konkreten Schritte unternehmen Sie bis zum nächsten Coaching-Gespräch?	

Tabelle 41: Coaching-Fragen zur Kundenakquisition (Beispiele)
Quelle: Eigene Darstellung, basierend auf Expertengesprächen (K3)

---

[472] Vgl. hierzu speziell Whitmore, J., Frankfurt 1994, 96 ff.
[473] Dies basiert auf Gesprächen mit Coaching-Experten innerhalb UBS AG (K3).

Neben der Rolle als Coach agiert der Teamleiter aber auch noch als Teammitglied im Akquisitionsprozess. Die nachfolgende Tabelle 42 gibt einen Überblick, welche Aufgaben der Teamleiter[474] hierbei hat. Anschließend werden die einzelnen Punkte kurz beleuchtet.

Prozessschritte	Rolle des Teamleiters im Akquisitionsprozess
Identifikation und Erstkontakt	▫ Nutzung und Ausbau des eigenen Netzwerks und Kundenberater davon profitieren lassen ▫ Bespricht Priorisierung der potentiellen Kunden mit Kundenberater ▫ Bespricht die Herangehensweise an einzelne identifizierte Personen mit Kundenberater ▫ Schafft Transparenz im gesamten organisatorischen Team (Besprechung der Aktivitäten / Koordination / Erfahrungsaustausch)
Bedarfserhebung (Erstgespräch)	▫ Unterstützt den Kundenberater teilweise im Erstgespräch (speziell bei strategisch wichtigen und vermögensstarken potentiellen Kunden)
Akquisitionsmaßnahmen	▫ Unterstützt den Kundenberater bei der Erarbeitung / Umsetzung von Akquisitionsmaßnahmen (insb. bei jenen potentiellen Kunden, wo er schon in die Bedarfserhebung involviert war) ▫ Initiiert Events & Marketingaktivitäten für potentielle Kunden oder Empfehlungsgeber (für gesamtes organisatorisches Team)
Angebot, Verhandlung und Abschluss	▫ Unterstützt den Kundenberater bei der Präsentation / Diskussion / Preisverhandlung / Vertragsabschluss (insb. bei jenen potentiellen Kunden, bei welchen er schon in die Bedarfserhebung involviert war)

Tabelle 42: Rolle des Teamleiters im Akquisitionsprozess
Quelle: Eigene Darstellung, basierend auf Gesprächen mit Kundenberatern und Teamleitern (K2)

Im Hinblick auf die Identifikation nutzt der Teamleiter sein eigenes Netzwerk und lässt seine Kundenberater davon profitieren. Es gehört auch zu seinen Aufgaben, dieses Netzwerk zu pflegen und kontinuierlich auszubauen. Mit jedem seiner Berater bespricht er die von ihnen erarbeitete Liste potentieller Kunden und legt zusammen mit dem Kundenberater eine Priorisierung fest. Für die priorisierten potentiellen Kunden bespricht er die gezielte Herangehensweise mit dem Kundenberater. Der Teamleiter hat auch für Transparenz im organisatorischen Team zu sorgen und bespricht die Akquisitionsaktivitäten regelmäßig im gesamten Team. So kann zum einen sichergestellt bzw. koordiniert werden, dass nicht zwei oder mehrere Kundenberater bzw. Beratungsteams an denselben potentiellen Kunden herantreten. Zum anderen kann überprüft werden, ob zum potentiellen Kunden bereits irgendein Kontakt bzw. Zugang besteht (z. B. wird der Geschäftspartner des potentiellen Kunden bereits von einem anderen Kundenberater im Team betreut). Zudem kann eine solche Besprechung im organisatorischen Team auch zu einem nützlichen Erfahrungsaustausch beitragen.[475]

---

[474] Vgl. hierzu Abschnitt 3.2.4.3.
[475] Dies basiert auf Gesprächen mit Teamleitern (K2).

Bei der Bedarfserhebung im Erstgespräch ist der Teamleiter je nach Kundensituation und Erfahrung des Kundenberaters unterstützend tätig. Bei strategisch wichtigen und vermögensstarken Kunden ist der Teamleiter im Kundengespräch i. d. R. immer involviert. Er hat auch die Aufgabe den Kundenberater bei der Erarbeitung und Umsetzung entsprechender Akquisitionsmaßnahmen zu unterstützen.[476] Er ist verstärkt auch bei jenen potentiellen Kunden unterstützend tätig, bei denen er schon in der Bedarfserhebung involviert war. Der Teamleiter unterstützt aber nicht nur bei einzelnen potentiellen Kunden, sondern hat auch die zentrale Aufgabe, für das gesamte organisatorische Team akquisitionsfördernde Events und Marketingaktivitäten zu koordinieren und initiieren.[477] Wurden entsprechende Akquisitionsmaßnahmen eingeleitet bzw. bereits umgesetzt und eine maßgeschneiderte Kundenlösung erarbeitet, unterstützt der Teamleiter den Kundenberater bei der Präsentation der Kundenlösung, bei der Diskussion und evt. der Preisverhandlung sowie beim Vertragsabschluss.

4.4.3.4. Die Rolle des Support-Mitarbeiters

Der Support-Mitarbeiter hat eine unterstützende Rolle in der Kundenakquisition und leistet hierbei insbesondere durch Recherchetätigkeiten und bei der Erarbeitung von Akquisitionsmaßnahmen einen nicht unwesentlichen Beitrag. Die nachfolgende Tabelle 43 gibt einen Überblick, welche Rolle bzw. Aufgaben der Support-Mitarbeiter[478] im Akquisitionsprozess hat. Anschließend werden die einzelnen Punkte kurz beleuchtet.

Prozessschritte	Rolle des Support-Mitarbeiters im Akquisitionsprozess
Identifikation und Erstkontakt	☐ Unterstützt bei der Identifikation potentieller Neukunden (insb. bei der Recherche) ☐ Nutzt eigenes Netzwerk und lässt Kundenberater davon profitieren ☐ Unterstützt bei der Informationsgewinnung für identifizierte Personen
Bedarfserhebung (Erstgespräch)	☐ I. d. R. nicht involviert

Fortsetzung der Tabelle auf der nächsten Seite

---

[476] Der Teamleiter ist hierbei weniger in der effektiven Erarbeitung der Akquisitionsmaßnahmen involviert, sondern gibt dem Kundenberater resp. dem Team vielmehr Feedback zu den erarbeiteten Lösungen und spricht Verbesserungsmöglichkeiten an.
[477] Oft werden solche Aktivitäten auf Gesamtebene angeboten. Der Teamleiter hat hierbei dafür zu sorgen, dass sein Team dies entsprechend und zielgerichtet in Anspruch nimmt. Aber auch die Initiierung zusätzlicher teameigener Aktivitäten ist oft durchaus sinnvoll. Die effektive Organisation und Umsetzung erfolgt dann i. d. R. nicht durch den Teamleiter, sondern durch eine unterstützende Marketing-Abteilung. Dies basiert auf Gesprächen mit Teamleitern (K2).
[478] Vgl. Abschnitt 3.2.2.3.

Akquisitions-maßnahmen	☐	Unterstützt bei der Erarbeitung / Umsetzung entsprechender Akquisitionsmaßnahmen. - Generierung von Ideen (im Team) - Unterstützt das Team bei diversen Abklärungen - Administrative / Organisatorische Unterstützung des Teams
	☐	Aufbereitung der Kundenpräsentation
Angebot, Verhandlung und Abschluss	☐	I. d. R. nicht involviert

Tabelle 43: Rolle des Support-Mitarbeiters im Akquisitionsprozess
Quelle: Eigene Darstellung, basierend auf Gesprächen mit Kundenberatern und Teamleitern (K2)

Bei der Identifikation potentieller Neukunden unterstützt der Support-Mitarbeiter den Kundenberater insbesondere bei der systematischen Recherche.[479] Aber nicht nur bei der Kundenidentifikation sondern auch bei der Informationsgewinnung für bereits identifizierte Personen ist es Aufgabe des Support-Mitarbeiters den Kundenberater zu unterstützen. Zudem ist auch das Netzwerk des Support-Mitarbeiters oft hilfreich. Teilweise kennt der Support-Mitarbeiter selbst vermögende Personen, oder kann über bekannte Personen den Kontakt zu solchen potentiellen Wealth-Management-Kunden herstellen. Beim Erstkontakt und bei der Bedarfserhebung im Erstgespräch ist der Support-Mitarbeiter i. d. R. nicht involviert.

Bei der Erarbeitung und Umsetzung von Akquisitionsmaßnahmen ist der Support-Mitarbeiter auch unterstützend tätig. Hierbei denkt er zusammen mit dem Kundenberater, dem Teamleiter und ausgewählten Spezialisten über gezielte Akquisitionsmaßnahmen nach und unterstützt bei diversen Abklärungen und administrativen und organisatorischen Aufgaben im Hinblick auf die Umsetzung der erarbeiteten Maßnahmen. Beim Angebot, bei der Verhandlung und beim Abschluss ist der Support-Mitarbeiter i. d. R. jedoch nicht involviert.

---

[479] Dem Support-Mitarbeiter kann bspw. die Aufgabe übergeben werden, für eine bestimmte Region (z. B. Süddeutschland) und Branche (z. B. Automobilzulieferer), alle Unternehmer zu identifizieren, die einen Betrieb mit einem Umsatz größer x Millionen leiten.

4.4.3.5. Die Rolle des stellvertretenden Kundenberaters

Die Funktion des stellvertretenden Kundenberaters spielt im reinen Akquisitionsprozess eine eher untergeordnete Rolle. Zum einen ist jeder stellvertretende Kundenberater selbst als Kundenberater mit eigenen Akquisitionszielen tätig. Zum anderen sind potentielle Neukunden noch keine Bestandskunden, die eine kontinuierliche Beratung benötigen, was eine Stellvertretung in diesem Sinne überflüssig macht. Durchaus sinnvoll ist die Involvierung von anderen Kundenberatern jedoch im Hinblick auf den Erfahrungsaustausch. Speziell bei der Erarbeitung von Akquisitionsmaßnahmen kann die Einbeziehung von erfahrenen Kundenberatern durchaus sehr hilfreich sein.[480]

4.4.3.6. Die Rolle der Spezialisten

Die Bedeutung der Spezialisten im Akquisitionsprozess nimmt stark zu. Besonders bei der Erarbeitung von Akquisitionsmaßnahmen haben sie eine zentrale Funktion innerhalb des Beratungsteams. Hier sind sie insbesondere bei der Entwicklung des Gesamtanlagekonzepts wesentlich involviert.[481] Die nachfolgende Tabelle 44 gibt einen Überblick, welche Rolle bzw. Aufgaben die Spezialisten im Akquisitionsprozess haben. Anschließend werden die einzelnen Punkte kurz beleuchtet.

Prozessschritte	Rolle der Spezialisten im Akquisitionsprozess
Identifikation und Erstkontakt	▫ I. d. R. nicht involviert
Bedarfserhebung (Erstgespräch)	▫ I. d. R. nicht involviert ▫ Liegen jedoch schon vor dem Erstgespräch Informationen zu spezifischen Bedürfnissen vor (z. B. Unternehmensverkauf), können schon ins Erstgespräch Spezialisten involviert werden (Erfassen und verstehen der spezifischen Bedürfnisse)
Akquisitions-maßnahmen	▫ Unterstützt bei der Erarbeitung und Umsetzung von Akquisitionsmaßnahmen ▫ Mitentwicklung einer maßgeschneiderten Kundenlösung (insb. bei der Erarbeitung des Gesamtanlagekonzepts) ▫ Aufbereitung einzelner Spezialthemen (Beiträge zur Kundenpräsentation)
Angebot, Verhandlung und Abschluss	▫ Präsentation der erarbeiteten Spezialthemen beim Kunden ▫ Diskussion des Vorschlags mit dem Kunden (auf spezifische Kundenanliegen fachkompetent eingehen)

Tabelle 44: Rolle der Spezialisten im Akquisitionsprozess
Quelle: Eigene Darstellung, basierend auf Gesprächen mit Kundenberatern und Teamleitern (K2)

---

[480] Dies basiert auf Gesprächen mit Kundenberatern und Teamleitern (K2).
[481] Dies basiert auf Gesprächen mit Kundenberatern und Teamleitern (K2).

Bei der Kundenidentifikation und beim Erstkontakt sind die Spezialisten i. d. R. nicht involviert. Dies ist Aufgabe des Kundenberaters, welcher durch den Teamleiter und den Support-Mitarbeiter hierbei unterstützt wird. Auch bei der Bedarfserhebung im ersten persönlichen Gespräch werden üblicherweise keine Spezialisten hinzugezogen. Ausnahme hierbei ist wenn schon vor dem Erstgespräch Informationen zu spezifischen Kundenbedürfnissen vorliegen. Zum einen können diese Informationen aus Research Tätigkeiten stammen (z. B. Unternehmensverkauf), zum anderen kann es vorkommen, dass ein potentieller Kunde schon beim Erstkontakt Interesse an einem bestimmten Thema äußert. In solch einem Falle ist der Einbezug eines Spezialisten schon beim ersten persönlichen Gespräch durchaus denkbar. Wesentliche Aufgabe des Spezialisten hierbei ist die umfassende Erhebung der Kundenbedürfnisse im Hinblick auf das Spezialthema, jedoch stets unter Berücksichtigung der gesamten Kundensituation.

Die ganz zentrale Aufgabe der Spezialisten ist jedoch die Erarbeitung und Umsetzung von Akquisitionsmaßnahmen. Die Spezialisten aus den Fachbereichen Anlageberatung, Finanzierungsberatung und Wealth Planning fokussieren sich auf die Unterstützung des Kundenberaters bei der Erarbeitung eines Gesamtanlagekonzepts. Je nach Kundenbedürfnis und -situation werden von den einzelnen Spezialisten themenspezifische Lösungen erarbeitet, welche im Beratungsteam – unter Leitung des Kundenberaters – dann zu einem Gesamtanlagekonzept zusammengeführt werden. Aber auch Spezialisten von Verkaufsentwicklungsabteilungen werden verstärkt involviert. Zum einen können sie durch ihre Erfahrung speziell bei der Ideengenerierung von gezielten Akquisitionsmaßnahmen einen wesentlichen Beitrag leisten, zum anderen übernehmen sie oft die Verantwortung für die Umsetzung einzelner Maßnahmen (z. B. die Organisation und Durchführung von Events für potentielle Kunden). Wird dem potentiellen Kunden schließlich eine konkrete und maßgeschneiderte Kundenlösung offeriert, werden je nach Kundensituation meist ausgewählte Spezialisten aus den Bereichen Anlageberatung, Finanzierungsberatung und Wealth Planning in das Kundengespräch einbezogen. Diese haben hierbei die Aufgabe, den Kundenberater bei Kundenanliegen und -rückfragen fachkompetent zu unterstützen. I. d. R. präsentieren sie auch ihren erarbeiteten Teil der Gesamtkundenlösung. Bei der Preisverhandlung und beim Vertragsabschluss stehen die Spezialisten dann jedoch wieder im Hintergrund. Dies ist Aufgabe des Kundenberaters.

4.5. Kundenbindung und -entwicklung

Will man das Geschäftsergebnis gezielt entwickeln, müssen Neukunden sowie bestehende Kunden gezielt an das Bankinstitut gebunden und kontinuierlich weiterentwickelt werden. Dies ist für Wealth-Management-Anbieter von zentraler Bedeutung, da zum einen Kundenbeziehungen i. d. R. über die Zeit profitabler werden,[482] zum anderen die Kosten für die Pflege eines Bestandskunden fünfmal geringer sind als die Kosten für die Akquisition eines Neukunden.[483]

4.5.1. Theoretische Grundlagen

Die Erzielung einer zufriedenen Kundenbasis hat sich in den letzten Jahren sowohl in der Wissenschaft als auch in der Praxis zu einem Schwerpunktthema entwickelt.[484] Es gibt eine Vielzahl von wissenschaftlichen Publikationen, die sich mit Modellansätzen der Kundenbindung beschäftigen. Koot gibt hierzu einen guten und recht umfassenden Überblick.[485] Stellt man sich nun die Frage, was Kundenbindung tatsächlich heißt, zeigt sich wiederum, dass es keine einheitliche Definition gibt. Im Kern befasst sich die Kundenbindung jedoch mit der Frage, wie Kundenbeziehungen stabilisiert und bestehende Kundenpotentiale ausgeschöpft werden können.[486] Ähnlich hierzu identifizieren auch Tomczak und Dittrich innerhalb der Kundenbindung zwei Hauptaufgaben.[487] Zum einen soll durch die Kundenbindung der Wechsel zur Konkurrenz verhindert und somit Wiederkäufe sichergestellt werden, zum anderen soll das Kundenpotential ausgeschöpft und somit der Ertragswert von bestehenden Kunden erhöht werden. Die zuletzt genannte Hauptaufgabe wird in dieser Arbeit mit dem

---

[482] Vgl. Müller, W. / Riesenbeck, H.-J., Wie aus zufriedenen auch anhängliche Kunden werden, in: Havard Manager, 13 (3), 1991, 69.
[483] Vgl. Reichheld, F. / Sasser, E. W., Zero-Migration – Dienstleister im Sog der Qualitätsrevolution, in Havard Manager, 13 (4), 1991, 108 ff.
[484] Vgl. Homburg, C. / Giering, A. / Hentschel, F., Der Zusammenhang zwischen Kundenzufriedenheit und Kundenbindung, in: Bruhn, M. / Homburg, C. (Hrsg.), Handbuch Kundenbindungsmanagement, Wiesbaden 2003, 83.
[485] Vgl. Koot, C., Kundenloyalität, Kundenbindung und Kundenbindungspotential – Modellgenese und empirische Überprüfung im Retail Banking, München 2005, 71 ff.
[486] Vgl. Koch, M., St. Gallen 2006, 45; Homburg, C. / Bruhn, M., Kundenbindungsmanagement – Eine Einführung in die theoretischen und praktischen Problemstellungen, in: Homburg, C. / Bruhn, M. (Hrsg.), Handbuch Kundenbindungsmanagement, Wiesbaden 2003, 8.
[487] Vgl. Tomczak, T. / Dittrich, S., Kundenbindung – bestehende Kundenpotentiale langfristig nutzen, in: Hinterhuber, H. / Matzler, K. (Hrsg.): Kundenorientierte Unternehmensführung, Wiesbaden 1999, 64 ff.

Begriff der Kundenentwicklung gleichgesetzt.[488] Die nachfolgende Abbildung 35 verdeutlicht die Begriffsverwendung in dieser Arbeit:

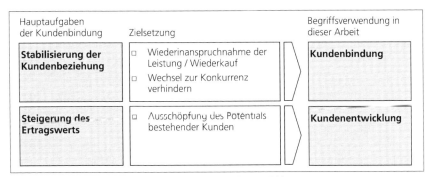

Abbildung 35: Begriffsabgrenzung Kundenbindung / Kundenentwicklung
Quelle: Eigene Darstellung

Möchte man Kunden gezielt binden, stellt sich die Frage, welches die Bestimmungsfaktoren der Kundenbindung sind. Tomczak und Diettrich unterscheiden, wie bereits im Theorieteil der Kundenakquisition dargestellt, psychologische Bindung (Zufriedenheit, Vertrauen, ‚innere Verpflichtung') und faktische Bindung (ökonomische, technische und vertragliche / rechtliche Faktoren).[489] Galasso identifiziert in diesem Zusammenhang, dass die psychologische Bindung im Wealth-Management-Geschäft weitaus bedeutender ist als die faktische Bindung.[490] Aus diesem Grund fokussiert sich dieser Abschnitt auf die psychologischen Bindungsfaktoren Zufriedenheit, Vertrauen und ‚innere Verpflichtung'.

Die Kundenzufriedenheit ist der wichtigste Bindungsfaktor im Wealth-Management-Geschäft.[491] Der Erklärungsansatz der Kundenzufriedenheit basiert auf dem Konfirmations / Diskonfirmations-Paradigma,[492] das nachfolgend grafisch dargestellt ist:

---

[488] In der Theorie ist die Kundenentwicklung (die Potentialausschöpfung zur Ertragssteigerung bestehender Kunden) ein Teilbereich der Kundenbindung. Aufgrund der Bedeutung der Kundenentwicklung für das Wealth-Management-Geschäft wird Kundenbindung und Kundenentwicklung in dieser Arbeit auf gleicher Ebene betrachtet, wobei sich die Kundenbindung verstärkt auf die erste Hauptaufgabe, die Stabilisierung von Kunden-beziehungen, fokussiert und die Kundenentwicklung sich verstärkt auf die zweite Hauptaufgabe, die Steigerung des Ertragswert von bestehenden Kunden, bezieht.
[489] Vgl. Tomczak, T. / Diettrich, S., Zürich 1997, 14 f; Vgl. hierzu auch Abschnitt 4.4.1.
[490] Vgl. Galasso, G., Bern 1999, 192 f.
[491] Vgl. Galasso, G., Bern 1999, 192.
[492] Vgl. Oliver, R. L., Satisfaction. A behavioral perspective on the consumer, New York 1997, 98.

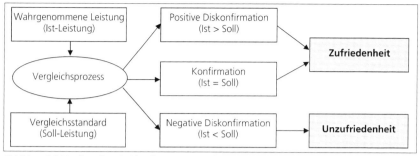

Abbildung 36: Konfirmations / Diskonfirmations-Paradigma
Quelle: Leicht modifiziert nach Oliver, R. L., New York 1997, 98

Ausgangspunkt der Zufriedenheitsbestimmung ist der Vergleich der wahrgenommenen Leistung des Kunden (Ist-Leistung) mit einem bestimmten Vergleichsstandard des Kunden (Soll-Leistung). Entspricht die wahrgenommene Leistung dem Vergleichsstandard, so spricht man von Konfirmation (Bestätigung), was schließlich zur Zufriedenheit des Kunden führt. Übertrifft die wahrgenommene Leistung den Vergleichsstandard, entsteht positive Diskonfirmation, was ebenfalls mit Kundenzufriedenheit einhergeht. Entspricht die Soll-Leistung jedoch nicht der Ist-Leistung, tritt negative Diskonfirmation ein, was zu Unzufriedenheit führt.[493]

Das Vertrauen des Kunden stellt einen weiteren wichtigen Bindungsfaktor dar. Vertrauen bezieht sich grundsätzlich auf jene Sachverhalte, bei denen dem Kunden keine ausreichenden Informationen vorliegen. Es äußert sich in der Erwartung des Kunden, dass der Anbieter die Fähigkeit und Bereitschaft besitzt die Leistung verlässlich und effektiv zu erbringen. Zudem impliziert Vertrauen die Kundenerwartung, dass sich der Anbieter nicht opportunistisch verhält. Werden die Erwartungen des Kunden erfüllt bzw. übertroffen, erhöht dies die Kundenloyalität, was wiederum zu einer stärkeren Kundenbindung führt.[494]

Die freiwillige ‚innere Verpflichtung' eines Kunden gegenüber einem Anbieter basiert auf einem moralisch-ethisch begründeten Dankbarkeitsempfinden, welches häufig auf früheres Anbieterverhalten zurückzuführen ist. Je rationaler ein Kunde ist bzw. entscheidet, desto weniger wird dies die Kundenbindung beeinflussen.[495]

---

[493] Vgl. Homburg, C. / Giering, A. / Hentschel, F., Wiesbaden 2003, 84 ff.
[494] Vgl. Bouncken, R., Vertrauen – Kundenbindung – Erfolg? Zum Aspekt des Vertrauens bei Dienstleistern, in: Bruhn, M. / Stauss, B. (Hrsg.), Dienstleistungsmanagement, Wiesbaden 2000, 5 ff.; Galasso, G., Bern 1999, 203.
[495] Vgl. Tomczak, T. / Diettrich, S., Zürich 1997, 35.

Die Wirkungskette der Kundenbindung aus psychologischer Bindungsperspektive lässt sich vereinfacht wie folgt darstellen:

Abbildung 37: Wirkungskette der Kundenbindung aus psychologischer Bindungsperspektive
Quelle: Modifizierte und vereinfachte Darstellung nach Homburg, C. / Bruhn, M., Wiesbaden 2003, 10; Tomczak, T. / Diettrich, S., Zürich 1997, 14

Durch die bestehende Kundenbeziehung nimmt der Kunde eine Leistung des Anbieters in Anspruch. Der Kunde bewertet diese Leistung und bildet sich ein Zufriedenheits- und Vertrauensurteil. Fällt diese Bewertung positiv aus bzw. wurden die Erwartungen des Kunden sogar übertroffen, stellt sich i. d. R. Kundenloyalität ein. In gewissen Kundenbeziehungen verspürt der Kunde auch eine ‚innere Verpflichtung' gegenüber dem Anbieter, welche sich positiv auf seine Loyalität gegenüber dem Anbieter auswirkt. Kundenloyalität charakterisiert sich im Wesentlichen dadurch, dass der Kunde eine verringerte Wechselbereitschaft aufweist und beabsichtigt, die Leistung wieder beim selben Anbieter zu beziehen. Eine hohe Kundenloyalität führt folglich zur Kundenbindung. Ist ein Kunde gebunden, zeichnet sich dieser nicht nur dadurch aus, dass er auch in Zukunft beabsichtigt, die Leistung beim selben Anbieter zu beziehen, sondern grundsätzlich auch bereit ist, den Anbieter an potentielle Kunden weiterzuempfehlen.[496]

Neben der Kundenbindung ist auch die Ausschöpfung des Potentials bestehender Kunden, also die Kundenentwicklung, ein zentrales Element um das Geschäftsergebnis gezielt zu steigern. Grundsätzlich gibt es drei Möglichkeiten das Kundenpotential ertragssteigernd auszuschöpfen: Cross-Selling, Up-Selling und die Ausschöpfung des Empfehlungs- / Referenzpotentials. Unter Cross-Selling versteht man den gezielten Verkauf zusätzlicher Produkte oder Dienstleistungen. Diese können in einem komplementären Zusammenhang zueinander stehen, können jedoch auch völlig

---

[496] Vgl. Homburg, C. / Bruhn, M., Wiesbaden 2003, 9 f; Homburg, C. / Giering, A. / Hentschel, F., Wiesbaden 2003, 88 f.

unabhängig voneinander sein.[497] Unter Up-Selling versteht man den gezielten Verkauf von höherwertigen (ertragsreicheren) Produkten oder Dienstleistungen an Kunden, die derzeit schon ein ähnliches Produkt oder eine Dienstleistung in Anspruch nehmen.[498] Auch eine erhöhte Kauffrequenz zählt zum Up-Selling.[499] Unter Empfehlungs- / Referenzpotential versteht man das Potential für Mehrumsatz, welches durch die Weiterempfehlung an andere (potentielle) Kunden generiert werden kann.[500] I. d. R. sind jedoch nur loyale Kunden mit einer hohen Bindung bereit, den Anbieter weiterzuempfehlen. Hier zeigt sich wiederum der enge Zusammenhang zwischen Kundenbindung und Kundenentwicklung. Grundsätzlich gilt: Je höher die Bindung eines Kunden ist, desto einfach kann dieser auch entwickelt werden.

4.5.2. Kundenbindung und -entwicklung im Wealth Management

Es stellt sich nun die Frage, wie Kunden im Wealth Management zum einen an das Unternehmen gebunden, zum anderen gezielt ertragssteigernd entwickelt werden können. Im Hinblick auf die Kundenbindung fokussiert man sich in der Bankenpraxis verstärkt auf drei Themenbereiche.[501] Erstes Thema ist die Bereitstellung einer exzellenten Kundenberatung, was als zentrales Element für eine erfolgreiche Kundenbindung angesehen wird. Zweites Thema ist der verstärkte Fokus auf die Bindung der Nachfolgegeneration. Drittes Thema ist die gezielte Fokussierung auf abgangsgefährdete Kunden (sog. Kunden@risk). Im Hinblick auf die Kundenentwicklung wird versucht, das Kundenbuch jedes Beraters systematisch zu analysieren, Entwicklungspotential zu identifizieren und dies gezielt auszuschöpfen.[502] Betrachtet man in Abschnitt 4.2. nochmals den Kundenlebenszyklus aus Anbieterperspektive (Abbildung 21), zeigt sich ein ähnliches Bild. Die nachfolgende Abbildung 38 soll dies grafisch nochmals verdeutlichen:

---

[497] Vgl. Schäfer, H., Die Erschließung von Kundenpotentialen durch Cross-Selling, Wiesbaden 2002, 55.
[498] Vgl. Hippner, H. / Wilde, K. D., Informationstechnologische Grundlagen der Kundenbindung, in: Bruhn, M. / Homburg, C. (Hrsg.), Handbuch Kundenbindungsmanagement, Wiesbaden 2003, 462.; Schumacher, J. / Meyer, M., Customer Relationship Management strukturiert dargestellt, Berlin 2004, 23.
[499] Vgl. Hofmann, M. / Mertiens, M., Customer-Lifetime-Value-Management, Wiesbaden 2000, 14 f.
[500] Vgl. Berger, P. D. / Nasr, N., Customer Lifetime Value – Marketing Models and Applications, Journal of Interactive Marketing, Vol. 12, No. 1, 19.
[501] Dies basiert auf Expertengesprächen (K3) und -befragungen (E3).
[502] Dies basiert auf Expertengesprächen (K3).

Abbildung 38: Fokusthemen der Kundenbindung und -entwicklung im Wealth Management
Quelle: Eigene Darstellung, vgl. hierzu auch Abbildung 21

Der Status bestehender Kunden kann grundsätzlich in neue, stabile und gefährdete Kundenbeziehungen unterteilt werden. Primäres Ziel bei neuen Kundenbeziehungen ist es, diese zu stabilisieren bzw. die Bindung an das Bankinstitut zu stärken. Dies kann insbesondere durch eine exzellente Kundenberatung erreicht werden, was zugleich auch die zentrale Grundlage für eine erfolgreiche Bindung / Entwicklung bei stabilen und gefährdeten Beziehungen darstellt.[503] Stabile Kundenbeziehungen sollen folglich durch eine exzellente Beratung weiter gestärkt, speziell jedoch gezielt im Hinblick auf deren Ertragskraft entwickelt werden. Im Fokus steht hierbei die Potentialausschöpfung des Kundenbuchs. Damit stabile Beziehungen auch nach dem Ableben des Kunden solche bleiben, muss auch der Nachfolgegeneration verstärkt Aufmerksamkeit geschenkt werden – ganz im Sinne einer generationsübergreifenden Kundenbindung. Ein weiteres zentrales Ziel der Kundenbindung ist die Identifizierung und Stabilisierung von gefährdeten Kundenbeziehungen sowie die Verhinderung von Kündigungen und damit einhergehenden Vermögensabflüssen.

Anschließend werden diese vier Fokusthemen eingehender beleuchtet, wobei das erste Fokusthema lediglich nochmals kurz die Bedeutung der Kundenberatung für die Kundenbindung aufzeigt.

---

[503] Vgl. hierzu speziell Abschnitt 4.5.2.1. und Abschnitt 4.3.

4.5.2.1. Kundenbindung durch exzellente Kundenberatung

Die zwei Hauptgründe warum Kunden den Wealth-Management-Anbieter wechseln sind Unzufriedenheit mit dem Service und schlechte Beratung.[504] Die Bereitstellung einer hohen Service- und Beratungsqualität im Rahmen eines strukturierten Kundenberatungsansatzes ist folglich essentiell für eine erfolgreiche Kundenbindung. Auch interne Studien der UBS AG haben gezeigt, dass eine konsequente Anwendung einer strukturierten Kundenberatung die Kundenzufriedenheit maßgeblich steigert.[505] Aber auch das Vertrauen[506] und die ‚innere Verpflichtung' können durch eine qualitativ hochstehende Kundenberatung gestärkt werden.[507] Zudem betonen auch Tomczak und Dittrich die Bedeutung einer individuellen Kundenbetreuung für eine erfolgreiche Kundenbindung.[508] Wie die Kundenberatung im Wealth-Management-Geschäft an sich gestaltet werden kann, um den Kunden zufrieden zu stellen und stärker an das Bankinstitut zu binden, wurde bereits in Abschnitt 4.3. behandelt.

4.5.2.2. Kundenbuchentwicklung

Unter dem Begriff Kundenbuch[509] versteht man grundsätzlich die Gesamtheit aller Kunden, welche ein Kundenberater als Hauptansprechpartner betreut. Das Kundenbuch hat je nach Kundensegment und Markt eine unterschiedliche Struktur, sowohl im Hinblick auf das verwaltete Vermögen, als auch die Anzahl der Kunden und den Return on Asset. Die nachfolgende Tabelle 45 zeigt eine grobe Bandbreite für das Schweizer Offshore-Geschäft in etablierten Märkten:[510]

		Verwaltete Vermögen	Anzahl Kunden	Return on Asset (bsp)
Kundensegment	Core Affluent	100 – 300 Mio. CHF	150 – 300	120 – 180
	High Net Worth Individuals	200 – 600 Mio. CHF	50 – 100	80 – 140
	Ultra High Net Worth Individuals (Key Clients)	400 – 1500 Mio. CHF	8 – 25	35 – 100

Tabelle 45: Struktur eines Kundenbuchs (verwaltete Vermögen / Anzahl Kunden / RoA)
Quelle: Eigene Darstellung, basierend auf Expertengesprächen (K3)

---

[504] Vgl. IBM Business Consulting Services, London 2005, 33.
[505] Dies basiert auf Expertengesprächen (K3). Vgl. hierzu auch Abschnitt 4.3.2.2.
[506] Eine Zusammenstellung vertrauensfördernden Maßnahmen findet sich bei Tomczak, T. / Diettrich, S., Zürich 1997, 32 ff.
[507] Dies basiert auf Gesprächen mit Kundenberatern, Teamleitern (K2) und Experten (K3).
[508] Vgl. Tomczak, T. / Diettrich, S., Zürich 1997, 36; vgl. hierzu auch Cocca, T. D. / Berner, T. / Schmid, S., Kundenbindung – persönliche Beratung ist Trumpf, in: Denaris, 02 / 2008, 43 ff.
[509] Synonym hierfür werden oft auch die Begriffe Kundenstamm und Kundenstock verwendet.
[510] Dies sind Märkte in denen eine Bank (durch jahrelanges Engagement) bereits eine relativ breite Kundenbasis hat. Oft sind dies Märkte wie Deutschland, Frankreich, Italien oder Österreich.

Grundsätzliches Ziel der Kundenbuchentwicklung ist die systematische und ertragssteigernde Potentialausschöpfung des Kundenbuchs. Der Prozess, um dieses Ziel möglichst systematisch zu erreichen, kann wie folgt dargestellt werden:

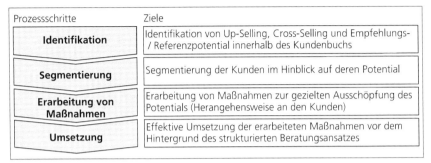

Abbildung 39: Prozess der Kundenbuchentwicklung im Wealth Management
Quelle: Eigene Darstellung, basierend auf Expertengesprächen (K3)

Um bestehende Kunden folglich systematisch zu entwickeln, soll in einem ersten Schritt das gesamte Kundenbuch eines Beraters im Hinblick auf Up-Selling, Cross-Selling und Empfehlungs- / Referenzpotential analysiert werden. Durch die Ausschöpfung dieses Potentials lassen sich sowohl die *Assets* als auch der *Return on Assets (RoA)* als wesentliche Werttreiber der Kundenentwicklung im Wealth Management[511] positiv beeinflussen. Die nachfolgende Tabelle 45 zeigt im Überblick nochmals das primäre Ziel der Potentialausschöpfung von Up-Selling, Cross-Selling und Empfehlungen / Referenzen im Wealth Management:

	Steigerung der Assets	Steigerung des Return on Assets
Up-Selling (primäres Ziel)		X
Cross-Selling (primäres Ziel)	X	X
Empfehlungen / Referenzen (primäres Ziel)	X	

Tabelle 46: Primäres Ziel von Up-Selling, Cross-Selling und Empfehlungen im Wealth Management
Quelle: Eigene Darstellung

Primäres Ziel beim Up-Selling im Wealth-Management-Geschäft ist die Steigerung des *Return on Assets (RoA)* durch den Verkauf höherwertiger (ertragsreicherer) Produkte und Dienstleistungen. Beim Cross-Selling geht es durch den Verkauf zusätzlicher Produkte und Dienstleistungen hauptsächlich darum, den *Return on Assets* einerseits und den verwalteten Anteil am Gesamtkundenvermögen, den sog. *Share of Wallet*

---
[511] Vgl. hierzu Abschnitt 4.2. (Abbildung 20).

(SoW), andererseits zu steigern. Bei der Ausschöpfung des Empfehlungs- / Referenzpotentials sollen primär zusätzliche Vermögenswerte akquiriert werden.[512]

Die nachfolgende Abbildung 40 zeigt beispielhaft, wie dieses Potential im Wealth-Management-Geschäft ausgeschöpft werden kann:[513]

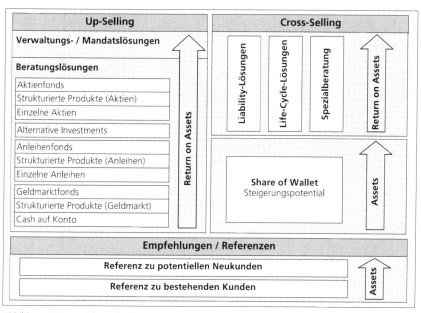

Abbildung 40: Potentialausschöpfung im Wealth Management (beispielhafte Darstellung)
Quelle: Eigene Darstellung, basierend auf Expertengesprächen (K3)

Auf Basis der in Abbildung 40 dargestellten Möglichkeiten kann das Kundenbuch resp. können die einzelnen Kunden systematisch analysiert und das Steigerungspotential kann identifiziert werden. Bei der Up-Selling-Analyse kann grundsätzlich geprüft werden, ob vor dem Hintergrund des individuellen Kundenprofils Beratungslösungen in ertragsreichere Verwaltungs- / Mandatslösungen transformiert werden können. Dies hat für den Kunden den Vorteil, dass Verwaltungs- / Mandatslösungen i. d. R. ein besseres Risiko-Ertrags-Verhältnis aufweisen.[514] Aber auch innerhalb von Beratungs-

---

[512] Vgl. hierzu auch Abschnitt 4.3.2.
[513] Diese Darstellung erhebt nicht den Anspruch auf Vollständigkeit. Im Rahmen von Expertengesprächen (K3) stellten sich diese dargestellten Potentialausschöpfungsmöglichkeiten als zentral heraus.
[514] Dies basiert auf Expertengesprächen (K3). UBS Wealth Management Research hat eine Untersuchung durchgeführt, die zeigt, dass nur 18,7 % der Beratungsportfolios eine bessere

lösungen gibt es Steigerungsmöglichkeiten. So kann der Kunde bspw. auf strukturierte Produkte oder Fonds hingewiesen werden, statt Einzelinvestments oder Cash zu halten.[515] Bei der Cross-Selling-Analyse kann untersucht werden, inwieweit Liability-, Life-Cycle- oder Spezialberatungslösungen[516] für den Kunden sinnvoll wären. Bei der Share-of-Wallet-Analyse kann wiederum betrachtet werden, wie groß der verwaltete Anteil vom Gesamtkundenvermögen ist[517] und welches Potential es gibt, diesen Anteil zu erhöhen. Schließlich kann im Hinblick auf das Empfehlungs- / Referenzpotential analysiert werden, welche Netzwerke der Kunde hat und wie seine grundsätzliche Bereitschaft ist, den Wealth-Management-Anbieter resp. den Kundenberater an potentielle Kunden weiterzuempfehlen.[518] Auch die Referenz an bereits bestehende Kunden kann bei einer gezielten Kundenentwicklung durchaus nützlich sein.[519]

Ist das Potential der einzelnen Kunden innerhalb des Kundenbuchs identifiziert, geht es im zweiten Schritt – im Hinblick auf die gezielte Herangehensweise – um die Segmentierung dieser Kunden. Als Segmentierungskriterien empfehlen Bankexperten[520] das *Asset-Potential* und das *Return-on-Assets-Potential*, welche die wesentlichen Werttreiber der Kundenentwicklung im Wealth Management darstellen.[521] Die nachfolgende Abbildung 41 zeigt die Kundensegmentierung im Überblick:[522]

Performance aufweisen als die Verwaltungsmandate. Betrachtungszeitraum war 01 / 2003 bis 01 / 2008. Dies hängt damit zusammen, dass die Verwaltungsmandate in Anlehnung an die moderne Portfoliotheorie gemanaged werden und sich auf bzw. sehr nahe der Effizienzgrenze bewegen. Vgl. hierzu auch Fußnote 333.
[515] Hierbei ist jedoch stets das Risikoprofil (Risikotoleranz) des Kunden zu berücksichtigen.
[516] Vgl. hierzu auch Abbildung 24.
[517] Hierzu ist es notwendig zu wissen, wie groß das Gesamtkundenvermögen ist. Dies soll grundsätzlich bereits im Rahmen der strukturierten Beratung im Schritt „Verstehen" vom Kunden erfragt werden. (Vgl. hierzu Abschnitt 4.3.2.2.). Ist der Kunde nicht bereit, dies dem Kundenberater offenzulegen, kann das Gesamtvermögen an dieser Stelle auch geschätzt werden.
[518] Zur Analyse des Referenzwerts / -potentials vgl. insbesondere Cornelsen, C. Kundenwertanalyse im Beziehungsmarketing, Nürnberg 2000.
[519] Dies wurde in den Gesprächen mit Kundenberatern und Teamleitern (K2) öfters erwähnt. Speziell wenn der Referenzgeber bereits Erfahrungen mit einem bestimmten Produkt oder einer Dienstleistung hat, mit welchen der Referenzempfänger noch keine eigenen Erfahrungen gemacht hat.
[520] Dies basiert auf Expertengesprächen (K3).
[521] Vgl. hierzu Abschnitt 4.2. (Abbildung 20).
[522] Hierbei ist zu berücksichtigen, dass sich diese Segmentierung ausschließlich auf das Kundenentwicklungspotential bezieht. Dies ist nicht zu Verwechseln mit der klassischen umsatzbezogenen ABC-Analyse [vgl. z. B. Stahl, K. / Eichen, S. et al., Kundenzufriedenheit und Kundenwert, in: Hinterhuber H. / Matzler, K. (Hrsg.): Kundenorientierte Unternehmensführung, 4. Auflage, Wiesbaden 2004, 250].

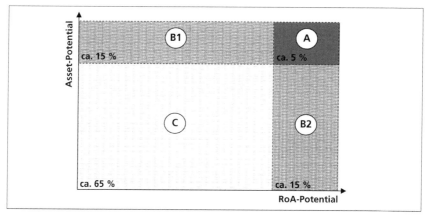

Abbildung 41: Segmentierung zur Kundenentwicklung
Quelle: Eigene Darstellung, Zahlen basieren auf Expertengesprächen (K3)

Diese Kunden lassen sich wie folgt charakterisieren:[523]

- **A-Kunden**

  Diese Kunden haben sowohl ein hohes RoA-Potential als auch ein hohes Asset-Potential. Nur ca. 5 % der Kunden haben solch ein hohes Entwicklungspotential.

- **B1-Kunden**

  Diese Kunden haben ein hohes Asset-Potential bei mittlerem bis geringerem RoA-Potential. Diese Kundengruppe macht ca. 15 % des Kundenbuchs aus.

- **B2-Kunden**

  Diese Kunden wiederum haben ein hohes RoA-Potential bei mittlerem bis geringerem Asset-Potential. Auch diese Kundengruppe macht ca. 15 % des Kundenbuchs aus.

- **C-Kunden**

  Diese Kunden haben ein mittleres bis geringes RoA-Potential sowie ein mittleres bis geringes Asset-Potential. Die große Mehrheit von ca. 65 % lassen sich dieser Kundengruppe zurechnen.

Sind alle Kunden des Kundenbuchs segmentiert, werden anschließend Maßnahmen zur gezielten Ausschöpfung dieses identifizierten Kundenpotentials erarbeitet. Im Hinblick auf die gezielte Herangehensweise fokussiert man sich zuerst auf A-Kunden, dann auf B-Kunden und schließlich auf die C-Kunden. Für identifiziertes Cross- und Up-Selling-Potential sind kundenindividuelle Maßnahmen zu erarbeiten, welche schließlich im Rahmen der strukturierten Kundenberatung[524] umgesetzt werden. Bei der Aus-

---

[523] Diese Zahlen basiern auf Expertengesprächen (K3).
[524] Vgl. hierzu Abschnitt 4.3.2.

schöpfung des Empfehlungs- / Referenzpotentials geht es vor allem darum, den Kunden pro-aktiv um Weiterempfehlungen zu bitten. Wurde der Kundenberater an einen potentiellen Kunden weiterempfohlen, soll dieser dann gewonnen werden. Wie potentielle Kunden am besten akquiriert werden, wurde bereits in Abschnitt 4.4.2. beschrieben.

Im Anhang 7 wird nochmals beispielhaft aufgezeigt, wie solch ein Kundenbuch im Hinblick auf die Potenzialausschöpfung ausgestaltet werden kann. Zudem wird im Anhang 8 dargestellt, welche Grunddaten UBS Wealth Management für ein sogenanntes *Business Review Group Meeting* heranzieht. In diesem Meeting diskutiert das Beratungsteam[525] über Entwicklungsmöglichkeiten einzelner Kunden.

4.5.2.3. Generationsübergreifende Kundenbindung

Die generationsübergreifende Kundenbindung ist für die gezielte Geschäftsentwicklung im Wealth Management von großer Bedeutung. Eine Studie von *McKinsey & Company* zeigt, dass 53 % des Wealth-Management-Vermögens von Kunden gehalten wird, welche älter als 60 Jahre sind.[526] Betrachtet man hierzu die nachfolgende Abbildung 42, zeigt sich, dass die Überlebenswahrscheinlichkeit schon ab einem Alter von 60 Jahren, speziell jedoch ab 70 Jahren, drastisch abnimmt.

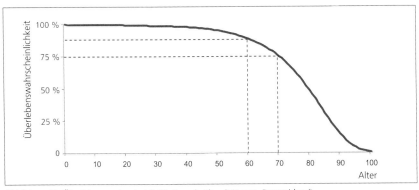

Abbildung 42: Überlebenswahrscheinlichkeit nach Alter (Männer, Deutschland)
Quelle: Statistisches Bundesamt, Wiesbaden 2007

---

[525] Bei vermögensstarken und strategisch wichtigen Kunden wird oft auch ein Mitglied des Senior-Managements hinzugezogen.
[526] Vgl. McKinsey & Company, Zürich 2006, 5. Vgl. hierzu auch Abschnitt 2.2.3.

Damit das Kundenvermögen auch nach dem Ableben eines Kunden nicht abgezogen wird, ist auch die Bindung speziell der Nachfolgegeneration[527] an das Bankinstitut von zentraler Bedeutung. Die Wichtigkeit dieser generationsübergreifenden Kundenbindung zeigt sich auch daran, dass nach dem Ableben von Kunden mehr als die Hälfte der Vermögen vom Bankinstitut abgezogen wird.[528] Um solche Vermögensabflüsse im Sinne der gezielten Geschäftsentwicklung zu vermeiden, ist das grundsätzliche Ziel der generationsübergreifenden Kundenbindung, die Nachfolgegeneration schon vor dem Vermögensübertrag an das Bankinstitut zu binden. Der Prozess, um dieses Ziel möglichst systematisch zu erreichen, kann wie folgt dargestellt werden:

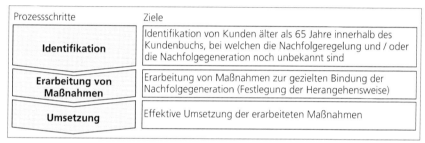

Abbildung 43: Prozess der generationsübergreifenden Kundenbindung im Wealth Management
Quelle: Eigene Darstellung, basierend auf Expertengesprächen (K3)

Um eine generationsübergreifende Kundenbindung sicherzustellen, sollen in einem ersten Identifikationsschritt alle Kunden des Kundenbuchs aufgelistet werden, welche älter als 65 Jahre[529] sind. Von diesen Kunden sind dann wiederum jene zu identifizieren, bei welchen die Nachfolgeregelung und / oder die Nachfolgegeneration noch unbekannt sind. Für all diese Kunden sollen gezielte Maßnahmen erarbeitet und umgesetzt werden.

Ist die Nachfolgeplanung des Kunden noch nicht geregelt bzw. ist diese dem Kundenberater gar unbekannt, soll mit dem Kunden ein Gesprächstermin vereinbart werden, bei welchem speziell dieses Thema angesprochen und diskutiert werden soll.

---

[527] Eine Studie von Merrill Lynch / Capgemini zeigt, dass 83 % der Wealth Management Kunden Kinder haben und deshalb der Vermögensübertrag an die Nachfolgegeneration von großer Beudeutung ist. Vgl. Merrill Lynch / Capgemini, New York 2006, 23.
[528] Vgl. UBS AG, New Client / Defection Database, Zürich 2008e. Aus Vertraulichkeitsgründen können hier keine genauen Zahlen genannt werden.
[529] Die Altersgrenze von 65 Jahren ist ein Richtvorschlag des Autors, welcher sich auf die oben dargestellt Abbildung 42 (Überlebenswahrscheinlichkeit nach Alter) bezieht. Betrachtet man, dass 75 % der männlichen Kunden 70 Jahre oder älter werden, hätte der Kundenberater noch einige Jahre Zeit, um noch vor dem Ableben des Kunden eine Beziehung zur Nachfolgegeneration aufzubauen.

Zur Vorbereitung auf dieses Gespräch sollen unter Zuzug von Wealth Planning Spezialisten und unter Berücksichtigung des Kundenprofils mögliche Lösungen angedacht werden.[530] Es ist auch durchaus sinnvoll, wenn der Wealth Planning Spezialist dem Kundengespräch beiwohnt.[531] Im Gespräch soll das Thema der Nachfolgeplanung dann offen angesprochen werden, wobei sich die grundsätzliche Vorgehensweise wiederum am strukturierten Beratungsansatz orientiert.[532]

Hat der Kundenberater noch keinen Kontakt zur Nachfolgegeneration, soll der Kunde beim nächsten Gespräch pro-aktiv darauf angesprochen werden, ob es möglich wäre auch seine Nachfolgen kennenlernen zu dürfen. Grundsätzlich kann dahingehend argumentiert werden, dass Sie den Vermögenserhalt und die Beratungskontinuität generationsübergreifend sicherstellen wollen. Die meisten Kunden sind bereit, dem Kundenberater die Nachfolger vorzustellen. Meist wird dies von den Kunden sogar sehr geschätzt. Um eine generationsübergreifende Kundenbindung sicherzustellen, werden in der Wealth-Management-Praxis verstärkt drei Vorgehensweisen forciert:[533] Die erste Vorgehensweise versucht, die Nachfolgegeneration in regelmäßigen Abständen in die bestehende Kundenbeziehung einzubinden. So können bspw. nicht nur die Bedürfnisse des Kunden selbst, sondern auch diese der Nachfolgegeneration bereits berücksichtigt werden. Dies setzt natürlich voraus, dass der Kunde damit einverstanden ist. Bei der zweiten Vorgehensweise wird versucht, die Nachfolger selbst als Kunden zu gewinnen,[534] auch wenn diese aktuell noch nicht als vermögende Privatkunden eingestuft werden.[535] So kann schon vor dem eigentlichen Vermögenstransfer eine Kundenbeziehung aufgebaut werden. Die dritte Vorgehensweise[536] versucht die Beziehung zu den Nachfolgen auch im nicht unmittelbaren Beratungskontext zu

---
[530] Auf die Ausgestaltungsmöglichkeiten des Wealth Planning in diesem Zusammenhang wird in dieser Arbeit nicht detaillierter eingegangen. Vgl. hierzu z. B. Tilmes, R., Uhlenbruch 2001.
[531] Dies basiert auf Gesprächen mit Kundenberatern und Teamleitern (K2). Vgl. hierzu Abschnitt 4.5.3.6.
[532] Vgl. hierzu Abschnitt 4.2.2.2.
[533] Dies basiert auf Gesprächen mit Kundenberatern und Teamleitern (K2).
[534] Teilweise sind die Nachfolger selbst schon vermögend, was eine Akquisition dieser Nachfolger allein vor diesem Hintergrund schon sehr attraktiv macht. Vgl. hierzu Abschnitt 4.3.2.
[535] Im Sinne der systematischen Geschäftsentwicklung soll hier aber auch gezielt priorisiert werden. I. d. R. soll diese Priorisierung anhand der Vermögensgröße und der Anzahl an Nachfolgen vorgenommen werden. Hat bspw. ein High-Net-Worth-Kunde mit einem Vermögen von 40 Mio. CHF zwei Nachfolger, soll diesen mehr Aufmerksamkeit geschenkt werden, als einem High-Net Wort-Kunden mit einem Vermögen von 5 Mio. CHF und vier Nachfolgern.
[536] Grundsätzlich sind im Hinblick auf die Bindung der Nachfolgen die beiden ersten Vorgehensweisen zu präferieren. Sind diese aus welchen Gründen auch immer nicht realisierbar, soll die dritte Vorgehensweise forciert werden. Diese Vorgehensweise kann auch unterstützend zu den beiden erstgenannten herangezogen werden.

intensivieren. Die Möglichkeiten hierzu sind vielfältig, es ist aber von zentraler Bedeutung, dass der Kundenberater im regelmäßigen Kontakt zu den Nachfolgern steht. Dies kann bspw. durch einen kurzen Anruf zum Geburtstag, einer Einladung zum gemeinsamen Essen oder zu einem Kundenevent erfolgen.

4.5.2.4. Bindung von Kunden@risk

Unter dem Begriff Kunden@risk versteht man abgangsgefährdete Kunden, welche sich dadurch kennzeichnen, dass sie eine erhöhte Bereitschaft aufweisen, zu einem konkurrierenden Wealth-Management-Anbieter zu wechseln. Grundsätzliches Ziel der Bindung von Kunden@risk ist folglich, den Wechsel zur Konkurrenz zu verhindern und die Kunden wieder stärker an das Bankinstitut zu binden. Der Prozess, um dieses Ziel möglichst systematisch zu erreichen, kann wie folgt dargestellt werden:

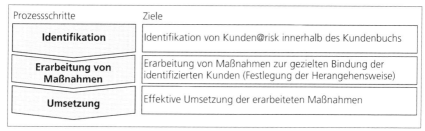

Prozessschritte	Ziele
Identifikation	Identifikation von Kunden@risk innerhalb des Kundenbuchs
Erarbeitung von Maßnahmen	Erarbeitung von Maßnahmen zur gezielten Bindung der identifizierten Kunden (Festlegung der Herangehensweise)
Umsetzung	Effektive Umsetzung der erarbeiteten Maßnahmen

Abbildung 44: Prozess der Bindung von Kunden@risk im Wealth Management
Quelle: Eigene Darstellung, basierend auf Expertengesprächen (K3)

Um zu verhindern, dass abgangsgefährdete Kunden tatsächlich zur Konkurrenz wechseln, müssen diese zuerst identifiziert werden. Hilfreich hierfür ist die Betrachtung der fünf Hauptgründe, warum Kunden überhaupt den Anbieter wechseln:[537] Unzufriedenheit mit dem Service; schlechte Beratung; schlechte Investmentperformance; hoher Preis und mangelhaftes Angebot an attraktiven Investments. Grundsätzlich fällt die Identifikation von Kunden@risk leicht, wenn sich der Kunde über einen dieser erwähnten Punkte oder über andere Unzufriedenheitsfaktoren pro-aktiv äußert. Alle Kunden, die sich beschweren oder Unzufriedenheit äußern, sollten grundsätzlich als abgangsgefährdete Kunden betrachtet werden.[538] Um abgangsgefährdete Kunden zu identifizieren, die sich nicht pro-aktiv äußern, sollten Kundenberater ebenso wie Teamleiter den Kunden regelmäßig nach Feedback[539] zur

---
[537] Vgl. IBM Business Consulting Services, London 2005, 33.
[538] Dies basiert auf Gesprächen mit Kundenberatern, Teamleitern (K2) und Experten (K3).
[539] Vgl. hierzu Abschnitt 4.3.3.5. (speziell Tabelle 37) und Abschnitt 4.5.3.3.

Kundenbeziehungsgestaltung und seiner grundsätzlichen Kundenzufriedenheit befragen. Schwieriger zu identifizieren sind Kunden, die grundsätzlich abgangsgefährdet sind, sich jedoch diesbezüglich gegenüber dem Bankinstitut bzw. dem Kundenberater oder dem Teamleiter nicht äußern. Der Autor hat im Rahmen von Expertengesprächen[540] Indikatoren erarbeitet, welche auf eine Abgangsgefährdung solcher Kunden hindeuten können:

- Abfluss von Vermögenswerten
  (höhere Geldüberweisungen/-abhebungen; Auftrag zur Übertragung einzelner Vermögenswerte)
- Ungewöhnlich hoher Anteil an Cash oder Geldmarktanlagen im Portfolio
- Schlechte Investmentperformance
- Kunde wurde schon länger nicht mehr getroffen bzw. pro-aktiv kontaktiert
  (Richtwert: länger als 6 Monate keinen pro-aktiven Kontakt zum Kunden)
- Rückläufige Kontakthäufigkeit von Seiten des Kunden
- Unbegründete bzw. schwach begründete Ablehnung eines Treffens
- Kunde erwähnt Produkt / Dienstleistung eines Konkurrenzanbieters
- Kunde erwähnt Investitionspläne (was mit einem Kapitalbedarf einhergehen könnte)
- Ältere Kunden, von denen man die Nachfolgegeneration nicht kennt[541]
- Kundenberaterwechsel[542]
- Starker Reputationsverlust der Bank[543]

Die beiden zuletzt erwähnten Punkte stellen Sondersituationen dar, welche nicht nur einzelne Kunden betreffen, sondern alle Kunden, die von einem Berater betreut werden.

Sind die Kunden@risk identifiziert, müssen anschließend kundenindividuelle Maßnahmen erarbeitet werden, um Kundenabgänge gezielt zu verhindern und abgangsgefährdeten Kunden wieder stärker an das Bankinstitut zu binden. Beschwert sich der Kunde oder äußert er eine Unzufriedenheit in einem Beratungsgespräch, soll

---

[540] Dies basiert auf vertiefenden Gesprächen mit Kundenberatern, Teamleitern und Experten (K3).
[541] Vgl. hierzu auch Abschnitt 4.5.2.3.
[542] Wechselt ein Kundenberater zur Konkurrenz und übernimmt ein anderer Kundenberater das gesamte Kundenbuch oder einzelne Kunden des Buches, sollten grundsätzlich all diese Kunden als abgangsgefährdet betrachtet werden. Dies trifft besonders zu, wenn der wechselnde Kundenberater die Kunden schon seit mehreren Jahren betreut und dadurch i. d. R. eine enge Beziehung zwischen Kunde und Berater vorherrscht.
[543] Beispielhaft können hier die Rechtsstreitigkeiten der UBS AG mit den USA oder der Verkauf von LGT-Kundendaten an die deutsche Steuerbehörde erwähnt werden.

grundsätzlich wie folgt vorgegangen werden:[544] In einem ersten Schritt hat der Kundenberater gezielt nachzufragen bzw. zu verstehen, welches die genauen Gründe für die Beschwerde bzw. Unzufriedenheit sind. In einen zweiten Schritt soll sich der Kundenberater für die ehrliche und offene Rückmeldung bedanken und zusichern, dass er sich um eine Verbesserung bzw. eine Lösung stark bemühen wird. Der Kundenberater soll dem Kunden auch mitteilen, dass er konkrete Maßnahmen erarbeiten wird, welche er in einem Folgegespräch gerne mit ihm diskutieren würde. In diesem Zuge ist auch gleich ein zeitnahes persönliches Folgegespräch zu vereinbaren. Im dritten Schritt soll der Kundenberater, mit dem stellvertretenden Kundenberater, dem Teamleiter und ausgewählten Spezialisten die Situation diskutieren und geeignete Maßnahmen erarbeiten, um diese dann im vierten Schritt dem Kunden zu präsentieren. Idealtypisch soll diesem Gespräch auch der Teamleiter beiwohnen.[545] Zentral hierbei ist es, mit dem Kunden zu klären, inwieweit er mit den erarbeiteten Maßnahmen zufrieden ist bzw. bei welchen Punkten der Kunde weitere Anpassungen wünscht. Kann sich der Kunde die weitere Zusammenarbeit schließlich so vorstellen, geht es im fünften Schritt darum, diese Maßnahmen entsprechend umzusetzen.

Äußert sich der Kunde jedoch gegenüber dem Bankinstitut bzw. dem Kundenberater oder dem Teamleiter nicht, zeigt die nachfolgende Tabelle 47 mögliche Vorgehensweisen zur Verhinderung von Kundenabgängen auf:

Risikoindikatoren (wenn sich Kunde nicht äußert)	Mögliche Vorgehensweisen (Maßnahmen) zur Verhinderung von Kundenabgängen
▫ Abfluss von Vermögenswerten	▫ Kunden kontaktieren und Gesprächstermin vereinbaren ▫ Kunden verstehen - was die Gründe für den Vermögensabfluss sind (Gründe gegebenenfalls hinterfragen) - warum solch ein hoher Cash/Geldmarktanteil gehalten wird[546]
▫ Hoher Cash / Geldmarktanteil	▫ Kunden nochmals konkret auf Zufriedenheit bzw. Verbesserungsmöglichkeiten ansprechen; auf Rückmeldungen eingehen[547] ▫ Zukünftige Kundenpflege / -beratung intensivieren
	[Da die Antworten der Gesprächspartner zu diesen beiden Risikoindikatoren sehr ähnlich waren, werden sie unter einem Punkt zusammengefasst.]
	Fortsetzung der Tabelle auf der nächsten Seite

---

[544] Dies basiert auf Gesprächen mit Kundenberatern und Teamleitern (K2). Dieses Vorgehen beschreibt jedoch nur ein grundsätzliches Handlungsmuster, welches natürlich je nach Situation entsprechend angepasst werden muss.
[545] Vgl. hierzu Abschnitt 4.5.3.
[546] Ergibt sich daraus, dass der Kunde nicht abgangsgefährdet ist, da er sich z. B. der hohen Allokation gar nicht bewusst ist, besteht die Möglichkeit der gezielten Kundenentwicklung. Hierzu ist der effektive Liquiditätsbedarf mit dem Kunden zu analysieren, damit für Überdeckungen gezielte Investitionsmöglichkeiten aufgezeigt werden können.
[547] Vgl. hierzu das oben beschriebene Vorgehen bei Beschwerde / Unzufriedenheit in diesem Abschnitt.

☐ Schlechte Investmentperformance	☐ Kunden kontaktieren und Gesprächstermin vereinbaren ☐ Erläuterung der Investmentperformance und Gründe aufzeigen ☐ Generelle durch die Bank vorgenommene / geplante Gegenmaßnahmen erklären ☐ Besprechung einer evt. kundenindividuellen Anpassung ☐ Zukünftige Kundenpflege / -beratung intensivieren
☐ Kunde nicht pro-aktiv kontaktiert (länger als 6 M.) ☐ Rückläufige Kontakthäufigkeit von Kundenseite	☐ Kunden kontaktieren und Gesprächstermin vereinbaren ☐ Kunden auf Zufriedenheit bzw. Verbesserungsmöglichkeiten ansprechen; auf Rückmeldungen eingehen ☐ Präferenz der Kontakthäufigkeit (nochmals) klären und gegebenenfalls Kundenpflege / -beratung intensivieren
☐ Unbegründete Ablehnung eines Treffens	☐ Versuchen zeitnah neuen Gesprächstermin zu vereinbaren ☐ Kunden signalisieren, dass er sehr wichtig ist und sie ein persönliches Gespräch ausgesprochen schätzen würden ☐ Kunden nochmals konkret auf Zufriedenheit bzw. Verbesserungsmöglichkeiten ansprechen; auf Rückmeldungen eingehen ☐ Zukünftige Kundenpflege / -beratung intensivieren
☐ Kunde erwähnt Produkt / Dienstleistung der Konkurrenz	☐ Verstehen warum dies für den Kunden interessant erscheint bzw. was er daran schätzt ☐ Höflich darum bitten selbst einen Vorschlag machen zu dürfen ☐ Ausarbeitung eines Vorschlags unter Zuzug von Spezialisten ☐ Vorstellung der Lösung beim Kunden; Vorteile gegenüber Konkurrenzangebot aufzeigen ☐ Zukünftige Kundenpflege / -beratung intensivieren
☐ Investitionspläne (Gefahr des Kapitalabgangs)	☐ Kunden kontaktieren und Gesprächstermin vereinbaren ☐ Zuzug eines Kreditspezialisten in das Beratungsgespräch ☐ Aufzeigen der Möglichkeiten im Kreditbereich ☐ Vergleich zwischen erwarteter Vermögensrendite und Kreditkosten aufzeigen
☐ Nachfolgegeneration unbekannt (ältere Kunden)	Vgl. hierzu die drei beschriebenen Vorgehensweisen in Abschnitt 4.5.2.3. (Generationsübergreifende Kundenbindung)
☐ Kundenberaterwechsel (zur Konkurrenz)	☐ Wechselnder Kundenberater von Kunden sofort isolieren[548] ☐ Kontaktierung aller Kunden und Information des Beraterwechsels durch stellvertretenden KB oder Teamleiter; Vereinbarung eines zeitnahen persönlichen Termins ☐ Persönliche Vorstellung des neuen KB durch stellvertretenden KB oder Teamleiter; Schaffung einer positiven Atmosphäre ☐ Intensive Kundenpflege / -beratung (Fokus auf Vertrauensaufbau)
☐ Starker Reputationsverlust	☐ Kontaktierung aller Kunden und Erklärung der Situation ☐ Erläuterung der vorgenommenen / geplanten Gegenmaßnahmen ☐ Fragen wie der Kunde hierzu steht; auf Fragen / Bedürfnisse eingehen ☐ Kunden bestärken, dass er bei der Bank gut aufgehoben ist

Tabelle 47: Mögliche Vorgehensweisen zur Verhinderung von Kundenabgängen im Wealth Management
Quelle: Eigene Darstellung, basierend auf Gesprächen mit Kundenberatern und Teamleitern (K2)

---

[548] Begründet wird dies dadurch, dass die Kundenbindung grundsätzlich abnimmt, je länger der Kundenberater keinen Kontakt mehr zum Kunden hat. Dies kann i. d. R. zumindest in der Kündigungszeit des wechselnden Kundenberaters gewährleistet werden. In dieser Zeit hat der ‚neue' Kundenberater die Chance durch intensive Kundenpflege- / beratung (Fokus auf Vertrauensaufbau) dem Kunden aufzuzeigen, dass er beim neuen Berater in sehr guten Händen ist. Wird der wechselnde Kundenberater folglich für das Konkurrenzinstitut aktiv, soll die Kundenbindung zum ‚neuen' Kundenberater idealtypisch schon relativ hoch sein.

Betrachtet man diese dargestellten möglichen Vorgehensweisen, ist jedoch zu beachten, dass diese in der Praxis nicht direkt auf jede Kundenbeziehung eins zu eins übertragbar sind. Jeder Kunde ist individuell, deshalb ist es unabdingbar, für jeden abgangsgefährdeten Kunden eine kundenindividuelle Vorgehensweise zu erarbeiten und diese entsprechend umzusetzen. Dennoch sind die dargestellten Vorgehensweisen nach Meinung des Autors ausgesprochen nützlich und hilfreich, da sie aufzeigen, welcher Grundsystematik erfolgreiche Kundenberater bei der Bindung von abgangsgefährdeten Kunden folgen.

4.5.3. Das Team in der Kundenbindung / -entwicklung

Es stellt sich nun die Frage, welche Rolle das Wealth-Management-Team bzw. die einzelnen Teammitglieder im Kundenbindungs- und Kundenentwicklungsprozess haben. Die vorliegende Arbeit fokussiert sich hierbei auf eine praxisorientierte Aufgabenbeschreibung im Hinblick auf die gezielte Bindung und Entwicklung bestehender Kunden durch das Wealth-Management-Beratungsteam. In einem ersten Schritt wird das moderne Beratungsteam[549] mit Fokus auf diese beiden Themen im Überblick beschrieben. In einem vertiefenden zweiten Schritt soll dann aufgezeigt werden, wie die einzelnen Teammitglieder idealtypisch in den Prozess involviert sind.[550]

4.5.3.1. Das Team im Überblick

Das Beratungsteam fokussiert sich neben der Kundenberatung und der Akquisition auch auf die gezielte Bindung und Entwicklung von bestehenden Kunden. Nachfolgend soll das moderne Beratungsteam im Überblick dargestellt werden, wobei sich Abbildung 45 auf die Kundenbindung und Abbildung 46 auf die Kundenentwicklung mit entsprechender Erläuterung der themenspezifischen Interaktionsbeziehungen fokussiert.

Ziel des Beratungsteams bei der **Bindung** ist die Stabilisierung der Kundenbeziehung.[551] Dabei geht es im Wealth-Management-Geschäft insbesondere darum, den Wechsel zur Konkurrenz zu verhindern. Die zwei Hauptgründe, warum Kunden den Wealth-Management-Anbieter wechseln, sind Unzufriedenheit mit dem Service und schlechte

---

[549] Vgl. hierzu Abschnitt 3.2.5.4.
[550] Dies basiert auf Gesprächen mit Kundenberatern, Teamleitern (K2) und Experten (K3).
[551] Vgl. hierzu Abschnitt 4.5.1.

Beratung.[552] Das Team hat folglich im Hinblick auf die Kundenbindung die grundsätzliche Aufgabe eine hohe Service- und Beratungsqualität bereitzustellen, denn eine exzellente Kundenberatung ist zentral für eine erfolgreiche Kundenbindung.[553] Das Beratungsteam mit Fokus auf die Kundenbindung kann wie folgt visualisiert werden:[554]

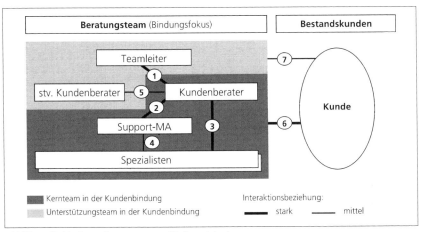

Abbildung 45: Modernes Beratungsteam (Bindungsfokus)
Quelle: Eigene Darstellung, basierend auf Gesprächen mit Kundenberatern, Teamleitern (K2) und Experten (K3)

Die einzelnen Interaktionsbeziehungen werden nun kurz erläutert:

① Um die Bindung der Nachfolgegeneration[555] und von abgangsgefährdeten Kunden[556] gezielt voranzutreiben, arbeitet der Teamleiter eng mit dem Kundenberater zusammen. Der Teamleiter unterstützt den Kundenberater bzw. das gesamte Kernteam insbesondere bei der Kundenidentifikation und der Erarbeitung von entsprechenden Bindungsmaßnahmen.

② Der Support-Mitarbeiter unterstützt den Kundenberater bei administrativen und abwicklungsorientierten Aufgaben.

③ Je nach Kundensituation und spezifischen Themen arbeitet der Kundenberater eng mit ausgewählten Spezialisten zusammen. Speziell bei der Überarbeitung des kundenindividuellen Anlagekonzepts von abgangsgefährdeten Kunden ist die Kooperation stark ausgeprägt. Aber auch beim Thema der Nachfolge werden insbesondere Wealth-Planning-Spezialisten verstärkt hinzugezogen.

---

[552] Vgl. IBM Business Consulting Services, London 2005, 33.
[553] Vgl. hierzu Abschnitt 4.5.2.1.
[554] Vgl. hierzu Abschnitt 3.2.5.4.

④ Abwicklungstechnische Aufgaben werden vom Kundenberater oft an den Support-Mitarbeiter delegiert, welcher dann direkt mit den Spezialisten in Kontakt tritt.

⑤ Der stellvertretende Kundenberater unterstützt den Berater durch gezielte Kundenfeedbackgespräche bei der Identifikation abgangsgefährdeter Kunden sowie bei der Erarbeitung entsprechender Bindungsmaßnahmen.

⑥ Die Umsetzung der erarbeiteten Bindungsmaßnahmen beim Kunden erfolgt üblicherweise durch das Kernteam unter der Leitung des Kundenberaters.

⑦ Teamleiter und stellvertretender Kundenberater sind je nach Bedarf bei der Umsetzung der erarbeiteten Bindungsmaßnahmen unterstützend tätig. Letzterer ist besonders bei abgangsgefährdeten Kunden verstärkt involviert.

Ziel des Beratungsteams bei der **Entwicklung** ist die Ausschöpfung des Ertragspotentials bestehender Kunden.[557] Analog zur Kundenbindung wird auch an dieser Stelle nochmals das Beratungsteam[558] dargestellt, jedoch mit Fokus auf die Interaktionsbeziehungen bei der Kundenentwicklung.

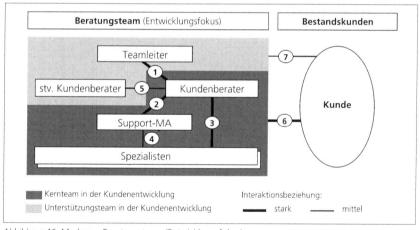

Abbildung 46: Modernes Beratungsteam (Entwicklungsfokus)
Quelle: Eigene Darstellung, basierend auf Gesprächen mit Kundenberatern, Teamleitern (K2) und Experten (K3)

---

[555] Vgl. hierzu Abschnitt 4.5.2.3.
[556] Vgl. hierzu Abschnitt 4.5.2.4.
[557] Vgl. hierzu Abschnitt 4.5.1.
[558] Vgl. hierzu Abschnitt 3.2.5.4.

Die einzelnen Interaktionsbeziehungen werden nun kurz erläutert:

(1) Um die Kundenentwicklung gezielt voranzutreiben, arbeitet der Teamleiter eng mit dem Kundenberater zusammen. Der Teamleiter unterstützt den Kundenberater bzw. das gesamte Kernteam insbesondere bei der Potentialidentifikation, bei der Kundensegmentierung und der Erarbeitung entsprechender Entwicklungsmaßnahmen.[559]

(2) Der Support-Mitarbeiter kennt, je nach Erfahrung, die Kunden und das Kundenbuch des Beraters oft sehr gut und kann daher oft wertvollen Input zur Potentialausschöpfung beitragen. Er unterstützt den Kundenberater zudem bei administrativen und abwicklungsorientierten Aufgaben.

(3) Je nach Bedarf und Kundensituation werden vom Kundenberater ausgewählte Spezialisten involviert. Diese können den Kunden aus ihrer spezialisierten Perspektive betrachten und dadurch insbesondere bei der Potentialidentifikation und der Maßnahmenerarbeitung einen wertvollen Beitrag leisten. Durchaus sinnvoll ist es auch, Spezialisten aus Verkaufsentwicklungsabteilungen zu involvieren, da diese eine gewisse Expertise aus ihrem unmittelbaren Arbeitsumfeld mitbringen können.

(4) Abwicklungstechnische Aufgaben werden vom Kundenberater oft an den Support-Mitarbeiter delegiert, welcher dann direkt mit den Spezialisten in Kontakt tritt.

(5) Der stellvertretende Kundenberater kennt die Kundenbeziehung meist aus einer anderen Perspektive und kann auch durch seine eigene Beratungserfahrung oft einen wertvollen Beitrag leisten.

(6) Die Umsetzung der erarbeiteten Entwicklungsmaßnahmen erfolgt dann durch das Kernteam unter der Leitung des Kundenberaters.

(7) Je nach Bedarf und Kundensituation sind auch der Teamleiter und der stellvertretende Kundenberater bei der Umsetzung beim Kunden unterstützend tätig.

---

[559] Vgl. hierzu Abschnitt 4.5.2.2.

Anschließend werden die einzelnen Rollen innerhalb des Beratungsteams im Hinblick auf den Bindungs- und Entwicklungsprozess beleuchtet. Der Fokus der weiteren Ausführungen liegt jedoch auf der Kundenentwicklung.[560] Es geht darum aufzuzeigen, welche Rolle bzw. Aufgaben Kundenberater, Teamleiter, Support-Mitarbeiter, stellvertretende Kundenberater und Spezialisten hierbei haben.

4.5.3.2. Die Rolle des Kundenberaters

Im Hinblick auf die **Kundenbindung** hat der Kundenberater die Verantwortung, dem Kunden eine strukturierte Beratung in höchster Qualität bereitzustellen.[561] Die Beratungsqualität ist zentral für eine erfolgreiche Kundenbindung.[562] Bei der gezielten Bindung von abgangsgefährdeten Kunden hat der Berater die Aufgabe, diese zu identifizieren, Bindungsmaßnahmen gemeinsam im Beratungsteam auszuarbeiten und entsprechend umzusetzen.[563] Zudem ist er auch dafür verantwortlich, bei älteren Kunden seines Kundenbuchs Maßnahmen zur generationsübergreifenden Kundenbindung zu erarbeiten und entsprechend umzusetzen.[564] Als Verantwortungsträger und Koordinator entscheidet der Kundenberater, wie die einzelnen Teammitglieder des Beratungsteams in den Bindungsprozess involviert werden.

Auch bei der **Kundenentwicklung** hat der Kundenberater eine ganz zentrale Rolle inne. Von der Potentialidentifikation bis hin zur Umsetzung von erarbeiteten Entwicklungsmaßnahmen ist er federführend tätig und entscheidet, wie die einzelnen Teammitglieder des Beratungsteams in den Prozess involviert werden. Basierend auf dem modernen Rollenverständnis des Kundenberaters[565] wird nun aufgezeigt, welche Rolle bzw. welche Aufgaben er bei der gezielten Kundenentwicklung hat. Die nachfolgende Tabelle 48 gibt hierzu einen Überblick. Anschließend werden die einzelnen Punkte kurz beleuchtet.

---

[560] Eine hohe Kundenbindung kann wesentlich durch eine hohe Beratungsqualität (vgl. hierzu Abschnitt 4.5.2.1.) erzielt werden. Die Rollen der einzelnen Teammitglieder in der Kundenberatung wurden bereits im Abschnitt 4.3.3. beschrieben. Daher fokussiert sich dieser Abschnitt verstärkt auf die Kundenentwicklung.
[561] Vgl. Abschnitt 4.3.2.
[562] Vgl. Abschnitt 4.5.2.1.
[563] Vgl. Abschnitt 4.5.2.4.
[564] Vgl. Abschnitt 4.5.2.3.
[565] Vgl. Abschnitt 3.2.3.3.

Prozessschritte[566]	Rolle des Kundenberaters im Kundenentwicklungsprozess

Potential-identifikation	▫ Systematische Analyse des Kundenbuchs um Ertragssteigerungspotential zu identifizieren. Der Fokus liegt auf:
	  - Up-Selling-Potential
	  - Cross-Selling-Potential
	  - Referenz- / Empfehlungspotential
	▫ Bespricht einzelne Kundenbeziehungen mit den Teamleiter und ausgewählten anderen Teammitgliedern

Kunden-segmentierung	▫ Segmentiert sein Kundenbuch nach dem Steigerungspotential der einzelnen Kundenbeziehungen (i. d. R. in Zusammenarbeit mit dem Teamleiter und ausgewählten anderen Teammitgliedern) ▫ Der Entwicklungsfokus liegt zuerst auf jenen Kunden mit hohem Potential (danach auf jenem mit mittlerem und schließlich auf jenen mit geringem Potential)
Maßnahmen-erarbeitung	▫ Leitet und koordiniert die Erarbeitung entsprechender Entwicklungsmaßnahmen für ausgewählte Kunden ▫ Entscheidet je nach Kundenbedürfnis / -situation, wer aus dem Beratungsteam involviert wird
Umsetzung der Maßnahmen (beim Kunden)	▫ Kontaktiert den Kunden und vereinbart persönliches Gespräch ▫ Entscheidet wer ins Kundengespräch involviert wird ▫ Diskutiert erarbeitete Kundenlösungen (Up- / Cross-Selling) mit Kunden ▫ Koordiniert die Umsetzung der Kundenlösung (wenn dies auch im Interesse des Kunden ist) ▫ Fragt (bei Referenzpotential) den Kunden pro-aktiv nach Empfehlungen

Tabelle 48: Rolle des Kundenberaters im Kundenentwicklungsprozess
Quelle: Eigene Darstellung, basierend auf Gesprächen mit Kundenberatern und Teamleitern (K2)

Eine gezielte, systematische Vorgehensweise ist bei der Kundenentwicklung sehr sinnvoll und nützlich.[567] Der Kundenberater hat hierbei die Aufgabe, sein Kundenbuch – Kunden für Kunden – zu analysieren. Der Fokus dieser Analyse liegt auf der Identifikation von Up-Selling, Cross-Selling und Referenz / -Empfehlungspotential für jeden einzelnen Kunden des Kundenbuchs.[568] Der Kundenberater ist verantwortlich für die Analyse der einzelnen Kundenbeziehungen und entscheidet, wer aus dem Beratungsteam hierbei involviert wird. Dies geschieht i. d. R. nach Rücksprache mit dem Teamleiter, welcher bei der Potentialidentifikation eng mit dem Kundenberater zusammenarbeitet.[569] Der Kundenberater soll dann eine Segmentierung anhand des Ertragssteigerungspotentials der einzelnen Kundenbeziehungen vornehmen,[570] was üblicherweise wiederum in enger Zusammenarbeit mit dem Teamleiter erfolgt. Der Entwicklungsfokus des Kundenberaters liegt dann in einer ersten Phase auf jenen Kundenbeziehungen mit einem identifizierten hohen Potential.[571]

---

[566] Vgl. Abschnitt 4.5.2.2.
[567] Dies basiert auf Gesprächen mit Kundenberatern, Teamleitern (K2) und Experten (K3).
[568] Vgl. hierzu speziell Abbildung 38.
[569] Vgl. hierzu Abschnitt 4.5.3.3.
[570] Ein Vorschlag zur Kundensegmentierung zeigt Abbildung 39.
[571] In einer zweiten und dritten Phase widmet sich der Kundenberater dann jenen Kundenbeziehungen mit mittlerem und geringem Potential.

Der Kundenberater leitet und koordiniert dann die Erarbeitung entsprechender kundenindividueller Entwicklungsmaßnahmen. Auch hier entscheidet er wieder, je nach Kundenbedürfnis / -situation, wer bei dieser Erarbeitung involviert wird. Wurden entsprechende Maßnahmen im Team erarbeitet, kontaktiert der Berater den Kunden und vereinbart i. d. R. ein persönliches Gespräch. Der Kundenberater leitet dann dieses Kundengespräch und diskutiert mit dem Kunden die erarbeiteten Lösungen. Ist die offerierte Lösung im Interesse des Kunden, ist der Kundenberater für die effektive Umsetzung verantwortlich und koordiniert diese. Bei Kunden mit hohem Referenzpotential hat der Kundenberater die primäre Aufgabe, den Kunden pro-aktiv nach Empfehlungen zu potentiellen Neukunden zu fragen. Konnten dadurch neue potentielle Kunden identifiziert werden, hat der Kundenberater die Aufgabe, den Erstkontakt zu planen und zu initiieren. Der Kundenberater befindet sich dann schon in der Anfangsphase des Akquisitionsprozesses.[572]

4.5.3.3. Die Rolle des Teamleiters

Der Teamleiter hat mit jedem einzelnen Kundenberater Kundenbindungs-[573] und Kundenentwicklungsziele[574] zu definieren, wobei er die Kundenberater bei der Erreichung dieser Ziele begleiten und unterstützen soll.

Im Hinblick auf die **Kundenbindung** hat der Teamleiter systematisch Kundenfeedback einzuholen und dies mit dem Kundenberater zu diskutieren und gegebenenfalls Maßnahmen zur Verbesserung zu erarbeiten.[575] Im Hinblick auf die generationsübergreifende Kundenbindung hat der Teamleiter sicherzustellen, dass mögliche Strategien für identifizierte Kunden in Kooperation mit Spezialisten, vor allem Wealth-Planning-Spezialisten, erarbeitet werden. Bei strategisch wichtigen oder vermögensstarken Kunden ist der Teamleiter meist in die Umsetzung der erarbeiteten Maßnahmen involviert. Ähnlich unterstützt der Teamleiter den Kundenberater auch bei abgangsgefährdeten Kunden. Hier ist er vor allem bei der Erarbeitung der strategischen Herangehensweise und der Umsetzung beim Kunden involviert.

---

[572] Vgl. hierzu Abschnitt 4.4.3.
[573] Mögliche Zielgröße bei der Kundenbindung sind z. B.: Anzahl Kundenabgänge in Prozent der Gesamtkundenanzahl oder Vermögensabgänge in Prozent des verwaltete Gesamtvermögens.
[574] Mögliche Zielgrößen bei der Kundenentwicklung sind z. B.: Prozentuelle / Absolute Steigerung des *Return on Assets* oder prozentuelle / absolute Steigerung des *Share of Wallet* bei einzelnen Kunden.
[575] Vgl. hierzu Abschnitt 4.3.3.5.

Im Hinblick auf die **Kundenentwicklung** agiert der Teamleiter zum einen als Coach, zum anderen als Teammitglied im Kundenentwicklungsprozess.[576] Das Thema „Coaching" wurde bereits in Abschnitt 4.4.3.3. beleuchtet. An dieser Stelle sollen dem Teamleiter lediglich einige Beispielfragen zum Coaching-Gespräch mit Kundenberatern im Hinblick auf eine gezielte Kundenentwicklung gegeben werden:

GROW	Coaching-Fragen zur Kundenentwicklung (Beispiele)
Goal	☐ Welches Ziel haben Sie in diesem Jahr bezüglich Return on Assets? ☐ Welches Ziel haben Sie in diesem Jahr bezüglich Share of Wallet?
Reality	☐ Wo stehen Sie heute im Hinblick auf diese Zielerreichung? ☐ Was haben Sie bisher getan, um dieses Ziel zu erreichen? ☐ Auf welche Probleme / Hindernisse sind Sie in diesem Zusammenhang gestoßen?

Options	☐ Welche Möglichkeiten sehen Sie, …
	   … den Anteil von Verwaltungs- / Mandatslösungen in Ihrem Kundenbuch zu erhöhen?
	   … Cash-Positionen in Ihrem Kundenbuch zu reduzieren?
	   … den Anteil von Spezialberatungs-, Liability- und Life-Cycle-Lösungen in Ihrem Kundenbuch zu erhöhen?
	   … zusätzliche Assets von Ihren bestehenden Kunden zu akquirieren?
	 ☐ Wer / Was könnte Sie unterstützen, Ihre Ziele zu erreichen?
	 ☐ Wie kann ich als Teamleiter Sie unterstützen, Ihre Ziele zu erreichen?

Way forward	☐ Wie sehen Ihre konkreten weiteren Schritte zur Realisierung der besprochenen und fokussierten Optionen aus? ☐ Welche konkreten Schritte unternehmen Sie bis zum nächsten Coaching-Gespräch?

Tabelle 49: Coaching-Fragen zur Kundenentwicklung (Beispiele)
Quelle: Eigene Darstellung, basierend auf Expertengesprächen (K3)

Neben der Rolle als Coach agiert der Teamleiter aber auch als Teammitglied bei der Potentialidentifikation, der Kundensegmentierung, der Maßnahmenerarbeitung und der effektiven Umsetzung beim Kunden. Die nachfolgende Tabelle 50 gibt einen Überblick, welche Aufgaben der Teamleiter[577] hierbei hat. Anschließend werden die einzelnen Punkte kurz beleuchtet.

---

[576] Dies basiert auf Gesprächen mit Teamleitern (K2) und Experten (K3).
[577] Vgl. hierzu Abschnitt 3.2.4.3.

Prozessschritte	Rolle des Teamleiters im Kundenentwicklungsprozess
Potential-identifikation	☐ Unterstützt den Kundenberater bei der Analyse des Kundenbuchs ☐ Bespricht mit dem Kundenberater ausgewählte Kunden (besonders vermögensstarke und strategisch wichtige Kunden)
Kunden-segmentierung	☐ Segmentiert zusammen mit dem Kundenberater die einzelnen Kundenbeziehungen nach dem Steigerungspotential (Assets, Return on Assets)
Maßnahmen-erarbeitung	☐ Unterstützt den Kundenberater resp. das Kernteam bei der Erarbeitung von Entwicklungsmaßnahmen (insb. bei jenen Kundenbeziehungen, wo er schon bei der Potentialidentifikation verstärkt involviert war) ☐ Stellt Erfahrungsaustausch innerhalb des organisatorischen Teams sicher
Umsetzung der Maßnahmen (beim Kunden)	☐ Teilweise bei der Lösungspräsentation beim Kunden involviert (besonders bei vermögensstarken und strategisch wichtigen Kunden) ☐ Fragt Kunden im Rahmen von Kundenfeedbackgesprächen pro-aktiv nach Empfehlungen

Tabelle 50: Rolle des Teamleiters im Kundenentwicklungsprozess
Quelle: Eigene Darstellung, basierend auf Gesprächen mit Kundenberatern und Teamleitern (K2)

Im Hinblick auf die Potentialidentifikation unterstützt der Teamleiter den Kundenberater bei der Analyse des Kundenbuchs. Er bespricht mit dem Kundenberater i. d. R. jede einzelne Kundenbeziehung im Bezug auf Cross-Selling, Up-Selling und Referenzpotential. Nach dieser Potentialanalyse segmentiert der Teamleiter zusammen mit dem Kundenberater die einzelnen Kundenbeziehungen. Als Segmentierungskriterium wird i. d. R. das *Asset-* und *Return on Asset*-Potential herangezogen.[578] Auch bei der Erarbeitung von entsprechenden Entwicklungsmaßnahmen für die einzelnen Kundenbeziehungen ist der Teamleiter unterstützend tätig. Er ist jedoch weniger bei der effektiven Erarbeitung der Maßnahmen involviert, sondern gibt dem Kundenberater resp. dem Team vielmehr Feedback zu den erarbeiteten Lösungen und spricht Verbesserungsmöglichkeiten an.

Zudem hat der Teamleiter auch die zentrale Aufgabe, innerhalb des organisatorischen Teams einen Erfahrungsaustausch sicherzustellen, damit die verschiedenen Beratungsteams gegenseitig voneinander lernen. Der Teamleiter ist teilweise auch bei der Umsetzung der erarbeiteten Maßnahmen beim Kunden involviert. Bei vermögensstarken und strategisch wichtigen Kunden ist er normalerweise immer unterstützend tätig. Im Hinblick auf die Ausschöpfung des Referenzpotentials hat der Teamleiter auch die Möglichkeit, die Kunden im Rahmen von gezielten Kundenfeedbackgesprächen pro-aktiv nach Empfehlungen zu fragen. Besonders wenn sich Kunden sehr positiv über die Kundenbeziehungsgestaltung äußern, sollte das Thema der Weiterempfehlung ganz gezielt angesprochen werden.[579]

---

[578] Vgl. hierzu Abschnitt 5.4.2. (speziell Abbildung 39).
[579] Dies basiert auf Gesprächen mit Teamleitern (K2).

4.5.3.4. Die Rolle des Support-Mitarbeiters

Im Hinblick auf die **Kundenbindung** hat der Support-Mitarbeiter die Aufgabe, den Kundenberater im Beratungsprozess bestmöglich zu unterstützen.[580] Bei der Maßnahmenerarbeitung für abgangsgefährdete Kunden und Nachfolgegenerationen ist er üblicherweise nicht direkt involviert, unterstützt jedoch bei entsprechenden administrativen und abwicklungsorientierten Aufgaben.

Bei der **Kundenentwicklung** kann der Support-Mitarbeiter insbesondere bei der Potentialidentifikation und der Maßnahmenerarbeitung einen Beitrag leisten. Er kennt das Kundenbuch des Beraters i. d. R. relativ gut und kann so aus seiner Perspektive mögliches Entwicklungspotential aufzeigen. Auch bei der Erarbeitung von Entwicklungsmaßnahmen ist er unterstützend tätig. Zum einen denkt er zusammen mit dem Team über gezielte Maßnahmen nach, zum anderen hat er die Aufgabe administrative und organisatorische Abwicklungen in diesem Zusammenhang zu erledigen. Er unterstützt den Kundenberater auch bei der Aufbereitung von Vorschlägen für den Kunden.

4.5.3.5. Die Rolle des stellvertretenden Kundenberaters

Der stellvertretende Kundenberater hat im Hinblick auf die **Kundenbindung** die Aufgabe, den Hauptkundenberater im Beratungsprozess zu unterstützen und diesen bei Abwesenheit möglichst vollumfänglich zu vertreten.[581] Im Bezug auf die Kundenzufriedenheit[582] ist es wesentlich, dass dem Kunden jederzeit ein kompetenter Ansprechpartner zur Verfügung steht, den er im Idealfall persönlich kennt. Der stellvertretende Kundenberater sollte somit in regelmäßigen Abständen in die Kundengespräche involviert sein. Zudem hat er die Aufgabe, gezielt Kundenfeedback einzuholen und dies mit dem Kundenberater resp. dem Beratungsteam zu diskutieren und gegebenenfalls Maßnahmen zur Verbesserung zu erarbeiten.[583] So kann die

---

[580] Vgl. hierzu Abschnitt 4.3.3.3.
[581] Vgl. hierzu Abschnitt 4.3.3.6.
[582] Die Kundenzufriedenheit ist ein zentrales Element der Kundenbindung. Vgl. hierzu auch Abbildung 35.
[583] Vgl. hierzu Abschnitt 4.3.3.6. Wurden im Kundenfeedbackgespräch zentrale verbesserungswürdige Punkte identifiziert, soll im anschließenden Gespräch mit dem Kundenberater immer der Teamleiter hinzugezogen werden. Durch solche Feedbackgespräche lassen sich auch oft abgangsgefährdete Kunden relativ gut identifizieren.

Kundenbeziehungsgestaltung laufend verbessert und folglich die Bindung zum Kunden gestärkt werden.[584]

Bei der **Kundenentwicklung** ist der stellvertretende Kundenberater insbesondere bei der Potentialidentifikation, aber teilweise auch bei der Maßnahmenerarbeitung und Umsetzung involviert. Da er die Kundenbeziehungen des Hauptkundenberaters meist relativ gut kennt, kann er bei der Diskussion über mögliches Up-Selling-, Cross-Selling- und Referenzpotential üblicherweise einen wesentlichen Beitrag leisten. Teilweise ist der stellvertretende Kundenberater auch bei der Maßnahmenerarbeitung und der Umsetzung involviert, wobei dies i. d. R. eher nicht der Fall ist.[585] Bei der Maßnahmenerarbeitung kann er zugezogen werden, wenn er bei einem Entwicklungsthema eine spezielle Expertise bzw. Erfahrungen hat. Bei der Umsetzung beim Kunden macht der Einbezug des stellvertretenden Kundenberaters insbesondere dann Sinn, wenn dieser bereits ein sehr gutes Beziehungsverhältnis zum Kunden hat.

4.5.3.6. Die Rolle der Spezialisten

Im Hinblick auf die **Kundenbindung** haben die Spezialisten insbesondere die Aufgabe, den Kundenberater im Beratungsprozess tatkräftig zu unterstützen.[586] Speziell bei der Entwicklung und Überarbeitung des kundenindividuellen Anlagekonzepts leisten sie einen wesentlichen Beitrag. Durch die Bereitstellung bedürfnisorientierter und maßgeschneiderter Kundenlösungen kann die Bindung zum Kunden gestärkt werden.[587]

Die Spezialisten haben bei der **Kundenentwicklung** eine bedeutende Rolle inne. Neben der Potentialidentifikation sind ausgewählte Spezialisten insbesondere bei der Erarbeitung von Entwicklungsmaßnahmen und der entsprechenden Umsetzung

---

[584] Dies basiert auf Gesprächen mit Kundenberatern und Teamleitern (K2).
[585] Grund hierfür ist, dass der stellvertretende Kundenberater i. d. R. selbst als Kundenberater agiert und dafür verantwortlich ist, seine eigenen Kunden gezielt zu entwickeln. Aus ressourcentechnischen Gründen ist er daher bei der Maßnahmenerarbeitung und Umsetzung bei Kunden seines Teamkollegen üblicherweise nicht involviert, bei der Potentialidentifikation hingegen schon. Die Diskussion über mögliches Entwicklungspotential nimmt zum einen weniger Zeit (als die Erarbeitung und Umsetzung) in Anspruch und zum anderen kann er bei der Identifikationsphase durch einzelne Anregungen oft einen großen Mehrwert leisten.
[586] Vgl. hierzu ausführlicher Abschnitt 4.3.3.4.
[587] Dies basiert auf Gesprächen mit Kundenberatern und Teamleitern (K2). Vgl. hierzu Abschnitt 4.5.2.1.

involviert. Die nachfolgende Tabelle 51 gibt einen Überblick, welche Rolle bzw. Aufgaben die Spezialisten im Kundenentwicklungsprozess haben. Anschließend werden die einzelnen Punkte kurz beleuchtet.

Prozessschritte	Rolle der Spezialisten im Kundenentwicklungsprozess
Potential-identifikation	▫ Unterstützt teilweise bei der Analyse des Kundenbuchs um Ertragssteigerungspotential zu identifizieren (oft werden einzelne Themen verstärkt fokussiert) ▫ Bei gezielten Einzelkundenanalysen werden ausgewählte Spezialisten je nach Kundensituation in die Potentialidentifikation involviert
Kundensegmentierung	▫ I. d. R. nicht involviert
Maßnahmenerarbeitung	▫ Unterstützt bei der Erarbeitung von Entwicklungsmaßnahmen - Maßnahmen zur Realisierung von Referenzpotential - Kundenlösungen zur Realisierung von Up-Selling / Cross-Selling-Potential ▫ Aufbereitung einzelner Spezialthemen (Beiträge zur Kundenpräsentation)
Umsetzung der Maßnahmen (beim Kunden)	▫ Präsentation der erarbeiteten Spezialthemen beim Kunden ▫ Diskussion des Vorschlags mit dem Kunden (auf spezifische Kundenanliegen fachkompetent eingehen) ▫ Umsetzung der Kundenlösung (wenn dies im Interesse des Kunden ist)

Tabelle 51: Rolle der Spezialisten im Kundenentwicklungsprozess
Quelle: Eigene Darstellung, basierend auf Gesprächen mit Kundenberatern und Teamleitern (K2)

Bei der allgemeinen Potentialanalyse des Kundenbuchs nach Cross-Selling-, Up-Selling und Referenzpotential sind die Spezialisten i. d. R. nicht involviert. Im Hinblick auf eine gezielte Steigerung des Ertragspotentials kann es aber durchaus auch sinnvoll sein, das Kundenbuch im Bezug auf einzelne Spezialthemen zu analysieren. Beispielhaft können einzelne Kunden dahingehend untersucht werden, wie hoch der Anteil an alternativen Investments in der Portfoliostruktur ist. In diesem Fall kann ein Anlagespezialist aus dem Bereich der alternativen Anlagen oder ein Portfoliooptimierungsspezialist durchaus einen Beitrag leisten.

Bei der Erarbeitung gezielter Entwicklungsmaßnahmen zur Realisierung des identifizierten Potentials sind i. d. R. jedoch immer einzelne ausgewählte Spezialisten involviert. Geht es um die Ausschöpfung des Referenzpotentials, werden meist Spezialisten aus Verkaufsentwicklungsabteilungen ins Team integriert, welche dann bei der Ausarbeitung und teilweise auch bei der Umsetzung von gezielten Maßnahmen wesentlich unterstützend tätig sind. Zur Ausschöpfung von Up-Selling- und Cross-Selling-Potential werden je nach Kundensituation und -bedürfnis ausgewählte Spezialisten aus den Bereichen Anlageberatung, Finanzierungsberatung und Wealth Planning integriert. Diese haben dann die Aufgabe, einzelne Spezialthemen aufzunehmen und einen Lösungsvorschlag zu erarbeiten. Hierbei ist jedoch immer sicherzustellen, dass dieser Vorschlag im Einklang mit dem Gesamtanlagekonzept des Kunden steht. Dies zu überprüfen und sicherzustellen ist wesentliche Aufgabe des Kundenberaters. Die Spezialisten haben auch die Aufgabe, ihre Spezialthemen so aufzubereiten, dass diese dem Kunden überzeugend und verständlich präsentiert werden können.

Bei der Präsentation der erarbeiteten Vorschläge beim Kunden werden die Spezialisten, welche an den Kundenlösungen wesentlich mitgewirkt haben, meist hinzugezogen. Sie haben im Kundengespräch vor allem die Aufgabe, den Spezialvorschlag zu präsentieren und auf spezifische Anliegen des Kunden fachkompetent einzugehen. Ist der Kunde von der vorgeschlagenen Lösung überzeugt, setzen die Spezialisten dies entsprechend um, wobei der Kundenberater die Endverantwortung trägt und dies entsprechend zu koordinieren und zu überprüfen hat.

4.6. Kundenrückgewinnung

Will man das Wealth-Management-Geschäft gezielt entwickeln, ist neben der Akquisition, Entwicklung und Bindung auch die gezielte Rückgewinnung verlorener Kunden von zentraler Bedeutung. Zum einen sind die Kosten für die Rückgewinnung eines verlorenen Kunden um drei- bis viermal geringer als für die Akquisition eines Neukunden,[588] zum anderen weisen zurückgewonnene Kunden häufig eine höhere Loyalität sowie ein stärker ausgeprägtes Weiterempfehlungsverhalten als permanent treue Kunden auf.[589] Zudem bleiben zurückgewonnene Kunden dem Unternehmen im Vergleich zu ihrer ersten Beziehung tendenziell länger treu.[590]

4.6.1. Theoretische Grundlagen

Auch für den Begriff der Kundenrückgewinnung findet sich in der Theorie und Praxis keine einheitliche Definition. Die Kundenrückgewinnung umfasst – grob definiert – alle Maßnahmen, die das Unternehmen ergreift, um Kunden zu halten, die eine Geschäftsbeziehung kündigen, bzw. Kunden zurückzugewinnen, die die Geschäftsbeziehung bereits abgebrochen haben.[591] Bei der gezielten Kundenrückgewinnung werden generell folgende Ziele verfolgt:[592]

- Ausschöpfung des Profitabilitätspotentials verlorener Kunden
- Minimierung negativer Auswirkungen von Abwanderungen unzufriedener Kunden[593]
- Informationsgewinnung aus der Abwanderungsursachenanalyse zur kontinuierlichen Verbesserung von Leistungen und Prozessen

---

[588] Vgl. Schüller, A. M., Come back! Wie Sie verlorene Kunden zurückgewinnen, Zürich 2007, 13.
[589] Vgl. Schäfer, H. / Karlshaus, J. / Sieben, F., Customer Recovery. Profitabilität durch systematisches Rückgewinnen von Kunden, in Absatzwirtschaft, Jg. 43, Nr. 12, 58.
[590] Vgl. Rutsatz, U., Kundenrückgewinnung durch Direktmarketing, Wiesbaden 2004, 180.
[591] Vgl. Stauss, B., Wiesbaden 2000, 456.
[592] Vgl. Stauss, B. / Fiege, C., Kundenwertorientiertes Rückgewinnungsmanagement, in Günter, B. / Helm, S. (Hrsg.): Kundenwert. Grundlagen – Innovative Konzepte – Praktische Umsetzungen, 2. Auflage, Wiesbaden 2003, 526; Stauss, B., Wiesbaden 2000, 456.
[593] Untersuchungen im Finanzdienstleistungsbereich zeigen, dass ein abgewanderter Kunde durch das Verbreiten schlechter Erfahrungen im Durchschnitt rund 1,5 weitere Abwanderungen verursacht. Vgl. Homburg, C. / Fürst, A. / Sieben, F., Willkommen zurück!, in: Havard Business Manager, Jg. 25, Nr. 12, 58.

Um diese Ziele zu erreichen, stellt Stauss wie folgt einen allgemeinen Rückgewinnungsprozess dar:[594]

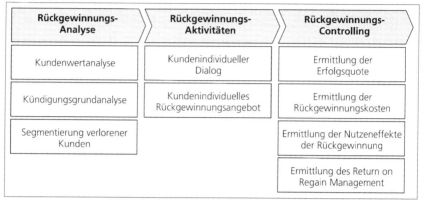

Abbildung 47: Kundenrückgewinnungsprozess
Quelle: Leicht modifiziert nach Stauss, B., Wiesbaden 2000, 457

Bei der kundenbezogenen Rückgewinnungsanalyse soll primär die informatorische Basis geschaffen werden, um dann im Rahmen der Rückgewinnungsaktivitäten konkrete Maßnahmen planen und umsetzen zu können, welche schließlich im Rückgewinnungs-Controlling auf deren ökonomischen Effekte hin überprüft werden können.

Bei der Rückgewinnungsanalyse stellt sich grundsätzlich die Frage, ob die verlorenen Kunden überhaupt zurückgewonnen werden sollen. So existieren vereinzelt Kundenbeziehungen, bei dem das anbietende Unternehmen bspw. aufgrund eines negativen Deckungsbeitrags die Kundenbeziehung von sich aus beenden möchte. Die Kundenwertanalyse dient dazu der Bestimmung, welchen Wert eine Kundenbeziehung für das Unternehmen hat.[595] Bei der Kündigungsgrundanalyse werden im Wesentlichen

---

[594] Vgl. Stauss, B., Wiesbaden 2000, 457.
[595] Zur Bestimmung des Kundenwerts vgl. z. B. Cornelsen, C., Nürnberg 2000; Föhn, P., Kundenwert im Private Banking, Zürich 2006; Nigsch, M., Customer Valuation. Kategorisierung, Beschreibung und Bewertung ausgewählter Ansätze zur Messung des Kundenwertes, Witten / Herdecke 2005. Die Kundenwertanalyse wird in Abschnitt 4.6.2. nicht explizit berücksichtigt, da es in der Wealth-Management-Praxis nur sehr selten vorkommt, dass man einen Kunden nicht zurückgewinnen möchte. Dies basiert auf Expertengesprächen (K3). Vor diesem Hintergrund und dem Aufwand, welcher mit einer umfassenden Kundenwertanalyse einhergeht, ist nach Meinung des Autors in diesem speziellen Fall eine umfassende Kundenwertanalyse ökonomisch nicht sinnvoll.

die Ursachen für die Kundenabwanderung analysiert. Grundsätzlich lassen sich verlorene Kunden im Hinblick auf die Ursachenanalyse wie folgt kategorisieren:[596]

- Unternehmensbezogene Kündigungsgründe
  Diese Kunden gehen verloren, weil die erbrachten Unternehmensleistungen nicht den Erwartungen des Kunden entsprechen. Dies kann unterschiedliche Gründe haben. So können diese Kunden bspw. mit der Qualität des Produkt- oder Dienstleistungsangebots, dem Mitarbeiterverhalten, der Informations- und Servicepolitik, den Wartezeiten oder dem generellen Preisniveau unzufrieden sein.

- Wettbewerbsbezogene Kündigungsgründe
  Diese Kunden gehen verloren, weil ein konkurrierender Anbieter dem Kunden ein in preislicher oder qualitativer Hinsicht überlegenes Angebot offeriert, welches den Kunden so überzeugt, dass es einen Wechsel auslöst.

- Kundenbezogene Kündigungsgründe
  Diese Kunden gehen verloren, weil sich die Lebenssituation, das Alter oder der Lebensstil des Kunden so verändert, dass er nach eigener Einschätzung oder faktisch nicht mehr als Kunde in Frage kommt. Die Ursachen hierfür können vielseitig sein. So kann es bspw. vorkommen, dass der Kunde gar keinen Bedarf mehr am Produkt- oder Dienstleistungsangebot hat, seinen Wohnsitz wechselt oder aufgrund finanzieller Engpässe die Kundenbeziehung beendet.

Vor dem Hintergrund der Kundenwertanalyse und der Kündigungsgrundanalyse lässt sich eine Segmentierung der verlorenen Kunden vornehmen.[597] Grundsätzlich soll die Kundensegmentierung festlegen, welche verlorenen Kunden mit welcher Priorität angegangen werden.

Bei der Rückgewinnungsaktivität geht es im Wesentlichen darum, den Dialog mit dem Kunden zu suchen und kundenindividuelle Maßnahmen zur Rückgewinnung des verlorenen Kunden zu planen und umzusetzen.[598] Durch den Dialog mit den zurückzugewinnenden Kunden können weitere Informationen in Bezug auf Abwanderungsgründe oder Rückgewinnungsbarrieren gewonnen werden.[599] Geht es dann um die Planung und die effektive Umsetzung von Maßnahmen beim Kunden, ist das Timing der Kundenansprache insbesondere bei unternehmensbedingten Kündigungen nicht unwesentlich. Hierzu gibt es jedoch verschiedene Meinungen,

---

[596] Vgl. Büttgen, M., Recovery Management, in: Die Betriebswirtschaft, Jg. 61, Nr. 3, 399. Stauss, B., Wiesbaden 2000, 459 ff. wiederum differenziert zwischen den absichtlich vertriebenen, den unabsichtlich vertriebenen, den abgeworbenen, den weggekauften, den ungewollt ausscheidenden und den sich entfernenden Kunden.
[597] Vgl. hierzu ausführlicher Stauss, B., Wiesbaden 2000, 461 ff.
[598] Vgl. Stauss, B., Wiesbaden 2000, 464 ff.
[599] Vgl. Rutsatz, U., Wiesbaden 2004, 46.

Erfahrungen und empirische Ergebnisse. Es lassen sich grundsätzlich zwei Vorgehensweisen mit entsprechenden Argumenten unterscheiden: Zum einen sollen Kunden unmittelbar nach Eingang der Kündigung angesprochen werden, da eine erfolgreiche Rückgewinnung umso wahrscheinlicher ist, je schneller das Unternehmen mit entsprechenden Maßnahmen reagiert.[600] Die Ereignisse sind so noch aktuell und der verlorene Kunde ist noch nicht stark an ein anderes Unternehmen gebunden.[601] Zum anderen hat sich gezeigt, dass eine Kundenrückgewinnung erfolgreicher ist, wenn der verlorene Kunde nicht sofort angesprochen wird, sondern wenn dies zu einem späteren Zeitpunkt erfolgt.[602] Begründet wird dies dadurch, dass der Kunde negative Erfahrungen mit dem Unternehmen nach einer bestimmten Zeit vergessen bzw. verdrängt hat und einer Rückkehr eher wieder positiv gegenübersteht.[603] Unabhängig vom Timing der Kundenansprache ist es jedoch sehr empfehlenswert, wenn das Rückgewinnungsangebot bzw. das erarbeitete Maßnahmenpaket individuell auf den Kunden zugeschnitten ist, da dies die Rückgewinnungswahrscheinlichkeit stark erhöht.[604]

Beim Rückgewinnungs-Controlling geht es um die Bestimmung des ökonomischen Effekts der Kundenrückgewinnungsanstrengungen eines Unternehmens. Hierzu können die Erfolgsquote, die Rückgewinnungskosten, der Nutzeneffekt der Rückgewinnung und die Rendite des Rückgewinnungsmanagements ermittelt werden.[605] Die Erfolgsquote ergibt sich aus der Anzahl der zurückgewonnen Kunden im Verhältnis zur Anzahl der kontaktierten Kunden.[606] Zu den Rückgewinnungskosten, die für den Einsatz von Rückgewinnungsmaßnahmen entstehen, zählen insbesondere Personal-, Kommunikations-, Reaktions- und anteilige Gemeinkosten.[607] Neben den Kosten sind jedoch auch die Erlös- bzw. Nutzeneffekte zu berücksichtigen. Diese setzten sich

---

[600] Vgl. hierzu Schäfer, H. / Karlshaus, J. / Sieben, F., 2000, 64; Sauerbrey, C., Studie zum Customer Recovery Management von Dienstleistern, Arbeitspapier 45, Hannover 2000, 15; Miller, J. L. / Craighead, C. W. / Karwan, K. R., Service Recovery. A Framework and Empirical Investigations, in: Journal of Operations Management, Vol. 18, 2000, 397; Thomas, J. S. / Blattberg, R. C. / Fox, E. J., Recapturing Lost Customers, in : Journal of Marketing Research, Vol. 41, 2004, 38.
[601] Vgl. Schäfer, H. / Karlshaus, J. / Sieben, F., 2000, 64.
[602] Vgl. Rutsatz, U., Wiesbaden 2004, 217; Michalski, S., Kundenabwanderungs- und Kundenrückgewinnungsprozesse, Wiesbaden 2002, 166.
[603] Vgl. Rutsatz, U., Wiesbaden 2004, 217.
[604] Vgl. Sieben, F., Rückgewinnung verlorener Kunden, Wiesbaden 2002, 74.
[605] Vgl. Stauss, B. Wiesbaden 2000, 466 ff.
[606] Vgl. Michalski, S., Wiesbaden 2002, 208 f.
[607] Vgl. Stauss, B., Wiesbaden 2000, 467.

wesentlich aus dem Profitabilitätsnutzen (Kundenwert), dem Kommunikationsnutzen (Verhinderung negativer Mund-zu-Mund Kommunikation; Weiterempfehlungsverhalten) sowie dem Informationsnutzen (Einsparung gesonderter Analysen zu Defiziten im Unternehmen) zusammen.[608] Stauss erwähnt in diesem Zusammenhang auch den Nutzen des vermiedenen Kundenersatzes, da ein zurückgewonnener Kunde nicht durch einen Neukunden (Akquisitionskosten) ersetzt werden muss, um den bisherigen Kundenstamm zu halten.[609] Der Rückgewinnungserfolg ergibt sich wiederum als Differenz zwischen dem quantifizierten Rückgewinnungsnutzen und den Rückgewinnungskosten. Die Rückgewinnungsrendite (Return on Regain Management) ergibt sich schließlich als Quotient aus Rückgewinnungsnutzen und -kosten.

4.6.2. Kundenrückgewinnung im Wealth Management

Vor dem Hintergrund der erarbeiteten theoretischen Grundlagen soll nun die Kundenrückgewinnung im Wealth-Management-Geschäft näher beleuchtet werden. Grundsätzliches Ziel der Kundenrückgewinnung ist, Kunden, die gerade kündigen, bzw. Kunden, die die Geschäftsbeziehung bereits abgebrochen haben, zurückzugewinnen. Der Rückgewinnungsprozess, mit dem dieses Ziel erreicht werden soll, kann für das Wealth Management wie folgt darstellt werden:

Prozessschritte	Ziele
Identifikation	Identifikation von Kunden die gerade kündigen bzw. die die Geschäftsbeziehung bereits abgebrochen haben
Analyse der Gründe	Identifikation und Analyse der Kündigungsgründe der abwandernden / abgewanderten Kunden
Erarbeitung von Maßnahmen	Erarbeitung von kundenindividuellen Maßnahmen zur Rückgewinnung
Umsetzung	Kundenrückgewinnung durch eine gezielte und konsequente Umsetzung der erarbeiteten Maßnahmen
Erfolgskontrolle	Überprüfung des ökonomischen Erfolgs der ergriffenen Maßnahmen
Prävention	Umsetzung präventiver Maßnahmen zur Minimierung von zukünftigen Kundenabgängen (kontinuierliche Verbesserung)

Abbildung 48: Prozess der Kundenrückgewinnung im Wealth Management
Quelle: Eigene Darstellung, basierend auf Expertengesprächen (K3)

---

[608] Vgl. Michalski, S., Wiesbaden 2002, 213 f.
[609] Vgl. Stauss, B., Wiesbaden 2000, 467.

Die einzelnen Prozesse werden nachfolgend beschrieben, mit einem verstärkten Fokus auf praktikable Ausgestaltungsmöglichkeiten im Wealth-Management-Kundengeschäft. Im Hinblick auf eine kompakte Beschreibung werden die Prozessschritte *Identifikation* und *Kündigungsgrundanalyse*, *Maßnahmenerarbeitung* und *Umsetzung* sowie schließlich *Erfolgskontrolle* und *Prävention* jeweils in einem Abschnitt behandelt.

4.6.2.1. Identifikation und Kündigungsgrundanalyse

Um verlorene Kunden wieder zurückzugewinnen, müssen diese zuerst identifiziert werden. In der Wealth-Management-Praxis fällt die Identifikation von verlorenen Kunden i. d. R. relativ leicht, da der Kunde dem Bankinstitut die Beendigung der Geschäftsbeziehung (Kündigung) ausdrücklich mitteilen muss.[610] Grundsätzlich sind also all jene Kunden zu identifizieren, welche die Geschäftsbeziehung mit dem Bankinstitut beendet haben.[611]

Sind die abgewanderten Kunden identifiziert, müssen die Gründe für die Kundenabwanderung ermittelt bzw. analysiert werden. Betrachtet man verschiedene empirische Erhebungen zu der Frage, warum Kunden im Wealth-Management-Geschäft überhaupt abwandern,[612] zeigen sich stets ähnliche Ergebnisse. Bei den meisten publizierten Studien werden vor allem unternehmens- und wettbewerbsbezogene Abwanderungsgründe als primäre Faktoren erwähnt. Die nachfolgende Tabelle 52 zeigt die Ergebnisse zweier ausgewählter Studien:

---

[610] In anderen Branchen, bei denen kein kontinuierliches Vertragsverhältnis besteht, fällt die Identifikation ungleich schwerer, da der Kunde dies dem Anbieter nicht ausdrücklich mitteilen muss. So kann bspw. ein Automobilkunde von einem Anbieter zu einem anderen wechseln, ohne dies dem ersten ausdrücklich mitteilen zu müssen.
[611] Wurden Kundenrückgewinnungsmaßnahmen bisher im Team noch nicht kontinuierlich umgesetzt, empfiehlt es sich, prioritär all jene Kunden zu identifizieren, welche in den letzten 12 Monaten die Geschäftsbeziehung beendet haben. Dies basiert auf Expertengesprächen (K3).
[612] Vgl. z. B. IBM Business Consulting Services, London 2005, 33 und Datamonitor, Customer Acquisiton / Retention in European Wealth Management, London 2006, 30; NorthStar, Wealth Management Trends Survey Results 2008, New York 2008, 14.

European Wealth / Private Banking Industry Survey (IBM Business Consulting, 2005)[613]	Customer Acquisition / Retention in European Wealth Management (Datamonitor, 2006)
☐ Unzufriedenheit mit dem Service	☐ Schlechte Investmentperformance
☐ Schlechte Beratung	☐ Hohe Fehlerquote (Servicequalität)
☐ Schlechte Investmentperformance	☐ Kundenbedürfnisse unzureichend verstanden
☐ Hoher Preis	☐ Mangelhafte pro-aktive Beratung
☐ Mangelhaftes Angebot an attraktiven Investments	☐ Schlechte Kommunikation & Reporting
	☐ Wechsel mit dem Kundenberater

Tabelle 52: Kundenabwanderungsgründe im Wealth Management
Quelle: IBM Business Consulting Services, London 2005, 33; Datamonitor, London 2006, 30

Betrachtet man diese Ergebnisse, so zeigt sich, dass eine mangelhafte Beratungs- und Servicequalität sowie eine schlechte Investmentperformance die meistgenannten Gründe dafür sind, dass Kunden den Wealth-Management-Anbieter wechseln. Oft wird auch der hohe Preis, das mangelhafte Angebot an attraktiven Investments sowie der Wechsel mit dem Kundenberater zur Konkurrenz erwähnt.

Auch die UBS AG erfasst die Gründe für die Kundenabwanderung im Wealth-Management-Geschäft in systematischer Weise.[614] Hier zeigt sich, dass neben den unternehmens- und wettbewerbsbezogenen auch den kundenbezogenen Abwanderungsgründen keine unwesentliche Bedeutung zukommt. Die nachfolgende Abbildung 49 zeigt die zehn bedeutendsten Faktoren für die Kundenabwanderung bei der UBS AG:[615]

---

[613] An dieser Stelle werden nur die 5 Hauptgründe erwähnt.
[614] Beendet ein Kunde die Geschäftsbeziehung, wird der betreuende Kundenberater dazu aufgefordert, die Gründe für den Kundenabgang elektronisch zu erfassen. Die daraus resultierende breite Datenbasis erlaubt umfassende Analysen, welche bspw. als Grundlage für strategische Ausrichtungen herangezogen werden können. Gleichwohl ist hierbei zu erwähnen, dass bei der Erfassung der Kündigungsgründe durch den Kundenberater möglicherweise dessen subjektive Einschätzung einfließt. Alle Kundenberater werden jedoch dazu aufgefordert, die Gründe für die Kündigung beim Kunden nochmals explizit zu erfragen und diese wahrheitsgetreu zu erfassen.
[615] Vgl. zu den bedeutendsten Abwanderungsgründen auch Diethelm, D., Kundenabgänge bei UBS Wealth Management International, Binz 2005, 26. Hier werden die für Q3 2004 die Gründe für die Kundenabgänge am Beispiel der Geschäftseinheit Benelux, Germany & Central Europe aufgezeigt.

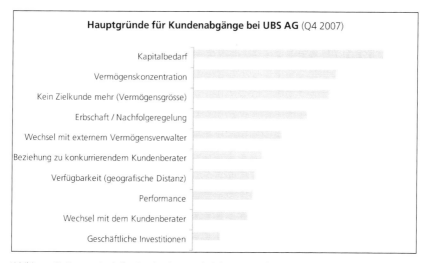

Abbildung 49: Hauptgründe für Kundenabgänge bei der UBS AG (Wealth Management, Q4 2007)
Quelle: UBS AG, New Client / Defection Survey, Zürich 2008e (Zahlen werden aus Vertraulichkeitsgründen nicht genannt; Mehrfachnennungen möglich)

Betrachtet man diese Ergebnisse, zeigt sich, dass mit dem Kapitalbedarf ein kundenbezogener Kündigungsgrund ganz oben auf der Liste steht, gefolgt von der Vermögenskonzentration bei einem konkurrierenden Wealth-Management-Anbieter und der Begründung, dass der Kunde aufgrund der Vermögensgröße kein Zielkunde[616] mehr war. Wie bereits erwähnt,[617] wird die Geschäftsbeziehung nach dem Tod des Kunden oft auch von den Erben beendet. Weitere bedeutende Abgangsgründe sind der Wechsel von externen Vermögensverwaltern zu konkurrierenden Bankinstituten,[618] die persönliche Beziehung zu einem konkurrierenden Kundenberater, die Verfügbarkeit, welche sich wesentlich durch die geografische Distanz charakterisiert, die Investmentperformance, der Wechsel mit dem Kundenberater sowie ein geschäftlicher Investitionsbedarf.

Um gezielte kundenindividuelle Maßnahmen zur Rückgewinnung erarbeiten zu können, ist es im Rahmen der Kündigungsgrundanalyse zentral, für jeden verlorenen Kunden die genauen Gründe für die Beendigung der Geschäftsbeziehung zu ermitteln.

---

[616] Hierzu werden bspw. auch Kunden gezählt, die aufgrund der Vermögensgröße in das Retail Geschäft ‚abgegeben' werden. Dies ist vor allem für den Schweizer Markt von Bedeutung.
[617] Vgl. hierzu Abschnitt 4.5.2.3.
[618] In dieser Arbeit wird auf die Beziehung zu externen Vermögensverwaltern als Teilbereich des UBS Wealth-Management-Geschäfts nicht weiter eingegangen. Vgl. hierzu Abschnitt 1.5. (Abgrenzung der Arbeit).

Der Kundenberater hat hier die zentrale Verantwortung, die Kündigungsgründe direkt vom Kunden zu erfragen. In der Praxis zeigt sich, dass es durchaus nützlich ist, wenn auch der Teamleiter den Kunden nochmals unabhängig kontaktiert und sich bei diesem nach den Gründen erkundigt.[619]

4.6.2.2. Maßnahmenerarbeitung und Umsetzung

Sind die abgewanderten Kunden und die einzelnen Kündigungsgründe identifiziert, geht es in einem weiteren Schritt darum, kundenindividuelle Maßnahmen zu erarbeiten, um die verlorenen Kunden wieder zurückzugewinnen. Basierend auf den identifizierten Gründen soll ein Maßnahmenpaket erarbeitet werden, welches dem Kunden einen Anreiz bietet und diesen überzeugen soll, wieder zurückzuwechseln bzw. eine gerade ausgesprochene Kündigung zurückzuziehen.[620] Die kundenindividuelle Gestaltung dieses Maßnahmenpakets ist von zentraler Bedeutung, da dies die Rückgewinnungswahrscheinlichkeit stark positiv beeinflusst.[621] Im Hinblick auf die am häufigsten identifizierten Abwanderungsgründe[622] werden in der nachfolgenden Tabelle 53 beispielhaft einige mögliche Maßnahmen zur Kundenrückgewinnung aufgezeigt:[623]

---

[619] Dies basiert auf Gesprächen mit Kundenberatern und Teamleitern (K2). Teilweise können dadurch von Kunden zusätzliche Gründe in Erfahrung gebracht werden, welche im Hinblick auf die gezielte Rückgewinnung durchaus hilfreich sein können.
[620] Vgl. Sauerbrey C. / Henning, R., Kunden-Rückgewinnung – Erfolgreiches Management für Dienstleister, München 2000, 34 ff.
[621] Vgl. Sieben, F., Rückgewinnung verlorener Kunden, Wiesbaden 2002, 74.
[622] Vgl. Abschnitt 4.6.2.1.
[623] Dies basiert auf Gesprächen mit Kundenberatern und Teamleitern (K2). Diese beispielhaft dargestellten Einzelmaßnahmen sollen Kundenberater und Teamleiter in der Bankenpraxis bei der Erarbeitung eines kundenindividuellen Gesamtmaßnahmenpakets unterstützen.

	Kündigungsgründe	Maßnahmen zur Kundenrückgewinnung - *Beispiele* -
Unternehmensbezogene Kündigungsgründe	☐ Service-/ Beratungsqualität	☐ Konkrete Verbesserungsvorschläge erarbeiten und dem Kunden präsentieren ☐ Teamleiter offeriert dem Kunden einen Beraterwechsel
	☐ Investment-performance	☐ Gründe für die (vermeintlich) schlechte Investmentperformance aufzeigen; generelle durch die Bank vorgenommene / geplante Gegenmaßnahmen erläutern ☐ Konkurrenzvergleich aufzeigen (‚Äpfel mit Äpfel vergleichen') ☐ Alternativen Anlagevorschlag präsentieren (generelle Vorteile; erwartete Performance / Risiken aufzeigen)
	☐ Verfügbarkeit (geografische Distanz)	☐ Angebot das Kundenberater vermehrt zum Kunden reist ☐ Vorschlag der verstärkten Nutzung alternativer Kommunikationsmittel (Telefon, Mail, Videokonferenz, …) ☐ Kundenberaterwechsel (welcher örtlich näher beim Kunden ist)
Wettbewerbsbezogene Kündigungsgründe	☐ Preis	☐ Preis-Leistungs-Vergleich aufzeigen ☐ Sonderkonditionen offerieren
	☐ Vermögens-konzentration	☐ Vorschlag zur Vermögenskonzentration präsentieren (Vorteile gegenüber konkurrierendem Institut aufzeigen) ☐ Möglichkeiten des ‚Family-Office'[624] aufzeigen ☐ Vorteile der Vermögensdiversifikation bei unterschiedlichen Anbietern aufzeigen (Performancevergleich, Risikoverteilung, …)
	☐ Wechsel mit dem Kundenberater	☐ Vorteile des Bankinstituts aufzeigen ☐ Gute Performance wurde wesentlich durch Portfoliospezialisten der Bank und nicht durch Kundenberater erzielt ☐ Vorstellung eines sehr kompetenten neuen Beraters (Person / fachlicher Hintergrund / Referenzen aufzeigen)
	☐ Persönliche Beziehung mit konkurrierendem Kundenberater	☐ Positive Faktoren der bisherigen Geschäftsbeziehung aufzeigen (Performance, Service, Beratung, …) ☐ Rationalität des Kunden ansprechen (Freundschaft und Bankangelegenheiten trennen) ☐ Vorteile des Bankinstituts aufzeigen
Kundenbezogene Kündigungsgründe	☐ Kapitalbedarf (privat/geschäftlich)	☐ Aufzeigen der Möglichkeiten im Kreditbereich (Vergleich zwischen erwarteter Vermögensrendite und Kreditkosten) ☐ Diskussion bzgl. Veranlagung von erwirtschafteten Renditen aus Investitionen (z. B. Erträge aus Immobilieninvestitionen)
	☐ Erbschaft / Nach-folgeregelung	☐ Erben / Begünstigte als potentielle Neukunden betrachten (vgl. hierzu ausführlicher Abschnitt 4.4.2.)

Tabelle 53: Maßnahmen zur Kundenrückgewinnung im Wealth Management (Beispiele)
Quelle: Eigene Darstellung, basierend auf Gesprächen mit Kundenberatern und Teamleitern (K2)

Im Hinblick auf die gezielte Umsetzung der erarbeiteten Maßnahmen beim Kunden hat auch das Timing der Kundenansprache eine nicht unwesentliche Bedeutung.[625] Aus Gesprächen mit erfolgreichen Kundenberatern und Teamleitern innerhalb der UBS AG

---

[624] Vgl. hierzu ausführlicher Ehlern, S., Global Private Wealth Management: An international study on Private Wealth Management and Family Office Services for Ultra-High Net Worth Individuals, London / Zurich 2007.
[625] Vgl. hierzu auch die in Abschnitt 4.5.1. zitierte Literatur zum Timing der Kundenansprache im Kundenrückgewinnungsprozess.

hat sich herauskristallisiert, dass die abgewanderten Kunden i. d. R. möglichst zeitnah[626] nach der Beendigung der Geschäftsbeziehung kontaktiert werden sollten. Durch die zeitnahe Vorstellung von konkreten Verbesserungsmaßnahmen bzw. eines Rückgewinnungsangebots sei die Wahrscheinlichkeit, den Kunden zurückzugewinnen, erfahrungsgemäß in dieser ersten Phase am höchsten. Als wesentliche Gründe hierfür werden erwähnt, dass durch eine verstärkte Aufmerksamkeit gegenüber dem Kunden dessen Gunst wiedergewonnen werden kann, die Kundenbeziehung beim Kunden noch relativ stark präsent ist und das konkurrierende Institut noch wenig Möglichkeit hatte, den Kunden effektiv zu binden. Führt dies nicht zum gewünschten Erfolg, sollten die Kunden abermals 4 bis 6 Monate nach Beendigung der Kundenbeziehung angesprochen werden. Als Grund hierfür wird gleichfalls genannt, dass die Kundenbeziehung beim Kunden noch präsent ist, dieser nun einen Vergleich zwischen den beiden Anbietern ziehen kann und durch ein attraktives Rückgewinnungsangebot noch eine relativ gute Möglichkeit besteht, den Kunden zurückzugewinnen. Führt dies wiederum nicht zum gewünschten Erfolg, kann der verlorene Kunde auch zu einem späteren Zeitpunkt noch einmal angesprochen werden, wobei die Rückgewinnungswahrscheinlichkeit dann eher gering ist.

Bei der Vorstellung des Rückgewinnungsangebots beim Kunden ist es auch durchaus empfehlenswert, wenn diesem der Teamleiter beiwohnt bzw. wenn bei wichtigen Schlüsselkunden ein Mitglied des Senior Managements hinzugezogen wird.[627]

4.6.2.3. Erfolgskontrolle und Prävention

Wurden konkrete Maßnahmen zur Kundenrückgewinnung erarbeitet und umgesetzt, geht es anschließend darum, den ökonomischen Erfolg der umgesetzten Maßnahmen zu überprüfen. Diese Überprüfung kann auf vielfältige Art und Weise erfolgen.[628] Aus umsetzungsorientierter Sicht empfiehlt es sich innerhalb des Wealth-Management-Teams, die Erfolgsquote als wesentliche Kennzahl zur Erfolgskontrolle heranzuziehen.[629]

---

[626] Innerhalb von ein bis drei Wochen sollen konkrete Verbesserungsmaßnahmen bzw. ein Rückgewinnungsangebot vorgestellt werden.
[627] Dies basiert auf Gesprächen mit Kundenberatern und Teamleitern (K2).
[628] Vgl. hierzu Stauss, B., Wiesbaden 2000, 466 ff. und darin zitierte Literatur.
[629] Dies basiert auf Expertengesprächen (K3). Der Einsatz eines umfassenden Rückgewinnungs-Controlling auf Ebene des Wealth-Management-Teams resp. auf Kunden-Ebene sei nur schwer implementierbar und würde aus ökonomischer Perspektive wenig Sinn ergeben. Dies hänge wesentlich damit zusammen, dass insbesondere die genauen Rückgewinnungskosten auf dieser Ebene schwer bzw. nur durch erheblichen Zusatzaufwand zu ermitteln seien.

Die Erfolgsquote ergibt sich aus der Anzahl der zurückgewonnen Kunden im Verhältnis zur Anzahl der verlorenen Kunden.[630]

Um das Wealth-Management-Geschäft gezielt zu entwickeln, ist auch die Umsetzung präventiver Maßnahmen zur Minimierung zukünftiger Kundenabgänge von wesentlicher Bedeutung. Auf Teamebene soll hierzu jeder Kundenberater zusammen mit dem Teamleiter die Kündigungsgründe analysieren und weitere Maßnahmen definieren, wie solche Kundenabhänge in Zukunft verhindert werden können.[631]

4.6.3. Das Team in der Kundenrückgewinnung

Es stellt sich nun die Frage, welche Rolle das Wealth-Management-Team bzw. die einzelnen Teammitglieder bei der Umsetzung dieses Rückgewinnungsprozesses haben. Die Arbeit fokussiert sich hierbei auf eine praxisorientierte Aufgabenbeschreibung im Hinblick auf die gezielte Rückgewinnung verlorener Kunden durch das Wealth-Management-Beratungsteam. In einem ersten Schritt wird das moderne Kundenberatungsteam[632] mit Fokus auf die Rückgewinnung im Überblick beschrieben. In einem vertiefenden zweiten Schritt soll dann aufgezeigt werden, wie die einzelnen Teammitglieder idealtypisch im Rückgewinnungsprozess involviert sind.[633]

4.6.3.1. Das Team im Überblick

Das Beratungsteam fokussiert sich neben der Beratung, Akquisition, Bindung und Entwicklung von Kunden auch auf die gezielte Rückgewinnung verlorener Kunden. Kundenberater und Teamleiter arbeiten im Rückgewinnungsprozess sehr eng zusammen und bilden das Kernteam. Support-Mitarbeiter, stellvertretender Kundenberater und Spezialisten unterstützen den Kundenberater und den Teamleiter bei der gezielten Rückgewinnung verlorener Kunden. Die nachfolgende Abbildung 50 zeigt das moderne Beratungsteam im Überblick, wobei an dieser Stelle der Rückgewinnungsfokus dieses Teams im Zentrum der Betrachtung steht.[634]

---

[630] An dieser Stelle wird davon ausgegangen, dass alle verlorenen Kunden kontaktiert werden.
[631] Dies basiert auf Gesprächen mit Kundenberatern und Teamleitern (K2). Vgl. hierzu Abschnitt 4.6.3.
[632] Vgl. hierzu Abschnitt 3.2.5.4.
[633] Dies basiert auf Gesprächen mit Kundenberatern, Teamleitern (K2) und Experten (K3).
[634] Vgl. hierzu Abschnitt 3.2.5.4. Das Kernteam besteht bei der Kundenrückgewinnung nicht aus Kundenberater, Support-Mitarbeiter und Spezialisten, sondern aus dem Kundenberater und dem Teamleiter. Diese haben eine starke Interaktionsbeziehung zum abgewanderten Kunden.

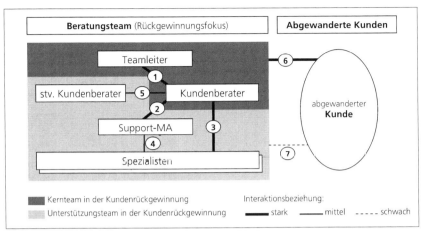

Abbildung 50: Modernes Beratungsteam (Rückgewinnungsfokus)
Quelle: Eigene Darstellung, basierend auf Gesprächen mit Kundenberatern, Teamleitern (K2) und Experten (K3)

Die einzelnen Interaktionsbeziehungen werden nun kurz erläutert:

(1) Um die Kundenrückgewinnung systematisch voranzutreiben, arbeitet der Teamleiter sehr eng mit dem Kundenberater zusammen. Sie bilden das Kernteam im Rückgewinnungsprozess. Der Kundenberater ist hierbei zwar federführend tätig, wird jedoch bei der Identifikation, der Kündigungsgrundanalyse und der Maßnahmenerarbeitung stark vom Teamleiter unterstützt.[635] Zudem erarbeitet der Teamleiter zusammen mit dem Kundenberater präventive Maßnahmen, um zukünftige Kundenabgänge zu minimieren.

(2) Der Support-Mitarbeiter hat während des gesamten Rückgewinnungsprozesses eine allgemeine Unterstützungsfunktion. Kennt der Support-Mitarbeiter den abgewanderten Kunden, kann er den Kundenberater insbesondere bei der Kündigungsgrundanalyse und der Erarbeitung von Rückgewinnungsmaßnahmen tatkräftig unterstützen.

(3) Der Kundenberater arbeitet bei der Kündigungsgrundanalyse insbesondere mit jenen Spezialisten zusammen, die schon bei der Kundenbeziehungsgestaltung regelmäßig involviert waren. Aber auch bei der Erarbeitung von gezielten Rückgewinnungsmaßnahmen werden Spezialisten aus den

---

Abweichend ist auch die Interaktionsbeziehung zwischen Support-Mitarbeiter, stv. Kundenberater und Spezialisten mit dem Kunden. Diese haben während dem Rückgewinnungsprozess nur selten direkten Kontakt zum abgewanderten Kunden.

(4) Bereichen Anlageberatung, Finanzierungsberatung und Wealth Planning je nach Bedarf und Kundensituation berücksichtigt.

(4) Abwicklungstechnische Aufgaben werden vom Kundenberater oft an den Support-Mitarbeiter delegiert, welcher dann direkt mit den Spezialisten in Kontakt tritt.

(5) Kennt der stellvertretende Berater den abgewanderten Kunden, kann er den Kundenberater insbesondere bei der Kündigungsgrundanalyse und der Erarbeitung von Rückgewinnungsmaßnahmen unterstützen.

(6) Die Umsetzung der erarbeiteten Rückgewinnungsmaßnahmen beim Kunden erfolgt dann vor allem durch den Kundenberater und den Teamleiter.

(7) Support-Mitarbeiter und stellvertretender Kundenberater sind i. d. R. nicht in die Rückgewinnungsgespräche mit dem Kunden involviert. Spezialisten werden nur hinzugezogen, wenn der abgewanderte Kunde (wieder) Bereitschaft zeigt, über das Gesamtanlagekonzept bzw. über einzelne Spezialthemen zu sprechen.

Nachfolgend werden die einzelnen Rollen innerhalb des Beratungsteams im Hinblick auf den Rückgewinnungsprozess genauer beleuchtet. Dabei wird aufgezeigt, welche Rolle bzw. Aufgaben Kundenberater, Teamleiter, Support-Mitarbeiter, stellvertretende Kundenberater und Spezialisten bei der gezielten Rückgewinnung abgewanderter Kunden haben.

4.6.3.2. Die Rolle des Kundenberaters

Der Kundenberater hat eine ganz zentrale Rolle im Rückgewinnungsprozess. Von der Identifikation verlorener Kunden bis hin zur Umsetzung kundenindividueller Maßnahmen ist er federführend tätig und entscheidet, meist in Zusammenarbeit mit dem Teamleiter, wie das Unterstützungsteam bei der Kundenrückgewinnung involviert wird. Aber auch bei der Umsetzung präventiver Maßnahmen zur Verhinderung zukünftiger Kundenabgänge nimmt er eine zentrale Funktion ein. Basierend auf dem modernen Rollenverständnis des Kundenberaters[636] wird nun aufgezeigt, welche Rolle bzw. welche Aufgaben er bei der konkreten Umsetzung im Rückgewinnungsprozess

---

[635] Vgl. hierzu Abschnitt 4.6.2.
[636] Vgl. Abschnitt 3.2.3.3.

hat. Die nachfolgende Tabelle 54 gibt hierzu einen Überblick. Anschließend werden die einzelnen Punkte kurz beleuchtet.

Prozessschritte[637]	Rolle des Kundenberaters im Rückgewinnungsprozess
Identifikation und Kündigungsgrundanalyse	▫ Identifiziert abgewanderte Kunden (Beendung der Geschäftsbeziehung) ▫ Kontaktiert abgewanderte Kunden und informiert sich möglichst umfassend über die Gründen für die Beendigung der Geschäftsbeziehung ▫ Analysiert die Gründe zusammen mit dem Teamleiter (meist wird hierbei auch das Unterstützungsteam involviert)
Maßnahmenerarbeitung	▫ Entscheidet je nach Kundensituation, wie das Unterstützungsteam involviert wird (meist in Abstimmung mit dem Teamleiter) ▫ Leitet und koordiniert die Erarbeitung entsprechender Rückgewinnungsaktivitäten
Umsetzung der Maßnahmen (beim Kunden)	▫ Kontaktiert den abgewanderten Kunden mit dem Ziel eines persönlichen Gesprächs ▫ Präsentation eines Rückgewinnungsangebots ▫ Diskussion des Vorschlags mit dem abgewanderten Kunden ▫ Schließt Vertrag ab (wenn mit Angebot / Lösungsvorschlag zufrieden)
Erfolgskontrolle und Prävention	▫ Bespricht das Ergebnis der Rückgewinnungsbemühungen mit dem Teamleiter ▫ Erarbeitet und setzt präventive Maßnahmen (auf Basis der Abwanderungsgrundanalyse) zur Minimierung zukünftiger Kundenabgänge um

Tabelle 54: Rolle des Kundenberaters im Rückgewinnungsprozess
Quelle: Eigene Darstellung, basierend auf Gesprächen mit Kundenberatern und Teamleitern (K2)

Um abgewanderte Kunden systematisch zurückzugewinnen, hat der Kundenberater in einem ersten Schritt die Aufgabe, diese Kunden zu identifizieren. Im Wealth-Management-Geschäft fällt – wie bereits ausgeführt wurde – diese Identifikation relativ leicht, da der Kunde dem Bankinstitut die Beendigung der Geschäftsbeziehung (Kündigung) ausdrücklich mitteilen muss. Sind diese Kunden identifiziert, hat der Kundenberater die wichtige Aufgabe, sich beim Kunden umfassend über die Gründe für die Beendigung der Geschäftsbeziehung zu informieren. Er analysiert diese genannten Gründe dann zusammen mit dem Teamleiter. Je nach Kundensituation wird hierbei oft auch der Support-Mitarbeiter, der stellvertretende Kundenberater und ausgewählte Spezialisten involviert. Basierend auf den analysierten Abwanderungsgründen ist dann ein kundenindividuelles Maßnahmenpaket[638] zur gezielten Rückgewinnung zu erarbeiten. Der Kundenberater leitet und koordiniert diese Erarbeitung innerhalb des Beratungsteams.

Ist solch ein kundenindividuelles Maßnahmenpaket erarbeitet, ist der Kundenberater auch für die effektive Umsetzung verantwortlich. Er hat die Aufgabe, den

---

[637] Vgl. Abschnitt 4.6.2.
[638] Vgl. hierzu Abschnitt 4.6.2.2.

abgewanderten Kunden zu kontaktieren und ein persönliches Gespräch zu vereinbaren. Dieses Gespräch soll dann genutzt werden, um das erarbeitete Rückgewinnungsangebot bzw. die Kundenlösung zu präsentieren resp. mit dem Kunden zu besprechen. Ist der abgewanderte Kunde mit dem Rückgewinnungsangebot zufrieden, hat der Kundenberater die Vertragsunterzeichnung sicherzustellen. Bedeutsam ist auch die Erarbeitung und Umsetzung präventiver Maßnahmen zur Minimierung zukünftiger Kundenabgänge. Der Kundenberater soll diesbezüglich die Kündigungsgründe zusammen mit dem Teamleiter genau analysieren und konkrete Maßnahmen definieren, wie solche Abgänge in Zukunft verhindert werden können.

4.6.3.3. Die Rolle des Teamleiters

Der Teamleiter hat mit jedem einzelnen Kundenberater ein Rückgewinnungsziel[639] zu definieren, wobei er die Kundenberater bei der Erreichung dieses Ziels begleiten und unterstützen soll. Er hat speziell auch dafür zu sorgen, dass innerhalb des organisatorischen Teams eine positive Atmosphäre herrscht, in der jeder offen über Kundenabgänge spricht und um jeden verlorenen Kunden hart gekämpft wird.[640]

Die nachfolgende Tabelle 55 zeigt, welche Rolle bzw. konkreten Aufgaben der Teamleiter im Kundenrückgewinnungsprozess hat.[641] Die einzelnen Punkte werden im Anschluss kurz beleuchtet.

Prozessschritte	Rolle des Teamleiters im Rückgewinnungsprozess
Identifikation und Kündigungsgrundanalyse	☐ Kontaktiert abgewanderte Kunden unabhängig vom Kundenberater und informiert sich möglichst umfassend über die Gründen für die Beendigung der Geschäftsbeziehung ☐ Analysiert die Gründe zusammen mit dem Kundenberater (meist wird hierbei auch das Unterstützungsteam involviert)
Maßnahmenerarbeitung	☐ Entscheidet in Abstimmung mit dem Kundenberater, wie das Unterstützungsteam involviert wird ☐ Unterstützt bei der Erarbeitung entsprechender Rückgewinnungsaktivitäten ☐ Bespricht Rückgewinnungsaktivitäten regelmäßig im gesamten organisatorischen Team (Erfahrungsaustausch / Transparenz)

Fortsetzung der Tabelle auf der nächsten Seite

---

[639] Als mögliche Zielgröße kann die Erfolgsquote der Kundenrückgewinnung herangezogen werden. Die Erfolgsquote ergibt sich aus der Anzahl der zurück gewonnen Kunden (Assets) im Verhältnis zur Anzahl der verlorenen Kunden (Assets).
[640] Dies basiert auf Gesprächen mit Teamleitern (K2) und Experten (K3).
[641] Vgl. hier auch Abschnitt 3.2.4.3.

Umsetzung der Maßnahmen (beim Kunden)	☐ Präsentation des Rückgewinnungsangebots (zusammen mit dem Kundenberater) ☐ Diskussion des Vorschlags mit dem abgewanderten Kunden
Erfolgskontrolle und Prävention	☐ Kontrolliert regelmäßig den Stand der Zielerreichung ☐ Erarbeitet zusammen mit den Kundenberater präventive Maßnahmen (auf Basis der Abwanderungsgrundanalyse) zur Minimierung zukünftiger Kundenabgänge

Tabelle 55: Rolle des Teamleiters im Rückgewinnungsprozess
Quelle: Eigene Darstellung, basierend auf Gesprächen mit Kundenberatern und Teamleitern (K2)

Im Hinblick auf die Identifikation der Kündigungsgründe soll der Teamleiter den verlorenen Kunden nochmals unabhängig vom Kundenberater kontaktieren und Feedback einholen. In der Bankenpraxis erweist sich dies als sehr förderlich, da zum einen dem abgewanderten Kunden Wertschätzung entgegengebracht wird und zum anderen der Teamleiter oft zusätzliche Informationen zu den Kündigungsgründen in Erfahrung bringen kann.[642] Der Teamleiter analysiert zusammen mit dem Kundenberater und teilweise mit ausgewählten anderen Teammitgliedern die Kündigungsgründe. Basierend auf dieser Analyse ist dann ein kundenindividuelles Maßnahmenpaket zur gezielten Rückgewinnung zu erarbeiten. Der Teamleiter entscheidet zusammen mit dem Kundenberater, wie das Unterstützungsteam bei der Maßnahmenerarbeitung involviert wird. Bei Bedarf ist er auch bei der konkreten Erarbeitung unterstützend tätig. Es ist auch durchaus empfehlenswert, konkrete Rückgewinnungsaktivitäten im gesamten organisatorischen Team zu besprechen. Dies schafft Transparenz innerhalb des Teams und fördert den gegenseitigen Erfahrungsaustausch. Im Hinblick auf die Umsetzung der erarbeiteten Maßnahmen ist der Teamleiter vor allem in das Kundengespräch involviert. Er präsentiert zusammen mit dem Kundenberater mögliche Lösungsvorschläge und diskutiert diese mit dem abgewanderten Kunden.

Der Teamleiter führt auch eine regelmäßige Erfolgskontrolle durch und erarbeitet zusammen mit dem Kundenberater präventive Maßnahmen, um zukünftige Kundenabgänge zu minimieren. Solche Präventivmaßnahmen können bspw. auf Basis einer aggregierten Kündigungsgrundanalyse[643] erarbeitet werden. Für die konkrete

---

[642] So kann es bspw. vorkommen, dass der Kunde mit dem Berater als Person unzufrieden ist. I. d. R. sagen Kunden dies dem Berater jedoch nicht direkt und argumentieren meist mit anderen Gründen. Durch ein Gespräch des Teamleiters mit dem Kunden können jedoch oft die wahren Gründe in Erfahrung gebracht werden. Diese Erkenntnis basiert auf Gesprächen mit Teamleitern (K2).
[643] Aggregiert werden können die Kündigungsgründe von einzelnen Beratern sowie des gesamten Teams. Dies hat zum Ziel häufig auftretende Kündigungsgründe bzw. Verbesserungspotential beim einzelnen Kundenberater / Team aufzuzeigen.

Umsetzung dieser Maßnahmen ist dann jedoch wieder wesentlich der Kundenberater verantwortlich.

4.6.3.4. Die Rolle des Support-Mitarbeiters

Der Support-Mitarbeiter ist insbesondere bei der Erarbeitung und Initiierung von gezielten Rückgewinnungsaktivitäten unterstützend tätig, wobei er oft auch bei der Kündigungsgrundanalyse und bei der Umsetzung präventiver Maßnahmen einen wesentlichen Beitrag leisten kann.

Stand der Support-Mitarbeiter in regelmäßigem Kontakt mit dem abgewanderten Kunden, so ist es durchaus sinnvoll, ihn in die Identifikation und Analyse der Kündigungsgründe zu involvieren. Der Support-Mitarbeiter hat hierbei die Aufgabe, die Kundenbeziehung aus seiner Perspektive zu betrachten und mögliche Kündigungsgründe mit dem Teamleiter und dem Kundenberater zu diskutieren. Auch bei der Erarbeitung entsprechender Rückgewinnungsmaßnahmen und der Initiierung gezielter Rückgewinnungsaktivitäten ist der Support-Mitarbeiter vor allem administrativ und organisatorisch unterstützend tätig. Bei der effektiven Umsetzung beim Kunden ist der Support-Mitarbeiter dann jedoch üblicherweise nicht mehr involviert. Nicht zu vernachlässigen ist die Rolle des Support-Mitarbeiters auch bei der Prävention. Der Support-Mitarbeiter hat stets höchste Servicequalität sicherzustellen und bei Anzeichen von Kundenunzufriedenheit den Berater resp. den Teamleiter umgehend zu informieren.

4.6.3.5. Die Rolle des stellvertretenden Kundenberaters

Der stellvertretende Kundenberater hat eine nicht unwesentliche Rolle bei der Kundenrückgewinnung. Er kennt die Kundenbeziehung meist relativ gut und kann dadurch vor allem bei der Kündigungsgrundanalyse und bei der Erarbeitung entsprechender Maßnahmen oft einen wesentlichen Beitrag leisten.

Bei der Kündigungsgrundanalyse hat der stellvertretende Kundenberater die Aufgabe, die Kundenbeziehung aus seiner Perspektive zu betrachten und mögliche Abwanderungsgründe mit dem Kundenberater und dem Teamleiter zu besprechen.

Hatte der stellvertretende Kundenberater eine gute Beziehung zum abgewanderten Kunden, kann es durchaus sinnvoll sein, wenn er anstelle des Teamleiters[644] den Kunden kontaktiert, um noch einmal gezielt Kundenfeedback einzuholen. Auch bei der Erarbeitung entsprechender Rückgewinnungsmaßnahmen ist der stellvertretende Kundenberater meist involviert. Er hat hierbei auch ganz gezielt darauf zu achten, dass das erarbeitete Maßnahmenpaket wirklich individuell auf den Kunden zugeschnitten ist. Bei der Umsetzung der Maßnahmen beim Kunden ist der stellvertretende Kundenberater dann i. d. R. jedoch nicht mehr involviert. Hat die Kündigungsgrundanalyse jedoch ergeben, dass der Kunde mit dem Kundenberater unzufrieden war, ist es durchaus denkbar, dass der stellvertretende Kundenberater als neuer Berater durch den Teamleiter vorgestellt wird. In diesem Fall ist er selbstverständlich in die Umsetzungsphase beim Kunden mit involviert. Im Hinblick auf die Prävention ist der stellvertretende Kundenberater bei der Erarbeitung sowie auch bei der Umsetzung präventiver Maßnahmen unterstützend tätig.

4.6.3.6. Die Rolle der Spezialisten

Die Rolle der Spezialisten gewinnt auch im Rückgewinnungsprozess zunehmend an Bedeutung. Bei der Identifikation und Analyse der Kündigungsgründe können insbesondere jene Spezialisten einen Beitrag leisten, welche in die Kundenbeziehungsgestaltung regelmäßig einbezogen waren. Auch sie haben hierbei die Aufgabe, die Kundenbeziehung aus eigener Perspektive zu beleuchten und mögliche Kündigungsgründe mit dem Teamleiter und dem Kundenberater zu besprechen.

Sind die Gründe identifiziert und analysiert, haben ausgewählte Spezialisten im Rückgewinnungsprozess insbesondere bei der Erarbeitung von gezielten Rückgewinnungsmaßnahmen[645] eine bedeutsame Rolle innerhalb des Teams. Ist bspw. die Investmentperformance ein wesentlicher Grund für die Abwanderung, haben Anlagespezialisten die Aufgabe, zum einen die Gründe für die (vermeintlich[646])

---

[644] Vgl. hierzu Abschnitt 4.6.3.3.
[645] Vgl. hierzu Abschnitt 4.6.2.2.
[646] Privatkunden betrachten oft nur die erzielte Performance, ohne einen Benchmarkvergleich heranzuziehen. Ist die Investmentperformance bspw. negativ, jedoch immer noch besser als die Benchmarkperformance, kann dies dem Kunden aufgezeigt und erläutert werden. Insbesondere bei Privatkunden, welche sich weniger mit Finanzthemen beschäftigen, ist solch ein Vergleich oft sehr hilfreich und nützlich. Dies basiert auf Gesprächen mit Kundenberatern und Teamleitern (K2).

schlechte Performance herauszuarbeiten, zum anderen soll ein alternatives Veranlagungskonzept erarbeitet werden. In die Umsetzung der erarbeiteten Maßnahmen beim Kunden sind die Spezialisten dann jedoch üblicherweise nicht involviert; dies ist wesentliche Aufgabe des Kernteams. Ist der Grund für die Kundenabwanderung jedoch stark mit einem Spezialthema verknüpft, ist es durchaus denkbar, auch ausgewählte Spezialisten ins Kundengespräch einzubeziehen. Diese haben dann die Aufgabe, das erarbeitete Spezialthema zu präsentieren und Kundenrückfragen fachkompetent zu beantworten. Konnte der Kunde überzeugt und zurückgewonnen werden, übernehmen Spezialisten meist die Aufgabe, das besprochene Spezialthema entsprechend umzusetzen.

4.7. Zusammenfassender Überblick

Im vierten Kapitel wurden die Kernaufgaben der Kundenbetreuung vorgestellt und analysiert; darüber hinaus wurde aufgezeigt, welche Rolle das Wealth-Management-Team[647] bei der Umsetzung dieser Aufgaben hat.

Nach einer einleitenden Definition des Begriffs „Kundenbetreuung" wurden anhand eines Werttreiberbaums und eines Kundenlebenszyklus aus Anbieterperspektive folgende Kernaufgaben der Kundenbetreuung dargelegt:

- Kundenberatung
- Kundenakquisition
- Kundenbindung und -entwicklung
- Kundenrückgewinnung

Diese Kernaufgaben wurden dann eingehend untersucht. In einem ersten Schritt wurden theoretische Grundlagen geschaffen. In einem zweiten Schritt wurden spezifische Aspekte des Wealth Management herausgearbeitet, um schließlich in einem dritten Schritt die Rolle des Wealth-Management-Beratungsteams bei der Umsetzung dieser Aufgaben aufzeigen zu können.

In der nachfolgenden Abbildung 51 wird nochmals zusammenfassend dargestellt, welche Rolle das Wealth-Management-Beratungsteam bzw. die einzelnen Teammitglieder bei der Umsetzung dieser vier Kernaufgaben haben:

---

[647] Da der Fokus dieser Arbeit auf der Betreuung von vermögenden Privatkunden liegt und die Umsetzung dieser Betreuung beim Kunden durch das faktische Beratungsteam erfolgt, wurde dieses im vierten Kapitel verstärkt beleuchtet. Aber auch Aspekte des organisatorischen Teams flossen in die Untersuchung ein.

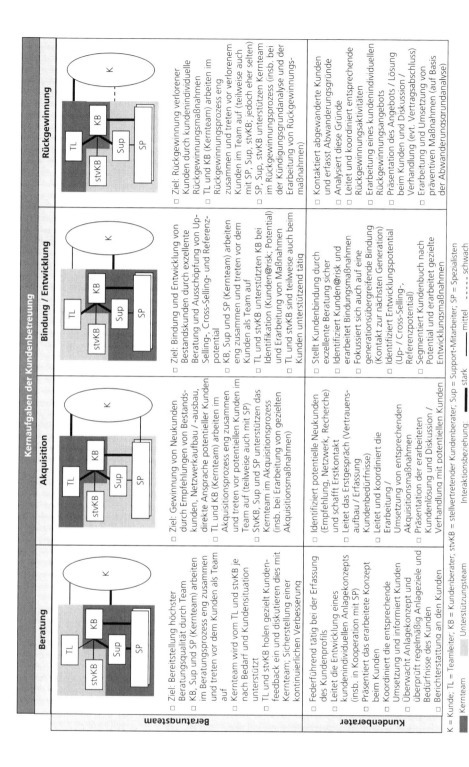

	Beratung	Akquisition	Bindung / Entwicklung	Rückgewinnung
Teamleiter	□ Hat innerhalb des Teams sicherzustellen, dass allen Kunden in seinem Verantwortungsbereich eine strukturierte Beratung in höchster Qualität angeboten wird □ Holt systematisch Kundenfeedback ein und bespricht dies mit dem Team (kontinuierliche Verbesserung der Beratungsqualität) □ Unterstützt das Kernteam bei Bedarf im Beratungsprozess	□ Vereinbart Akquisitionsziele mit KB und unterstützt ihn bei der Zielerreichung (Coach / Teammitglied) □ Bespricht die Herangehensweise an potentielle Kunden mit KB □ Unterstützt im Erstgespräch (Erfassung der Kundenbedürfnisse) und teilweise bei der Erarbeitung einer entsprechenden Kundenlösung □ Unterstützt auch bei der Präsentation der Kundenlösung □ Schafft Transparenz im gesamten organisatorischen Team	□ Holt Kundenfeedback ein (Sicherstellung Beratungsqualität) □ Unterstützt bei Kunden@risk □ Vereinbart Kundenentwicklungsziele mit KB und unterstützt bei Zielerreichung (Coach / Teammitglied) □ Analysiert und segmentiert mit KB das gesamte Kundenbuch □ Unterstützt das Kernteam je nach Bedarf bei der Erarbeitung von Entwicklungsmaßnahmen und der effektiven Umsetzung beim Kunden □ Stellt Erfahrungsaustausch sicher	□ Vereinbart Rückgewinnungsziele mit KB und unterstützt bei Zielerreichung □ Kontaktiert verlorene Kunden und informiert sich über Abwanderungsgründe (unabhängig vom KB) □ Analysiert Gründe mit Team □ Unterstützt bei der Erarbeitung eines kundenindividuellen Rückgewinnungsangebots □ Präsentiert das Angebot mit KB □ Schafft Transparenz und stellt Erfahrungsaustausch im gesamten organisatorischen Team sicher
Support-Mitarbeiter	□ Unterstützt bei der Vorbereitung zur Kundenprofilerstellung [Recherche über Kunden (nur bei Neukunden); Bereitstellung von Unterlagen] □ Unterstützt bei der Erarbeitung des kundenindividuellen Anlagekonzepts □ Setzt das Anlagekonzept zusammen mit Spezialisten um □ Abwicklung des Tagesgeschäfts mit dem Kunden; regelmäßiger Kundenkontakt auch im Kundengespräch □ Überwacht das Anlagekonzept	□ Unterstützt bei der Identifikation potentieller Neukunden (Recherche) □ Nutzt eigenes Netzwerk und lässt KB davon profitieren □ Unterstützt bei der Erarbeitung / Umsetzung von Akquisitionsmaßnahmen (insb. bei der administrativen und organisatorischen Aufgaben) □ Aufbereitung der Kundenpräsentation	□ Unterstützt KB im Beratungsprozess □ Identifiziert Entwicklungspotential zusammen mit KB / Team (insb. wenn Sup die Kundenbeziehung gut kennt) □ Unterstützt bei der Erarbeitung eines Entwicklungsmaßnahmen (vor allem bei administrativen und organisatorischen Aufgaben) □ Aufbereitung von Veranlagungsvorschlägen	□ Unterstützt bei der Identifikation und Analyse der Kündigungsgründe (insb. wenn Sup die verlorenen Kundenbeziehung gut kennt) □ Unterstützt bei der Erarbeitung eines kundenindividuellen Rückgewinnungsangebots (insb. bei administrativen und organisatorischen Aufgaben)
Stv. Kundenberater	□ Vertritt den KB bei Absenz (fast vollumfänglich) □ Hat regelmäßigen Kontakt zu den Kunden des KB; kennt dadurch diese Kundenbeziehungen relativ gut □ Unterstützt das Kernteam bei Bedarf auch im Beratungsprozess □ Holt systematisch Kundenfeedback ein und bespricht dies mit dem KB / Team (um kontinuierliche Verbesserung der Beratungsqualität sicherzustellen)	□ Im reinen Akquisitionsprozess des KB i. d. R. nicht involviert (da potentielle Kunden keine Bestandskunden, daher Vertretung eher überflüssig) □ Jedoch Erfahrungsaustausch mit KB (speziell bei Herangehensweise an potenielle Kunden und bei Erarbeitung von Akquisitionsmaßnahmen)	□ Vertretet den KB bei Absenz und holt systematisch Kundenfeedback ein (Sicherstellung Beratungsqualität) □ Unterstützt bei Kunden@risk und bei der Bindung der Nachfolgegeneration □ Identifiziert und bespricht mögliches Entwicklungspotential im Team □ Unterstützt das Kernteam je nach Bedarf bei der Erarbeitung von Entwicklungsmaßnahmen und der effektiven Umsetzung beim Kunden	□ Betrachtet die verlorene Kundenbeziehung aus eigener Perspektive und diskutiert mit dem Kernteam über mögliche Abwanderungsgründe □ Kontaktiert evt. anstelle des TL den verlorenen Kunden und informiert sich über Anwanderungsgründe (unabhängig vom KB) □ Unterstützt je nach Bedarf bei der Erarbeitung eines kundenindividuellen Rückgewinnungsangebots und der effektiven Umsetzung beim Kunden

Fortsetzung der Darstellung auf der nächsten Seite

	Beratung	Akquisition	Bindung / Entwicklung	Rückgewinnung
Spezialisten	☐ Unterstützen den KB bei vertiefter Profilerstellung aufgrund spezieller Kundenbedürfnisse (Erfassen und verstehen der speziellen Bedürfnisse) ☐ Mitentwicklung des Anlagekonzepts (selbstständige Erarbeitung und Aufbereitung von Spezialthemen) ☐ Präsentieren Spezialthemen beim Kunden; fachkompetentes Auftreten ☐ Umsetzung und Überwachung spezifischer Kundenlösungen; berichtet an KB und teilweise an Kunden direkt	☐ Unterstützen den KB schon im Erstgespräch falls spezielle Kundensituation vorliegt; i. d. R. im Erstgespräch jedoch nicht involviert ☐ Mitentwicklung des Anlagekonzepts (selbstständige Erarbeitung und Aufbereitung von Spezialthemen) ☐ Präsentieren Spezialthemen beim Kunden; fachkompetentes Auftreten ☐ Umsetzung spezifischer Lösungen (nach Vertragsabschluss)	☐ Unterstützen KB im Beratungsprozess (insb. bei Entwicklung und Überarbeitung des Anlagekonzepts) ☐ Identifizieren Entwicklungspotential zusammen mit KB / Team (oft werden einzelne Spezialthemen fokussiert) ☐ Unterstützt bei der Erarbeitung von Entwicklungsmaßnahmen (insb. bei Lösungen zur Realisierung von Up-/Cross-Selling-Potential) ☐ Präsentieren Spezialthemen beim Kunden; fachkompetentes Auftreten ☐ Umsetzung spezifischer Lösungen	☐ Unterstützen KB bei Kündigungsgrundanalyse (insb. wenn SP schon regelmäßig im Beratungsprozess involviert waren) ☐ Unterstützen bei der Erarbeitung eines kundenindividuellen Rückgewinnungsangebots ☐ Präsentieren evt. Teilbereiche (Spezialthemen) des Rückgewinnungsangebots beim Kunden; i. d. R. im Rückgewinnungsgespräch jedoch nicht involviert ☐ Umsetzung spezifischer Lösungen (nach Rückgewinnung)

Abbildung 51: Zusammenfassender Überblick – Das Wealth-Management-Team in der Kundenbetreuung

5. Zusammenfassung, Schlussbetrachtung und Ausblick

Die nachfolgenden Ausführungen schließen diese Arbeit mit einer zusammenfassenden Darstellung der zentralen Erkenntnisse, einer kritischen Schlussbetrachtung und einem Ausblick für weitere Forschungsmöglichkeiten ab.

5.1. Zusammenfassung der zentralen Erkenntnisse

5.1.1. Zielsetzung der Arbeit

Die vorliegende Arbeit setzt sich mit dem Wealth-Management-Team in der Kundenbetreuung auseinander und untersucht die folgende Forschungsfrage:
Wie muss sich das Wealth-Management-Team vor dem Hintergrund bedeutsamer Trends und Herausforderungen wandeln und welche Rolle nimmt das Team bei der Betreuung von vermögenden Privatkunden ein?
Die Untersuchung dieser Forschungsfrage erfolgte anhand von drei aufeinander aufbauenden Schwerpunkten:
1. Darstellung bedeutsamer Veränderungstrends und damit einhergehenden Herausforderungen im Wealth Management
2. Darstellung des Wealth-Management-Teams und dessen Wandlungsbedarf vom traditionellen zum modernen Verständnis
3. Darstellung des modernen Teams bei der Umsetzung von essentiellen Kernaufgaben der Kundenbetreuung

5.1.2. Trends und Herausforderungen im Wealth Management

Kapitel 2 untersuchte den ersten Forschungsschwerpunkt dieser Arbeit. Basierend auf Expertengesprächen und der Analyse aktueller Marktstudien werden folgende sechs wesentliche Veränderungstrends identifiziert, welche mit unterschiedlichen Herausforderungen für Wealth-Management-Anbieter einhergehen:

- Regulatorischer Wandel:
  Nicht zuletzt durch die gegenwärtige Finanzmarktkrise herrscht große Einigkeit darüber, dass sich der aktuell zu beobachtende Regulierungstrend in Zukunft fortsetzen wird. Dies stellt Wealth-Management-Anbieter vor die Herausforderung einer umfassenden *Implementierung veränderter Gesetze / Richtlinien / Standards*, was vor allem für kleinere Institute oft mit einem enormen Kostendruck einhergeht. Veränderte Rahmenbedingungen gehen aber auch damit einher, dass Wealth-Management-Anbieter ihr *Geschäftsmodell überprüfen und gegebenenfalls anpassen* müssen.

- Kampf um qualifizierte Mitarbeiter:

    Im Wealth Management ist die Qualität der Mitarbeiter eines der bedeutendsten Unterscheidungsmerkmale, um sich von der Konkurrenz abzuheben. Der Markt um qualifizierte Mitarbeiter ist in diesem Geschäft jedoch besonders hart umkämpft. Kundenberater werden fast wöchentlich von Head Huntern kontaktiert. In letzter Zeit geht der Trend verstärkt auch dahin, dass ganze Wealth-Management-Teams abgeworben werden. Experten gehen davon aus, dass sich dieser ‚War for Talents' in Zukunft noch verstärken wird. Die *Akquisition, Entwicklung und Bindung von Mitarbeitern* stellt folglich eine zentrale Herausforderung für Wealth-Management-Anbieter dar.

- Breiteres und komplexeres Produkt- und Dienstleistungsangebot:

    Das Produkt- und Dienstleistungsangebot vergrößert sich ständig und wird zunehmend komplexer. Dies geht für Wealth-Management-Anbieter mit der Herausforderung einer gezielten *Mitarbeiterausbildung* einher. Zunehmend wichtig in diesem Zusammenhang ist auch die *Bereitstellung einer strukturierten / bedürfnisorientierten Beratung*. Es ist wichtig, die Kundenbedürfnisse in einem ersten Schritt zu verstehen, um dann aus dem breiten Angebot eine maßgeschneiderte Kundenlösung zu erarbeiten. Hierbei gewinnt auch die *Kooperation mit spezialisierten Partnern* stark an Bedeutung.

- Verstärkter Wettbewerb:

    Der Wettbewerbsdruck für Schweizer Wealth-Management-Anbieter verschärft sich zunehmend. Das Onshore-Geschäft wird im Vergleich zum traditionellen Schweizer Offshore-Geschäft stark an Bedeutung gewinnen, speziell für börsennotierte Anbieter. Dies wird mit einer verstärkten Konsolidierung im hoch fragmentierten globalen Wealth-Management-Markt einhergehen. Wealth-Management-Anbieter müssen sich somit *abgestimmt auf das Geschäftsmodell klar positionieren*. Zudem geht der erhöhte Wettbewerb mit der Herausforderung einher, die *Akquisition, Entwicklung, Bindung und Rückgewinnung von Kunden* ganz gezielt und systematisch voranzutreiben.

- Erhöhte Kundenbedürfnisse:

    Die Kunden werden zunehmend anspruchsvoller und erwarten eine umfassende Beratung unter Berücksichtigung ihrer gesamten Lebenssituation. Die *Bereitstellung einer strukturierten / bedürfnisorientierten Beratung* auf breiter Basis ist folglich eine zentrale Herausforderung. Um in diesem Sinne innovative und maßgeschneiderte Kundenlösungen zu offerieren, arbeiten Kundenberater verstärkt mit Spezialisten zusammen. Der *Teamansatz in der Kundenberatung* gewinnt stark an Bedeutung.

- Sinkende Kundenloyalität:

    Das Wealth-Management-Geschäft war lange Zeit geprägt von einer hohen Kundenloyalität. Diese wird jedoch zunehmend schwächer. Die Gefahr liegt neben der Kündigung der Gesamtbeziehung, vor allem auch in einer schleichenden Abwanderung von Vermögen sowie in der Akquisition nicht ausgeschöpfter Kundenpotentiale durch Konkurrenzinstitute. Eine ganz zentrale Herausforderung diesbezüglich ist wiederum die *Bereitstellung einer hohen Service- und Beratungsqualität*, was die Grundlage für eine erfolgreiche *Kundenbindung* im Wealth Management darstellt.

Diese aufgezeigten Trends und Herausforderungen dienen als Grundlage für die Untersuchung des Teamwandels vom traditionellen zum modernen Verständnis.

5.1.3. Das Wealth-Management-Team im Wandel

Kapitel 3 untersuchte den zweiten Forschungsschwerpunkt dieser Arbeit. Es wird der Wandel der einzelnen Rollen im Team (Support-Mitarbeiter, Kundenberater und Teamleiter) sowie des Teams als ganzer Einheit untersucht. Die wesentlichen Erkenntnisse sind hier zusammengefasst:

- Support-Mitarbeiter:

  Ist der Support-Mitarbeiter im traditionellen Verständnis hauptsächlich für die Erledigung administrativer und organisatorischer Aufgaben verantwortlich, wird er im modernen Verständnis verstärkt auch in den Beratungsprozess beim Kunden involviert. Dieser Wandel geht wesentlich mit dem Mangel an qualifizierten Mitarbeitern einher. Support-Mitarbeiter werden gezielt zu Kundenberatern entwickelt. Produkt- und Marktkenntnisse sowie Beratungs- und Verkaufskompetenz gewinnen für die Rolle des Support-Mitarbeiters somit stark an Bedeutung.

- Kundenberater:

  Die Rolle des Kundenberaters wandelt sich von einem verwaltungsorientierten Spezialisten hin zu einem kunden- und beratungsorientierten Generalisten. Im Zentrum des modernen Verständnisses stehen die Beziehungspflege und die bedürfnisorientierte Beratung des Kunden vor dem Hintergrund seiner gesamten Lebenssituation. Um solch eine Beratung sicherzustellen, arbeitet der Kundenberater verstärkt mit Spezialisten aus den Bereichen Anlage, Finanzierung, Vorsorge, Steuern und Erbschaft zusammen. Im Hinblick auf die verstärkte Wettbewerbssituation rückt auch die gezielte Akquisition, Bindung, Entwicklung und Rückgewinnung von Kunden verstärkt ins Zentrum des Kundenberaterdaseins.

- Teamleiter:

  Ist der Teamleiter im traditionellen Verständnis hauptsächlich als Kundenberater – meist für die vermögensstärksten Kunden – tätig, steht die Mitarbeiterführung im Zentrum des modernen Verständnisses. Der Teamleiter hat keine resp. nur noch wenig eigene Kunden und fokussiert sich auf die Unterstützung seiner Mitarbeiter bei der systematischen Herangehensweise an die Akquisition, Bindung, Entwicklung und Rückgewinnung von Kunden. Aber auch im Beratungsprozess ist er je nach Bedarf, insbesondere bei vermögensstarken und abgangsgefährdeten Kunden, unterstützend tätig. Zunehmend wichtig für die Rolle des Teamleiters ist auch die gezielte Akquisition von neuen Mitarbeitern sowie die Entwicklung und Bindung von bestehenden Mitarbeitern.

- Team:

  Im traditionellen Beratungsteamverständnis agiert der Kundenberater weitgehend als Einzelkämpfer beim Kunden, wobei er intern durch den Support-Mitarbeiter und Spezialisten unterstützt wird. Aufgrund der erhöhten Kundenbedürfnisse und dem sich laufend verbreiternden und komplexer werdenden Produkt- und Dienstleistungsangebot gewinnt der Teamansatz in der Kundenbetreuung stark an Bedeutung. Im modernen Teamverständnis tritt der Kundenberater zusammen mit anderen Teamkollegen und Spezialisten beim Kunden als Team auf. Als Kernteam im Beratungsprozess agiert der Kundenberater zusammen mit Support-Mitarbeiter und Spezialisten, wobei diese vom Teamleiter und vom stellvertretenden Kundenberater tatkräftig unterstützt werden. Neben der Bereitstellung einer bedürfnisorientierten Beratung wird auch die gezielte Akquisition, Bindung, Entwicklung und Rückgewinnung von Kunden durch das gesamte Beratungsteam forciert.

Diese Erkenntnisse dienten als Grundlage für eine vertiefende Untersuchung des Teams im vierten Kapitel.

5.1.4. Die Rolle des Wealth-Management-Teams in der Kundenbetreuung

Kapitel 4 untersuchte den dritten Forschungsschwerpunkt dieser Arbeit. Es werden die vier Kernaufgaben der Kundenbetreuung (Kundenberatung, Kundenakquisition, Kundenbindung / -entwicklung, Kundenrückgewinnung) untersucht und aufgezeigt, welche Rolle das moderne Team bei der Umsetzung dieser Aufgaben hat. Die wesentlichen Erkenntnisse sehen wie folgt aus:

□ Kundenberatung:

Eine qualitativ hochwertige Kundenberatung ist charakterisiert durch ein strukturiertes Vorgehen. Zentral hierbei sind grundsätzlich folgende Prozessschritte: 1. Erfassung der Kundenzielsetzungen und -bedürfnisse, 2. Entwicklung und Vorschlag eines kundenindividuellen Anlagekonzepts, 3. Umsetzung des Anlagekonzepts, 4. Überprüfung (evt. Anpassung des Anlagekonzepts) und Berichterstattung. Die Umsetzung dieses Beratungsprozesses beim Kunden erfolgt durch das Wealth-Management-Beratungsteam.

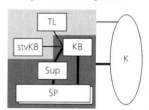

Das Kernteam (Kundenberater, Support-Mitarbeiter und Spezialisten) arbeitet im Beratungsprozess eng zusammen und tritt vor dem Kunden als Team auf. Der Kundenberater ist hierbei federführend tätig und koordiniert das Team. Der Teamleiter unterstützt je nach Bedarf im Beratungsprozess und holt gezielt Kundenfeedback ein, um damit eine kontinuierliche Verbesserung der Beratungsqualität sicherzustellen. Der stellvertretende Kundenberater ist regelmäßig im Beratungsprozess involviert und somit jederzeit in der Lage den Kundenberater bei Absenz fast vollumfänglich zu vertreten. Durch diesen Teamansatz in der Beratung erhöht sich die Kundenzufriedenheit und auch die „Paschastellung"[648] des Kundenberaters kann zu einem großen Teil eliminiert werden.

□ Kundenakquisition:

Zentral hierbei ist in einem ersten Schritt potentielle Kunden zu identifizieren und den Erstkontakt zu diesen herzustellen. In der Bankenpraxis werden hierzu verstärkt drei Vorgehensweisen forciert: Empfehlung von bestehenden Kunden, Nutzung und Ausbau des eigenen Netzwerks, direkte Ansprache potentieller Kunden. Wichtig ist es dann, Vertrauen zu schaffen sowie Informationen zu Kundenbedürfnissen und Bestimmungsfaktoren der Kundenbindung zu bestehenden Bankbezieh-

---

[648] Im traditionellen Verständnis hatte der Kundenberater den alleinigen Kontakt zum Kunden. Vgl. hierzu Fußnote 285.

ungen zu sammeln, um schließlich dem potentiellen Kunden eine kundenindividuelle und erfolgsversprechende Lösung offerieren zu können. Die Umsetzung erfolgt durch das Beratungsteam.

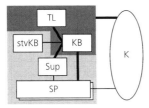

Das Kernteam besteht bei der Akquisition aus dem Kundenberater und dem Teamleiter. Sie arbeiten im Akquisitionsprozess eng zusammen und treten beim potentiellen Kunden als Team auf. Support-Mitarbeiter und Spezialisten sind besonders bei der Erarbeitung einer kundenindividuellen Lösung unterstützend tätig. Je nach Kundensituation / -bedürfnis werden gezielt Spezialisten ins Kundengespräch involviert. Die Rolle des stellvertretenden Kundenberaters hat im reinen Akquisitionsprozess eine untergeordnete Bedeutung. Bedeutsam ist jedoch der Erfahrungsaustausch zwischen den Kundenberatern. Der Teamleiter hat die Aufgabe, diesen Erfahrungsaustausch innerhalb des organisatorischen Teams sicherzustellen.

- Kundenbindung / -entwicklung:

  Neben der Kundenbindung durch exzellente Beratung muss der Fokus verstärkt auch auf der Bindung der Nachfolgegeneration sowie auf der gezielten Bindung von abgangsgefährdeten Kunden liegen. Aber auch die systematische Kundenentwicklung ist zentral für den Geschäftserfolg von Wealth-Management-Anbietern. Im Zentrum steht hierbei die gezielte Analyse des Kundenbuchs zur ertragssteigernden Ausschöpfung von Up-Selling-, Cross-Selling- und Empfehlungs- / Referenzpotential. Die Kunden- / Potentialidentifikation, die Maßnahmenerarbeitung und Umsetzung erfolgt wiederum durch das Beratungsteam.

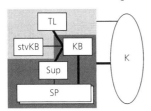

Das Kernteam (Kundenberater, Support-Mitarbeiter und Spezialisten) arbeitet bei der Kundenbindung / -entwicklung eng zusammen und tritt vor dem Kunden als Team auf. Der Kundenberater ist hierbei federführend tätig und koordiniert das Team. Bei der Identifikation von abgangsgefährdeten Kunden und von Entwicklungspotential wird das Kernteam besonders vom Teamleiter aber auch vom stellvertretenden Kundenberater unterstützt. Die Erarbeitung von entsprechenden Maßnahmen / Lösungen sowie die Umsetzung beim Kunden erfolgt dann wiederum durch das Kernteam. Wobei auch hier der Teamleiter und der stellvertretende Kundenberater je nach Bedarf unterstützend tätig sind.

- Kundenrückgewinnung:

  Zentrale für eine erfolgreiche Kundenrückgewinnung ist die genaue Analyse der Abwanderungsgründe, um darauf basierend gezielte Rückgewinnungsmaßnahmen erarbeiten und umsetzen zu können. Die Rückgewinnungswahrscheinlichkeit ist in der ersten Phase am höchsten. Verlorenen Kunden sollte daher möglichst zeitnah nach Beendigung der Geschäftsbeziehung (1 bis 3 Wochen) konkrete Verbesserungsmaßnahmen bzw. ein attraktives Rückgewinnungsangebot unterbreitet werden. Führt dies nicht zum gewünschten Erfolg, sollten Kunden abermals nach 4 bis 6 Monaten angesprochen werden. Die Umsetzung erfolgt wiederum durch das Beratungsteam.

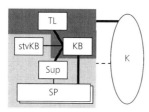

Das Kernteam besteht bei der Kundenrückgewinnung aus dem Kundenberater und dem Teamleiter. Sie arbeiten im Rückgewinnungsprozess eng zusammen und treten beim verlorenen Kunden als Team auf. Der Teamleiter kontaktiert den abgewanderten Kunden unabhängig vom Kundenberater und informiert sich über die Kündigungsgründe. Die Gründe werden im gesamten Beratungsteam analysiert und gezielte Maßnahmen zur Rückgewinnung erarbeitet. Die Vorstellung des erarbeiteten Rückgewinnungsangebots erfolgt schließlich wiederum durch das Kernteam. Zentral ist auch die Erarbeitung / Umsetzung von Präventivmaßnahmen zur Minimierung von zukünftigen Abgängen auf Basis der Abwanderungsgrundanalyse. Auch dies ist Aufgabe des Beratungsteams.

Im Wealth-Management-Kundengeschäft ist die bedürfnisorientierte Beratung sowie die gezielte Akquisition, Bindung / Entwicklung und Rückgewinnung von vermögenden Privatkunden von essentieller Bedeutung. Die systematische Umsetzung dieser Themen durch die einzelnen Wealth-Management-Teams wird wesentlich über den langfristigen Erfolg oder Misserfolg eines Anbieters entscheiden.

5.2. Kritische Schlussbetrachtung

Diskutiert man den modernen Teamansatz in der Kundenbetreuung kritisch mit Bankexperten, wird dessen Implementierung von einer großen Mehrheit als sinnvoll und notwendig erachtet. Gleichwohl wird aber stets auf die Herausforderungen bei der Umsetzung hingewiesen. Folgende Punkte gelten als zentral:[649]

- Kundenabgabe durch den Teamleiter

    Analog zum modernen Rollenverständnis sollen Teamleiter, die bis dato hauptsächlich als Kundenberater agieren, ihre eigenen Kunden an ausgewählte Berater im Team abgeben. Dies stößt oft auf heftigen Widerstand, da im Wealth-Management-Kundengeschäft die eigenen Kundenbeziehungen als eine Art Versicherung[650] gelten. Die Schwierigkeit der Umsetzung zeigt sich auch am Beispiel der UBS, welche schon im Jahr 2004 festgelegt hat, dass Teamleiter keine resp. nur noch wenige eigene Kunden betreuen sollen. Bis dato ist dies zwar größtenteils implementiert, jedoch haben ca. 18 % aller Teamleiter immer noch ein eigenes größeres Kundenbuch.[651]

---

[649] Dies basiert auf auf Expertengesprächen (K2 und K3).
[650] Kundenberater / Teamleiter, die ein großes Kundenbuch haben und eine enge Beziehung zu den Kunden pflegen, haben i. d. R. einen sehr sicheren Arbeitsplatz und sind im Markt sehr begehrt.
[651] Hierbei ist jedoch zu erwähnen, dass die UBS nicht absolut restriktiv vorgegangen ist. Es wurde kein Ultimatum gestellt. Teamleiter wurden jedoch öfters dazu aufgefordert ihre Kunden abzugeben.

- **Der traditionelle Teamleiter als Führungskraft**

  Die Etablierung des modernen Rollenverständnisses geht meist mit der Herausforderung einher, dass Teamleiter zwar sehr gute Kundenberater sind,[652] jedoch oft schlechte Führungskräfte. UBS bietet bestehenden Teamleitern an, ohne finanzielle Einbußen die Rolle des Teamleiters abzugeben und weiter als Kundenberater tätig zu sein oder eine umfassende Teamleiterausbildung zu absolvieren.

- **Der Kundenberater als Team-Player**

  Ein weiterer kritischer Punkt ist die Kundenberater dazu zu bringen, nicht als Einzelkämpfer beim Kunden zu agieren, sondern als Team. Durch diesen Teamansatz ist er nicht mehr in der Lage, den Kunden so stark an sich als Einzelperson zu binden. Folglich kann er durch die Bank leichter ersetzt werden, was natürlich nicht im Interesse des Beraters ist. Kundenberater realisieren aber selbst mehr und mehr, dass sie eine umfassende bedürfnisorientierte Beratung nicht aus eigener Hand anbieten können und die Einbeziehung von Spezialisten und anderen Teammitgliedern absolut notwendig ist, um den Kunden langfristig zufriedenzustellen. So zeigt sich am Beispiel UBS, dass sehr erfolgreiche Kundenberater den Grundgedanken des modernen Teamansatzes bereits intensiv leben, wobei immer noch eine gewisse Zurückhaltung im Hinblick auf den kontinuierlichen Einbezug des stellvertretenden Kundenberaters herrscht.

- **Diskontinuität bei der Rolle des Support-Mitarbeiters**

  Beim modernen Rollenverständnis des Support-Mitarbeiters muss kritisch angemerkt werden, dass durch die gezielte Entwicklung zum Kundenberater eine gewisse Kontinuität bei der Kundenbeziehungsgestaltung verloren geht. Wenn der Support-Mitarbeiter alle paar Jahre wechselt, werden zum einen oft gut eingespielte Teams auseinandergerissen, zum anderen muss sich der Kunde immer wieder an neue Support-Mitarbeiter gewöhnen. Bei UBS wird diese gezielte Mitarbeiterentwicklung dennoch relativ konsequent umgesetzt, da sich der Kampf um qualifizierte Berater laufend intensiviert.

Es gibt aber auch einzelne Kritiker, welche den modernen Teamansatz nicht befürworten. Im Mittelpunkt dieser Sichtweise stehen hauptsächlich zwei Punkte:

- **Akzeptanz des Teamansatzes beim Kunden**

  Kunden würden den Teamansatz gar nicht schätzen. Dies vor allem deshalb, weil das Diskretionsgefühl beim Kunden verlorengehen könnte. Erfolgreiche Kundenberater und Teamleiter, welche den Teamansatz bereits intensiv leben, bestätigen jedoch, dass ihre Kunden diesen Ansatz sehr wohl schätzen, und zwar vor allem aus zwei Gründen: Zum einen zeigt es dem Kunden, dass er für das Bankinstitut wichtig ist, zum anderen wird durch den Zuzug von Spezialisten Fachkompetenz aufgezeigt. Gleichwohl wird aber erwähnt, dass in jedes Gespräch max. 3 Personen involviert sein sollen, da der Kunde sich sonst überfordert fühlen und eben doch das Diskretionsgefühl verlorengehen könnte. Zudem könnte der Eindruck entstehen, dass im Institut nicht effizient gearbeitet würde. Eine weiterführende direkte Kundenbefragung könnte hier aber nochmals Klarheit schaffen.

---

[652] Traditionell wurde der erfolgreichste und / oder erfahrenste Kundenberater zum Teamleiter befördert.

▫ Wirtschaftlichkeit des Teamansatzes

Der Teamansatz sei nicht wirtschaftlich. Dies vor allem deshalb, weil Teamleiter keine eigenen Kunden mehr betreuen und daher selbst keine direkten Erlöse mehr erwirtschaften. Zudem seien die erhöhten direkten Kosten (z. B. Reisekosten auch für Spezialisten) und die Opportunitätskosten der Teammitglieder (z. B. stellvertretender Berater hat weniger Zeit für eigene Kunden) nicht zu vernachlässigen. Dies sind durchaus legitime Argumente, jedoch bestätigt die große Mehrheit der interviewten Teamleiter und Spezialisten aus dem Bereich Controlling, dass die Kostenbasis durch die Implementierung zwar gestiegen ist, die Erlöse aber überproportional zugenommen haben.[653] Dies liegt vor allem an der der systematischen Herangehensweise hinsichtlich der Kundenakquisition und Kundenentwicklung. Aber auch hier könnte eine weiterführende, breit angelegte quantitative Analyse Klarheit schaffen.

Diese beiden zuletzt erwähnten Punkte weisen zugleich auf weiterführende Forschungsmöglichkeiten hin. Abschließend sollen im nächsten Abschnitt noch weitere interessante Aspekte für zukünftige Forschungsarbeiten aufgezeigt werden.

5.3. Ausblick auf weitere Forschungsmöglichkeiten

Da die Thematik rund um das Wealth-Management-Team in der Kundenbetreuung sehr umfassend und interdisziplinär ist, sich diese Arbeit jedoch auf die gezielte Untersuchung der Forschungsfrage konzentriert, konnten nicht alle in der Arbeit angesprochenen Aspekte vertieft und erschöpfend analysiert werden. Nach Meinung des Autors wären die folgenden drei Forschungsaspekte besonders interessant:

▫ Ausweitung des Bezugsrahmens auf die Teamführung

In dieser Arbeit wird besonders die Teamzusammenarbeit in der Kundenbetreuung untersucht. Angesprochen, jedoch nicht eingehend beleuchtet wird die Führung des organisatorischen Wealth-Management-Teams durch den Teamleiter. In diesem Zusammenhang wären folgende Aspekte, speziell auch für die Bankenpraxis, interessant zu untersuchen: Wie stellt der Teamleiter sicher, dass die Unternehmenskultur im Team umgesetzt und gelebt wird? Wie schafft und kommuniziert der Teamleiter eine Vision, an der alle festhalten? Welche markt-, unternehmens- und teambezogenen Besonderheiten müssen bei der Erarbeitung einer Teamstrategie zur gezielten und koordinierten Marktbearbeitung berücksichtigt werden? Wie muss das Team organisatorisch aufgestellt sein, um die erarbeitete Strategie möglichst effizient umzusetzen? Aber auch transaktionale Führungsaspekte wie die Untersuchung leistungsgerechter Entlohnungssysteme für Kundenberater bieten interessante Forschungsmöglichkeiten.

---

[653] Als Betrachtungszeitraum wurden explizit die Jahre (2002–2007) vor dem Ausbruch der Finanzmarktkrise herangezogen, da ein Vergleich zwischen wachstumsstarken Jahren und Krisenjahren in diesem Fall wenig sinnvoll wäre. Die meisten befragten Teamleiter (K2) fingen Ende 2004 / Anfang 2005 damit an, den Teamansatz ganz systematisch umzusetzen. So lassen sich die Jahre 2002–2004 mit 2005–2007 relativ gut vergleichen.

☐ Auswirkungen des Teamansatzes auf die Kundenbindung (vertiefende Analyse)
Erfolgreiche Kundenberater und Teamleiter, die den modernen Teamansatz bereits intensiv leben, bestätigen, dass durch die gezielte Umsetzung des Ansatzes die Kundenzufriedenheit und folglich auch die Kundenbindung steigt. Interessant wäre eine vertiefende Analyse hierzu. Zum einen könnte quantitativ untersucht werden, wie viele Kunden / Assets jeweils vor und nach der systematischen Umsetzung des Ansatzes verloren gegangen sind. Denkbar wäre auch ein Peer-Vergleich zwischen Abteilungen, die den Teamansatz leben, und solchen, die den Ansatz noch nicht leben. Zum anderen wäre auch eine direkte Kundenbefragung aufschlussreich, die beispielsweise folgende Fragen stellen könnte: Wie hat sich der verstärkte Einbezug von Spezialisten auf die Beratungsqualität ausgewirkt? Inwieweit schätzen Kunden es, wenn sie regelmäßig Kontakt zum Teamleiter haben und Wünsche / Anregungen direkt an diesen adressieren können? Durchaus interessant wäre auch vertiefend zu untersuchen, welche konkreten Auswirkungen der Teamansatz auf die ‚Paschastellung'[654] des Kundenberaters hat: Wie viele Prozent der Kunden / Assets kann ein Kundenberater, der den alleinigen Kontakt zum Kunden hat, bei einem Wechsel zu einer anderen Bank ‚mitnehmen'? Und wie viele Prozent der Kunden / Assets kann ein Kundenberater ‚mitnehmen', wenn der Kunde im Team betreut wurde?

☐ Prüfung und Entwicklung von Kundensegmentierungsansätzen
Kunden werden im Wealth Management traditionell nach geografischer Herkunft und Vermögensgröße segmentiert. Nun etablieren sich in der Bankenpraxis zunehmend bedürfnisorientierte Segmentierungs- bzw. Sub-Segmentierungsansätze, welche sich meistens an der Vermögensentstehung orientieren. Durchaus interessant wäre wissenschaftlich zu überprüfen, ob die Vermögensentstehung tatsächlich das beste Kriterium für eine zielgerichtete Kundensegmentierung darstellt oder ob es andere bedürfnisorientierte Kriterien bzw. alternative Ansätze gibt, die dies besser sicherstellen könnten. In diesem Zusammenhang wäre es gleichfalls ausgesprochen interessant, speziell auch im Hinblick auf die Kundenzuteilung auf Teamebene, unterschiedliche Kunden- und Beratertypologien zu untersuchen, um dann zu analysieren, welcher Typ von Berater zu welchem Kunden passt. Denn für den Aufbau einer erfolgreichen Geschäftsbeziehung im Wealth Management ist es wie bereits erwähnt eine Grundvoraussetzung, dass die ‚Chemie' zwischen dem Berater und dem Kunden stimmt. Nur dann kann in einer ersten Phase ein Vertrauensverhältnis aufgebaut werden: „Das ist wie beim Dating: Der Kunde muss den richtigen Banker finden und umgekehrt"[655].

In diesem Sinne wünsche ich allen forschungsinteressierten Lesern viel Erfolg bei der weiteren Untersuchung dieses interessanten Forschungsfelds und allen Lesern, die im Wealth-Management-Geschäft tätig sind, viel Erfolg bei der gezielten Umsetzung!

---

[654] Vgl. Fußnote 285.
[655] Vgl. Cocca, T. D., Private Banking ist wie Dating, in: Profil Extra, 09 / 2008, 63.

Anhang

Das WM-Team im Wandel: Support-MA
Rollenwandel / Herausforderungen / Erwartungen

Name: _____
Support-Mitarbeiter seit _____ Jahren

1. Wie hat sich die Rolle des Support-Mitarbeiters in den letzten Jahren gewandelt?

Früher (vor 5 Jahren, wenn nicht seit 5 Jahren in Rolle seit Eintritt)	Heute
Generell	
Aufgaben	
Fachliche Kompetenzen	
Soziale Kompetenzen	

Leistungsorientierung	

2. Welches sind die größten Herausforderungen für Sie als Support-Mitarbeiter? (Praxisprobleme)

3. Welche Erwartungen haben Sie an einen Desk Head?

Generell
Aufgaben
Fachliche Kompetenzen

Soziale Kompetenzen

Leistungsbeurteilung

4. Im WM gibt es aktuell folgende wesentliche Herausforderungen (Fokus auf Kundenfront): Können Sie diese Themen beeinflussen? Wenn ja, wie?

	Beeinflussbar		Wenn ja, WIE?
	JA	NEIN	
Mitarbeiterakquisition	☐	☐	
Mitarbeiterausbildung / -entwicklung	☐	☐	
Mitarbeiterbindung	☐	☐	
Beratungs- und Servicequalität	☐	☐	
Kundenakquisition	☐	☐	
Kundenentwicklung	☐	☐	
Kundenbindung	☐	☐	
Kundenrückgewinnung	☐	☐	
Gesetze / Richtlinien / Standards beachten / implementieren	☐	☐	

Kooperation mit spezialisierten Partnern	☐ ☐	_____
Etablierung einer bedürfnis- orientierten Kundensegmentierung	☐ ☐	_____
Wettbewerbspositionierung abgestimmt auf Geschäftsmodell	☐ ☐	_____

5. Wie sollte ein Team an der Kundenfront strukturiert und organisiert sein, um bestmögliche Ergebnisse zu erbringen (optimale Teamkonstellation)?

Das WM-Team im Wandel: Kundenberater
Rollenwandel / Herausforderungen / Erwartungen

Name: _____
Kundenberater seit _____ Jahren

1. Wie hat sich die Rolle des Kundenberaters in den letzten Jahren gewandelt?

Früher (vor 5 Jahren, wenn nicht seit 5 Jahren in Rolle seit Eintritt)	Heute
Generell	
Aufgaben	
Fachliche Kompetenzen	
Soziale Kompetenzen	

Leistungsorientierung	

2. Welches sind die größten Herausforderungen für Sie als Kundenberater? (Praxisprobleme)

_____
_____
_____
_____
_____
_____
_____
_____

3. Welche Erwartungen haben Sie an einen Desk Head?

Generell
Aufgaben
Fachliche Kompetenzen

Soziale Kompetenzen

Leistungsbeurteilung

4. Im WM gibt es aktuell folgende wesentliche Herausforderungen (Fokus auf Kundenfront): Können Sie diese Themen beeinflussen? Wenn ja, wie?

	Beeinflussbar		Wenn ja, WIE?
	JA	NEIN	
Mitarbeiterakquisition	☐	☐	
Mitarbeiterausbildung / -entwicklung	☐	☐	
Mitarbeiterbindung	☐	☐	
Beratungs- und Servicequalität	☐	☐	
Kundenakquisition	☐	☐	
Kundenentwicklung	☐	☐	
Kundenbindung	☐	☐	
Kundenrückgewinnung	☐	☐	
Gesetze / Richtlinien / Standards beachten / implementieren	☐	☐	

Kooperation mit spezialisierten Partnern	☐	☐
Etablierung einer bedürfnis- orientierten Kundensegmentierung	☐	☐
Wettbewerbspositionierung abgestimmt auf Geschäftsmodell	☐	☐

5. Wie sollte ein Team an der Kundenfront strukturiert und organisiert sein, um bestmögliche Ergebnisse zu erbringen (optimale Teamkonstellation)?

Anhang 3: Das Wealth Management Team im Wandel: Teamleiter (Desk Head)

Das WM-Team im Wandel: Desk Head
Rollenwandel / Herausforderungen / Erwartungen

Name: _____
Desk Head seit _____ Jahren

1. Wie hat sich die Rolle des Desk Heads in den letzten Jahren gewandelt?

Früher (vor 5 Jahren, wenn nicht seit 5 Jahren in Rolle seit Eintritt)	Heute
Generell	
Aufgaben	
Fachliche Kompetenzen	
Soziale Kompetenzen	

Leistungsorientierung	

2. Welches sind die größten Herausforderungen für Sie als Desk Head? (Praxisprobleme)

___

3. Welche Erwartungen haben Sie an einen Kundenberater?

Generell

Aufgaben

Fachliche Kompetenzen

Soziale Kompetenzen

Leistungsbeurteilung

4. Im WM gibt es aktuell folgende wesentliche Herausforderungen (Fokus auf Kundenfront): Können Sie diese Themen beeinflussen? Wenn ja, wie?

	Beeinflussbar		Wenn ja, WIE?
	JA	NEIN	
Mitarbeiterakquisition	☐	☐	
Mitarbeiterausbildung / -entwicklung	☐	☐	
Mitarbeiterbindung	☐	☐	
Beratungs- und Servicequalität	☐	☐	
Kundenakquisition	☐	☐	
Kundenentwicklung	☐	☐	
Kundenbindung	☐	☐	
Kundenrückgewinnung	☐	☐	
Gesetze / Richtlinien / Standards beachten / implementieren	☐	☐	

Kooperation mit spezialisierten Partnern	☐	☐	_____
Etablierung einer bedürfnis- orientierten Kundensegmentierung	☐	☐	_____
Wettbewerbspositionierung abgestimmt auf Geschäftsmodell	☐	☐	_____

5. Wie sollte ein Team an der Kundenfront strukturiert und organisiert sein, um bestmögliche Ergebnisse zu erbringen (optimale Teamkonstellation)?

Anhang 4: Typischer Tagesablauf (früher / heute)

Typischer Tagesablauf

Beschreiben Sie bitte - mittels Zeitblöcken für einzelne Aufgaben/Tätigkeiten - einen typischen Tagesablauf. Wie hat solch ein typischer Tagesablauf früher ausgesehen und wie sieht er heute aus?

Name: _____

Früher (vor 5 Jahren, wenn nicht seit 5 Jahren in Rolle seit Rollenantritt)	Heute
06:00	06:00
06:30	06:30
07:00	07:00
07:30	07:30
08:00	08:00
08:30	08:30
09:00	09:00
09:30	09:30
10:00	10:00
10:30	10:30
11:00	11:00
11:30	11:30
12:00	12:00
12:30	12:30
13:00	13:00
13:30	13:30
14:00	14:00
14:30	14:30
15:00	15:00
15:30	15:30
16:00	16:00
16:30	16:30
17:00	17:00
17:30	17:30
18:00	18:00
18:30	18:30
19:00	19:00
19:30	19:30
20:00	20:00
20:30	20:30
21:00	21:00
21:30	21:30
22:00	22:00
22:30	22:30

Anhang 5: Das Wealth-Management-Team in der Kundenbetreuung

Das WM-Team in der Kundenbetreuung
Beratung / Akquisition / Bindung / Entwicklung / Rückgewinnung

Name: _____
☐ Kundenberater / ☐ Desk Head seit _____ Jahren

1. Generelle Erfolgsfaktoren: Was zeichnet Sie als erfolgreichen Kundenberater / Desk Head aus?
_____
_____
_____
_____
_____

2a. KUNDENBERATUNG: Was sind die zentralen Aspekte eines strukturierten Beratungsansatzes (UBS Client Experience) für Sie?
_____
_____
_____
_____
_____

2b. Welche Rolle / Aufgaben haben folgende Funktionen in der KUNDENBERATUNG?

Kundenberater	
Teamleiter	
Support-Mitarbeiter	
Stellvertretender Kundenberater	
Spezialisten	

239

3a. Wie gehen Sie bei der KUNDENAKQUISITION vor?

Generell	
Kunden-identifikation	
Erstgespräch / Bedarfserhebung (Vertrauensaufbau)	
Akquisitions-strategie (Maßnahmen zur Auflösung der Bindung zur Konkurrenz)	
Umsetzung	

3b. Welche Rolle / Aufgaben haben folgende Funktionen in der KUNDENAKQUISITION?

Kundenberater	
Teamleiter	
Support-Mitarbeiter	
Stellvertretender Kundenberater	
Spezialisten	

4a. Wie gehen Sie bei der BINDUNG von Kunden@risk vor?

Generell	
Kunden-identifikation (Risikoindikatoren)	
Bindungs-strategie (Maßnahmen zur Verhinderung von Abgängen)	
Umsetzung	

4b. Wie gehen Sie bei der BINDUNG der Nachfolgegeneration vor?

Generell	
Kunden-identifikation	
Bindungs-strategie (Maßnahmen zur Bindung der Nachfolge-generation)	
Umsetzung	

4c. Wie gehen Sie bei der ENTWICKLUNG (Potentialausschöpfung) von bestehenden Kunden vor?

Generell	
Kunden-identifikation (Potential-identifikation)	
Entwicklungs-strategie	
Umsetzung	

4d. Welche Rolle / Aufgaben haben folgende Funktionen in der KUNDENBINDUNG / -ENTWICKLUNG?

Kundenberater	
Teamleiter	
Support-Mitarbeiter	
Stellvertretender Kundenberater	
Spezialisten	

5a. Wie gehen Sie bei der KUNDENRÜCKGEWINNUNG vor?

Generell	
Kunden-identifikation	
Rückgewinnungs-strategie	
Umsetzung	

5b. Welche Rolle / Aufgaben haben folgende Funktionen in der KUNDENRÜCKGEWINNUNG?

Kundenberater	
Teamleiter	
Support-Mitarbeiter	
Stellvertretender Kundenberater	
Spezialisten	

Anhang 6: Desk Head Survey

WMI Experienced Desk Head Training
Desk Head Survey

This survey is for research purposes only. Your information will be treated as strictly confidential. Your answers will not be shared with any line managers or other business employees of the company. Please be as accurate as possible in your responses.

Personal Data / Professional Experience / Education:

Last name: _____   Business Unit: _____
First name: _____   Age: _____ years
                        optional
Professional banking experience: _____ years   Position held directly before Desk Head:
Desk Head experience: _____ years   ☐ Client Advisor
                                         ☐ Specialist _____ (field of work)
                                         ☐ Management _____ (field of work)
                                         ☐ other _____ (field of work)
                                         Experience in this position: _____ years

Highest Level of Education: Professional / Leadership Education:
☐ Apprenticeship   ☐ WM Diploma / CA Certification (UBS)
☐ High school diploma / A-level (Matura/Abitur)   ☐ AZEK / CFP
☐ University Degree (Bachelor/Master)   ☐ CFA
☐ PhD   ☐ MBA
☐ other _____   ☐ other _____

---

1. Which changes have you observed in the Wealth Management Business over the past 5-10 years?

	Disagree			Agree
Client needs have become more sophisticated	☐	☐	☐	☐
Clients are better informed	☐	☐	☐	☐
Clients have become less loyal (more willing to switch banks)	☐	☐	☐	☐
Product offering has become broader and more complex	☐	☐	☐	☐
Competition in the Wealth Management Business has increased	☐	☐	☐	☐
It has become more difficult to recruit good well educated people	☐	☐	☐	☐
Regulatory changes have made client advisory more complex	☐	☐	☐	☐

Other Changes:
_____
_____

---

2. Do you think the Wealth Management Business will become more or less complex in the future and why?

☐ More   ☐ Less

Why?
_____
_____

3. Which future trends do you see in the Wealth Management Business?

	Disagree			Agree
Client needs will become more sophisticated	☐	☐	☐	☐
Clients will be better informed	☐	☐	☐	☐
Clients will become less loyal (more willing to switch banks)	☐	☐	☐	☐
Product offering will become broader and more complex	☐	☐	☐	☐
Competition in the Wealth Management Business will increase	☐	☐	☐	☐
It will become more difficult to recruit good well educated people	☐	☐	☐	☐
Future regulatory changes will make client advisory more complex	☐	☐	☐	☐

Other future trends:

Competition

_____
_____

Market

_____
_____

Clients

_____
_____

Team

_____
_____

4. Do you think the job profile of a Desk Head has changed in the past 5-10 years?

☐ Yes ☐ No

If yes, please give a few examples:

Past Desk Head tasks		Present Desk Head tasks
_____	⇨	_____
_____	⇨	_____
_____	⇨	_____
_____	⇨	_____
_____	⇨	_____

5. What are the tasks you perform as a Desk Head? How important are they for you? How challenging are they?

	Importance unimportant ----- very important				Challenging not at all ------- very challenging			
☐ Client acquisitions	☐	☐	☐	☐	☐	☐	☐	☐
☐ Client advising tasks (own clients)	☐	☐	☐	☐	☐	☐	☐	☐
☐ Reporting to a line manager	☐	☐	☐	☐	☐	☐	☐	☐
☐ Leadership role (e.g. coaching)	☐	☐	☐	☐	☐	☐	☐	☐
☐ Networking within the bank	☐	☐	☐	☐	☐	☐	☐	☐
☐ Networking outside the bank	☐	☐	☐	☐	☐	☐	☐	☐
☐ Planning your desk strategy	☐	☐	☐	☐	☐	☐	☐	☐
☐ Operational tasks (e.g. administration)	☐	☐	☐	☐	☐	☐	☐	☐
☐ _____	☐	☐	☐	☐	☐	☐	☐	☐
☐ _____	☐	☐	☐	☐	☐	☐	☐	☐
☐ _____	☐	☐	☐	☐	☐	☐	☐	☐

6. **Which primary leadership tasks do you have as a Desk Head?**
   How important are they for you? How challenging are they?

	Importance unimportant ----- very important				Challenging not at all ------- very challenging			
☐ Establishing corporate/team culture	☐	☐	☐	☐	☐	☐	☐	☐
☐ Establishing vision & strategy	☐	☐	☐	☐	☐	☐	☐	☐
☐ Setting and reviewing goals (PMM)	☐	☐	☐	☐	☐	☐	☐	☐
☐ Motivating your employees	☐	☐	☐	☐	☐	☐	☐	☐
☐ Coaching your employees	☐	☐	☐	☐	☐	☐	☐	☐
☐ Selecting new employees	☐	☐	☐	☐	☐	☐	☐	☐
☐ _____	☐	☐	☐	☐	☐	☐	☐	☐
☐ _____	☐	☐	☐	☐	☐	☐	☐	☐
☐ _____	☐	☐	☐	☐	☐	☐	☐	☐

7. **Do you regularly coach your employees?**

   ☐ Yes   ☐ No

   Why?
   _____
   _____
   _____ (if you don't coach, go directly to question 12)

8. **Is coaching the most important leadership tool for you?**

   ☐ Yes   ☐ No

   Why?
   _____
   _____
   _____

9. **How frequently do you coach your employees/team?**

	daily	weekly	twice monthly	monthly	quarterly	yearly	never
Support staff:	☐	☐	☐	☐	☐	☐	☐
Client advisor:	☐	☐	☐	☐	☐	☐	☐
Team coaching:	☐	☐	☐	☐	☐	☐	☐

10. **On average, how long are your coaching sessions?**

	< 10 min.	10 – 30 min.	30 – 60 min.	60 – 90 min.	> 90 min.
Support staff:	☐	☐	☐	☐	☐
Client advisor:	☐	☐	☐	☐	☐
Team coaching:	☐	☐	☐	☐	☐

11. What are the key topics you discuss in your coaching sessions with Client Advisors?
How important are they for you? How challenging are the topics to coach?

	Importance unimportant ----- very important	Challenging not at all ------- very challenging
☐ Prospecting	☐ ☐ ☐ ☐	☐ ☐ ☐ ☐
☐ Increase return on assets (RoA)	☐ ☐ ☐ ☐	☐ ☐ ☐ ☐
☐ Increase share of wallet (SoW)	☐ ☐ ☐ ☐	☐ ☐ ☐ ☐
☐ Client retention	☐ ☐ ☐ ☐	☐ ☐ ☐ ☐
☐ UBS client experience	☐ ☐ ☐ ☐	☐ ☐ ☐ ☐
☐ Efficiency optimization	☐ ☐ ☐ ☐	☐ ☐ ☐ ☐
☐ Risk management	☐ ☐ ☐ ☐	☐ ☐ ☐ ☐
☐ Talent development	☐ ☐ ☐ ☐	☐ ☐ ☐ ☐
☐ _____	☐ ☐ ☐ ☐	☐ ☐ ☐ ☐
☐ _____	☐ ☐ ☐ ☐	☐ ☐ ☐ ☐
☐ _____	☐ ☐ ☐ ☐	☐ ☐ ☐ ☐

12. Are you regularly coached by your Line Manager?

☐ Yes   ☐ No

If no, would you like to be regularly coached by your Line Manager?

☐ Yes   ☐ No

13. Would you like to be coached by another coach (not your Line Manager)?

☐ Yes, please choose: ☐ additionally to Line Manager coaching
                          ☐ instead of Line Manager coaching

☐ No
Why? _____
_____ (if no, go directly to question 14)

Frequency of coaching: From whom do you want to be coached?

☐ daily
☐ weekly   ☐ Peer coaching (Desk Head from same Business Sector)
☐ twice monthly   ☐ Peer coaching (Desk Head from other Business Sector)
☐ monthly   ☐ Professional internal coach (UBS)
☐ quarterly   ☐ Professional external coach
☐ yearly   ☐ other _____

14. How important are these key business goals for you as a Desk Head?
How would you rank the importance of these key business goals?

	Importance not important ------------ very important	Rank importance (from 1 highest to 5 least)
Growth	☐ ☐ ☐ ☐	_____
Profitability/efficiency	☐ ☐ ☐ ☐	_____
Quality (e.g. deliver UBS Client Experience)	☐ ☐ ☐ ☐	_____
Risk management	☐ ☐ ☐ ☐	_____
Corporate/team culture	☐ ☐ ☐ ☐	_____
_____	☐ ☐ ☐ ☐	_____
_____	☐ ☐ ☐ ☐	_____

| 15. How important is a structured advisory approach (UBS Client Experience) in your mind? |

	Importance not important ------------ very important				Rank importance (from 1 highest to 4 least)
UBS Client Experience overall	☐	☐	☐	☐	
Understand	☐	☐	☐	☐	_____
Propose	☐	☐	☐	☐	_____
Agree & implement	☐	☐	☐	☐	_____
Review	☐	☐	☐	☐	_____

| 16. Do the Client Advisors in your team proactively live the structured advisory approach?
How challenging do you think is an excellent delivery/implementation for Client Advisors? |

	Proactively lived not lived --------- excellently lived				Challenging not at all --------very challenging			
Understand	☐	☐	☐	☐	☐	☐	☐	☐
Propose	☐	☐	☐	☐	☐	☐	☐	☐
Agree & implement	☐	☐	☐	☐	☐	☐	☐	☐
Review	☐	☐	☐	☐	☐	☐	☐	☐
UBS Client Experience overall	☐	☐	☐	☐	☐	☐	☐	☐

| 17. How strongly linked are a structured advisory approach and business success? |

☐ very strong relationship ☐ strong relationship ☐ weak relationship ☐ no relationship

Why? _____
_____

| 18. Name three key words that describe your own 'team culture': |

1: _____ 2: _____ 3: _____

| 19. Which compensation package would you prefer (for your Desk Head position)? |

☐ 100% fully fixed salary
☐ 90% fixed salary; 10 % performance based salary (package varies between 90 - 112 % of fully fixed salary)
☐ 80% fixed salary; 20 % performance based salary (package varies between 80 - 125 % of fully fixed salary)
☐ 70% fixed salary; 30 % performance based salary (package varies between 70 - 140 % of fully fixed salary)
☐ 50% fixed salary; 50 % performance based salary (package varies between 50 - 170 % of fully fixed salary)
☐ 30% fixed salary; 70 % performance based salary (package varies between 30 - 200 % of fully fixed salary)

| 20. What is your personal 5-year-development-goal in business? |

Please answer if you are **Desk Head**:

☐ Stay Desk Head (no big changes to current situation)
☐ Stay Desk Head and improve rank or role group
☐ Become CT (Country Team) Head
☐ Become BS (Business Sector) Head
☐ other: _____

Please answer if you are **CT (Country Team) Head**:

☐ Stay CT Head (no big changes to current situation)
☐ Stay CT Head and improve rank or role group
☐ Become BS (Business Sector) Head
☐ Become BU (Business Unit) Head
☐ other: _____

| 21. How much time would you as a Desk Head like to invest in education? (days per year) |

☐ no time   ☐ 1-5 days   ☐ 6-10 days   ☐ 11-20 days   ☐ 21-30 days   ☐ more than 30 days

22. How much time did you invest in education the last year?

☐ no time ☐ 1-5 days ☐ 6-10 days ☐ 11-20 days ☐ 21-30 days ☐ more than 30 days

How was the time allocated: ____ % technical skills
(Sum should be 100 %)   ____ % leadership skills
                                 ____ % other, please specify _____

23. Where do you see yourself in terms of strength and weaknesses?

	Weakness			Strength
Establishing corporate/team culture	☐	☐	☐	☐
Establishing vision & strategy	☐	☐	☐	☐
Setting and reviewing goals (PMM)	☐	☐	☐	☐
Motivating your employees	☐	☐	☐	☐
Selecting new employees	☐	☐	☐	☐
Coach Client Advisors in UBS Client Experience implementation	☐	☐	☐	☐
Coach Client Advisors in client acquisition	☐	☐	☐	☐
Coach Client Advisors in client development (increase RoA)	☐	☐	☐	☐
Coach Client Advisors in client retention	☐	☐	☐	☐

24. Choose what describes you best?

I like to see success quickly	☐	or ☐	I see success as a long term process
I'm people oriented	☐	or ☐	I'm results oriented
I like freedom	☐	or ☐	I like discipline
I'm good at networking	☐	or ☐	I'm good at empowering
I'm a "just do it" person	☐	or ☐	I'm a structured thinker
I want to influence results by myself	☐	or ☐	I want to lead others to results

25. What are the key factors for leading a front Desk (team) to success?

_____
_____
_____
_____

26. What advice would you give to new Desk Heads?

Do's	Don'ts
_____	_____
_____	_____
_____	_____
_____	_____
_____	_____

Many thanks
for your commitment in bringing UBS AG another step forward

Anhang 7: Aufbau des Kundenbuches zur Kundenentwicklung (beispielhafte Darstellung)

Kundendaten

Name	Gruppe	Typ
Max Mustermann	Mustermann (Vater)	natürliche Person
Ana Mustermann	Mustermann (Tochter)	natürliche Person
Tom Mustermann	Mustermann (Sohn)	natürliche Person
CQUE 638986		juristische Person
Peter Müller	Müller	natürliche Person
Eva Müller	Müller (Ehefrau)	natürliche Person

Financials

Invested Assets	NNM YTD	Revenues YTD	RoA (bsp) YTD	Gesamtvermögen (geschätzt)	Share of Wallet
24'737'000	1'530'000	225'107	91	80'000'000	31 %
232'000	-15'000	3'666	158	1'000'000	23 %
821'000	0	7'143	87	2'000'000	41 %
35'762'000	5'300'000	332'587	93	350'000'000	10 %
5'390'000	0	51'205	95	8'500'000	63 %
326'000	0	3'358	103	500'000	65 %

Fortsetzung unten

Relationship Profil

Kunde seit	Vermögensentstehung	Kunden-zufriedenheit	Kontakt-häufigkeit
03.05.1995	Unternehmensverkauf	hoch	wöchentlich
21.09.2005	CFO von KMU	mittel	monatlich
21.09.2005	Selbständigkeit	hoch	wöchentlich
07.09.2007	Unternehmensverkauf	mittel	monatlich
06.08.1986	Erbschaft	hoch	monatlich
06.08.1986	Erbschaft	hoch	monatlich

Chancen	Risiken	Sonstiges
breites Netzwerk	Performancesensitiv	Beratungsintensiv
Unzufrieden mit Konkurrenzbank	Performancesensitiv	Sohn studiert BWL
offen für innovative Produkte	Preissensitiv	verfolgt Märkte sehr intensiv
Investment-Banking Bedarf	Performancesensitiv	Begeisterter Segler
vermögende Freunde		
vermögende Freunde		

Fortsetzung unten

Investmentprofil

Typologie	Risiko-toleranz	Mandat	MM / Cash	Anleihen	Aktien	Alternative Anlagen	Andere	Kredit
Beratungskunde	gering	nein	5 %	75 %	14 %	6 %	0 %	0
Verwaltungskunde	mittel	ja	5 %	45 %	35 %	12 %	3 %	0
Aktiver Investor	hoch	nein	3 %	10 %	73 %	11 %	3 %	150'000
Beratungskunde	mittel	nein	4 %	52 %	31 %	8 %	5 %	0
Verwaltungskunde	gering	nein	7 %	73 %	20 %	0 %	0 %	0
Verwaltungskunde	gering	nein	7 %	75 %	18 %	0 %	0 %	0

Nachfolge-regelung	Potential (Financials) NNM	RoA (bsp)	Priorisierung A / B1 / B2 / C
Ja	15'000'000	15	B1
Nein	250'000	0	C
Nein	200'000	20	C
Ja	70'000'000	5	A
Ja	0	40	B2
Nein	0	40	B2

Fortsetzung auf der nächsten Seite

Entwicklungsplan

Entwicklungsfokus 1	nächster Schritt	bis	Unterstützungspartner
Weiterempfehlung	Aktives Fragen nach potentiellen Kunden	31.05.2009	Teamleiter
Kundenbindung	Einladung Event	30.11.2009	Marketing
Verbesserung RoA	Vorstellung strukturierte Aktienprodukte	30.06.2009	Produktspezialist
Share of Wallet	Gemeinsamer Termin mit IB-Kollegen	31.07.2009	Partner aus IB / Teamleiter
Verbesserung RoA	Vorstellung Mandatslösung	31.07.2009	Portfoliomanager
Verbesserung RoA	Vorstellung Mandatslösung	31.07.2009	Portfoliomanager

Entwicklungsfokus 2	nächster Schritt	bis	Unterstützungspartner
Verbesserung RoA	Vorstellung Inflation-Linked Notes	31.05.2009	Produktspezialist
Kundenbindung	Quartalsweiser Performance Review	20.07.2009	Portfoliomanager
Verbesserung RoA	Vorschlag Erhöhung Leverage-Ratio	30.09.2009	Kreditspezialist
Kundenbindung	Einladung zu Alinghi-Event (Segeln)	30.06.2009	Marketing
Weiterempfehlung	Aktives Fragen nach potentiellen Kunden	30.09.2009	Stellvertreter der CA
Wealth Planning	Vorstellung von Nachfolgelösungen	31.12.2009	Wealth Planner

Fortsetzung unten

Anhang 8: Grundlage Einzelkundenentwicklung (UBS AG)

BRG - Grunddaten

Kunde / Prospect   **Kundengruppe**

Kunde / Prospect

Client Advisor   **Typ**

Zusammenfassung – Beziehung / Historie / aktuelle Schwerpunkte

UBS-Profil

AuM bei UBS   CHFm
Lombardkredit   CHFm
RoA   bps

Investmentprofil   MM / Cash   %
                       Obligationen   %
                       Aktien   %
                       Alternative Investm.   %

Client Total Wealth

Wealth Profil   Bankable Assets   CHFm
                       Firmen / Beteiligungen   CHFm
                       Immobilien   CHFm
                       Andere   CHFm
                       Total   **CHFm**

Wealth Background

Sub-Segment
Life Cycle & Jahrgang

Coverage-Profi

Senior-Coverage
Kontakt Kundenseite zu
Kunde bei UBS seit
Ursprung Kundenbeziehung_____   Kontakthäufigkeit _____
Service Modell

Coverage-Profi

Chancen
(Key touch points)

Risiken
(Assets at Risk)

Sonstiges

Fortsetzung auf der nächsten Seite

BRG – Development Plan

Kunde / Prospect

Kundengruppe

BRG Datum

Client Advisor

Kurzfristiges Potential (rolling 12 months)

Net New Money   CHFm
RoA Steigerung   bps

Entwicklungsplan (Strategie)

Entwicklungsfokus

Familie

Finanzen

Fun

Freunde

Andere

Touch Points (Action Plan)

| Priorität & Bereich | Action | bis |

Literaturverzeichnis

Accenture / Universität St. Gallen, Das schweizerische Bankenwesen im Jahr 2010, Zürich / St. Gallen 2004.

Ahrer, B., Coaching für Führungskräfte – Ein Konzept zur thematischen Orientierung und Analyse der Themenwelt im Coaching, Innsbruck 2004.

Albisetti, E. / Gsell, M. / Nyffleler, P., Bankgeschäfte – Leitfaden für das Bankwesen, 4. Auflage, Zürich 1990.

Amtsbaltt der Europäischen Union, Richtlinie 2004 / 39 / EG des europäischen Parlaments und des Rates, 21.04.2004, Brüssel 2004.

Ambtsblatt der Europäischen Union, Richtlinie 2006 / 47 / EG des europäischen Partlaments und des Rates (Neufassung), 14.06.2006, Brüssel 2006.

Anton, J., Customer Relationship Management – Making Hard Decisions with Soft Numbers, New Jersey, 1996.

Auckenthaler, C., Theorie und Praxis des modernen Portfolio-Managements, Bank und finanzwirtschaftliche Forschung, Band 135, 2. Auflage, Bern / Stuttgart 1994.

Austrian Coaching Council, Definition Coaching, www.coachingdachverband.at/coachingdefinition.asp, 08-11-2007.

Backhausen, W. / Thommen, J.-P., Coaching – Durch systemisches Denken zu innovativer Personalentwicklung, 2. Auflage, Wiesbaden 2004.

Bassi, M., Der bankunabhängige Vermögensverwalter, Analyse des Handlungsbedarfs einer möglichen Aufsicht unter Berücksichtigung des amerikanischen und englischen Rechts, Zürich 1996.

Berger, P. D. / Nasr, N., Customer Lifetime Value – Marketing Models and Applications, Journal of Interactive Marketing, Vol. 12, No. 1, 17-30.

Bernet, B., 4. Jahrestagung Bank-IT 2002, 22.-23. Januar 2002, Seminarunterlagen.

Blaas, I., Strategic Options for Traditional Offshore Private Banking – Considering UBS Clients with Tax Domicile Germany, Zürich 2005.

Blattner, N., Wealth Management als Kernkompetenz, in: Neue Zürcher Zeitung, Sonderbeilage Privatbanken, Zürich 16. Mai 2000, B5.

Blum, C., Integration nicht-traditioneller Assets in die Vermögensverwaltung von High Networth Individuals, Bern 1997.

Burns, C. / Meyer-Bullerdiek, F., Professionelles Portfoliomanagement, Stuttgart 2000.

Bortz J. / Döring N., Forschungsmethoden und Evaluation für Human- und Sozialwissenschaftler, 3. Auflage, Berlin 2002.

Boston Consulting Group, Searching for Profitable Growth – Global Wealth 2005, Boston 2005.

Boston Consulting Group, Taking the Client's Perspective – Global Wealth 2006, Boston 2006.

Boston Consulting Group, Tapping Human Assets to Sustain Growth – Global Wealth 2007, Boston 2007.

Boston Consulting Group, A Wealth of Opportunities in Turbulent Times – Global Wealth 2008, Boston 2008.

Bouncken, R., Vertrauen – Kundenbindung – Erfolg? Zum Aspekt des Vertrauens bei Dienstleistern, in: Bruhn, M. / Stauss, B. (Hrsg.), Dienstleistungsmanagement, Wiesbaden 2000, 3-22.

Bullinger, H.-J. / Bamberger, R. / König, A., Customer Care Center professionell managen – Strategien – Erfolgsfaktoren - Praxisbeispiele, Wiesbaden 2003.

Bussey, M., Industry Conference: The Future of Private Banking, London 28.11.2001.

Büttgen, M., Recovery Management, in: Die Betriebswirtschaft, Jg. 61, Nr. 3, 397-401.

Capgemini Consulting, Demographische Trends 2007 – Analyse und Handlungsempfehlungen zum Demographischen Wandel in deutschen Unternehmen, Frankfurt 2007

Capgemini Financial Services, Client retention, cost management & competitive framework of Private Wealth Managers, Rosemont 2007.

Chambers, E. G. / Foulon, M. / Handfield-Jones, H. / et al., The War for Talent, in: The McKinsey Quaterly, 03 / 1998, 44-57.

Citigroup Private Bank – New Perspectives on Wealth Management – A survey of the World's Wealthiest Families, Executive Summary, New York 2006.

Clariden Leu, Beratungsprozess, http://www.claridenleu.com/index.cfm?fuseaction= info.beratungsprozess&lang=de&cfid=674993&cftoken=13798450,30.05.2009.

Cocca T. D., Schweizerisches Private Banking – Markt in Wachstums- oder Reifephase?, in: Der Schweizer Treuhänder, Zürich 04 / 2005.

Cocca, T. D., Die Reputation ist das höchste Gut, in: Solutions – Management Wissen für die Praxis, Zürich 12 / 2006, 8-9.

Cocca, T. D., Modernes Private Banking – Zehn Thesen zur Entwicklung und Perspektiven der Vermögensverwaltung, in: Helmut Pernsteiner (Hrsg.), Finanzmanagement aktuell – Unternehmensfinanzierung, Wertpapiermanagement / Kapitalmarkt, Bank / Versicherung, Wien 2008, 681-712.

Cocca, T. D., Private Banking ist wie Dating, in: Profil Extra, 09 / 2008, 62-63.

Cocca, T. D., Kunden wollen vom Berater Navigationshilfe, in: Handelszeitung, Nr. 4, 21.-27.01.2009.

Cocca, T. D. / Berner, T. / Schmid, S., Kundenbindung – persönliche Beratung ist Trumpf, in: Denaris, 02 / 2008, 43-45.

Cocca, T. D. / Geiger, H.; The International Private Banking Study 2007, Zürich 2007.

Cocca, T. D. / Siebenthal, P. / Volkart, R., Schweizer Private Banking Kunden – Eine Kundenbefragung, mit speziellem Fokus auf die Kundenberatung und das Internet, Zürich 2009.

Copeland, T. / Weston, J. F. / Shastri K., Financial Theory and Corporate Policy, 4. Auflage, New York 2005.

Cornelsen, C. Kundenwertanalyse im Beziehungsmarketing, Nürnberg 2000.

Credit Suisse Group, Geschäftsbericht 2001, Zürich 2002, 11.

Credit Suisse Group, Schweiz muss Eigenständigkeit bewahren, Interview von Oswald J. Grübel und Daniel Huber vom 28.10.2003, http://emagazine.creditsuisse.com/app/article/index2.cfm?fuseaction=OpenArticlePrint&aoid=39552&lang=DE., 19.03.2007.

Credit Suissse Group, Beratungsprozess, https://entry.credit-suisse.ch/csfs/p/b2c/de/privatebanking/services/ber_prozess/index.jsp, 30.05.2009.

Credit Suisse Group, Finanzkonzept, https://entry.credit-suisse.ch/csfs/p/b2c/de/privatebanking/services/ber_prozess/finanzkonzept/finanzkonzept.jsp, 10.03.2008.

Datamonitor, Customer Acquisition and Retention in European Wealth Management 2006, London 2006.

Datamonitor, Global Wealth Predictions 2007, New York 2006.

Datamonitor, Global Wealth Predictions 2008, New York 2007.

Datamonitor, Wealth Management in Switzerland, London 2006.

Datamonitor, Wealth management business models in 20 years – the long term view, New York 2006.

Deutsche Bank, Unsere Beratungsphilosophie, http://www.db.com/pwm/de/our-approach-ldg.html, 30.05.2009.

DRS 1, Radiointerview „Schweizer Bankgeheimnis unter starkem Druck", http://www.drs.ch/lib/player/radio.php?audiourl=rtsp://audio.drs.ch/drs1/echoderzeit/2009 / 090219_echo_ganzeSendung_00.mp3&sh=10071909, 19.02.2009, 18:00-18:45.

Eberle-Haeringer, B., Die unbeschränkte Haftung im Private Banking – Eine ökonomische Analyse am Beispiel der schweizerischen Privatbankiers, Zürich 2004.

Ehlern, S., Global Private Wealth Management: An international study on Private Wealth Management and Family Office Services for Ultra-High Net Worth Individuals, London / Zurich 2007.

Eidgenössische Bankenkommission, Verordnung der Eidgenössischen Bankenkommission zur Verhinderung von Geldwäscherei, Bern 2002.

Emch, U. / Renz, H. / Bösch, Arpagaus, R., Das Schweizerische Bankgeschäft, 6. Auflage, Zürich 2004.

Engelbach, W. / Meier, R., Customer Care Management, Wiesbaden 2001.

Eschenbach, S., Wenn Kunden ihrer Bank vertrauen, Wien 1997.

Euromoney, Private Banking Poll 2008 – UBS tops 2008 Private Banking poll for the 5th consecutive year, Vol. 39, Nr. 465, 01 / 2008.

Euromoney, Private Banking Poll 2009 – Testing times shake up the old hierarchy, Vol. 40, Nr. 478, 02 / 2009.

Föhn, P., Kundenwert im Private Banking, Zürich 2006.

Galasso, G., Retention Marketing im Private Banking – Theoretische und empirische Analyse des Kundenbindungsmarketing im schweizerischen Private Banking, Bern 1999.

Geser, P.-W., Systematisches Coaching, in: Papmehl, A. / Walsh, I. (Hrsg.): Personalentwicklung im Wandel, Wiesbaden 1991, 103-117.

Grübel, O. J., Referat zur ordentlichen Generalversammlung vom 15. April, Zürich 2009, http://www.ubs.com/1/e/investors/agm/2009/speeches.html, 15.04.2009.

Hafner, N., Servicequalität des Telefonmarketing, Wiesbaden 2001.

Hansen, U / Jeschke, K., Nachkaufmarketing, in: Diller, H. (Hrsg.), Vahlens Großes Marketinglexikon, München 1992.

Held, H. K., Moderne Führung im Private Banking – Flexible Organisationsformen, Bern 1999.

Hess, H., Private Banking – Eine Herausforderung für die Kantonalbanken?, Bern 2001.

Hofmann, M. / Mertiens, M., Customer-Lifetime-Value-Management, Wiesbaden 2000.

Homburg, C. / Giering, A. / Hentschel, F., Der Zusammenhang zwischen Kundenzufriedenheit und Kundenbindung, in: Bruhn, M. / Homburg, C. (Hrsg.), Handbuch Kundenbindungsmanagement, Wiesbaden 2003, 81-111.

Homburg, C. / Bruhn, M., Kundenbindungsmanagement – Eine Einführung in die theoretischen und praktischen Problemstellungen, in: Homburg, C. / Bruhn, M. (Hrsg.), Handbuch Kundenbindungsmanagement, Wiesbaden 2003, 3-35.

Horx-Strathern, O., War for Talents. Die neue Arbeitswelt und die Personalpolitik der Zukunft. Eine Studie des Zukunftsinstituts von Matthias Horx, Bonn 2001.

Hug, P., Der Wandel vom Anlageberater zum Wealth Manager, Zürich 2006.

Hügli, B., Das Idealprofil des Private Bankers – Der Wandel vom Anlageberater zum Relationship Manager, Bern 1999.

Hürzeler, H. / Basler, S. K., The New Wealth in Private Banking – Managing and Linking the Segments, in: Swiss Banking School / Swiss Finance Institute, Discussion Paper No. 2, Zürich 2002.

Hürzeler, H. / Stapfer, P., Verändertes Anforderungsprofil des Private Banker, in: NZZ, 10-05-2005, Zürich 2005.

IBM Business Consulting Sevices, European Wealth and Private Banking Industry Survey 2003, London 2003.

IBM Business Consulting Services, European Wealth and Private Banking Industry Survey 2005, London 2005.

Ineichen, A. M., Absolute Returns: The Risk and Opportunities of Hedge Fund Investing, New York 2003.

Ineichen, A. M., Asymmetrische Renditen und aktives Risikomanagement – Ein Paradigmenwechsel im Asset Management, in: Busack, M. / Kaiser, D. G. (Hrsg.): Handbuch Alternative Investments, Wiesbaden 2006, 35-56.

Integrationsbüro Eidgenössisches Departement für auswärtige Angelegenheiten / Eidgenössischen Volkswirtschaftsdepartement, Bilaterale Abkommen II Schweiz – Europäische Union, Basel 2005.

John, A., Zum Einfluss der Führungsqualität auf die menschliche Zuverlässigkeit in Teamstrukturen sozio-technischer Systeme, Cottbus 2007.

Karg, M., Kundenakquisition als Kernaufgabe im Marketing, St. Gallen 2001.

Koch, M., Akquisition neuer Zielgruppen – Integriertes Management von Akquisitions- und Spill-Over-Potentialen, St. Gallen 2006.

Koot, C., Kundenloyalität, Kundenbindung und Kundenbindungspotential – Modellgenese und empirische Ueberprüfung im Retail Banking, München 2005.

Koye, B., Private Banking im Informationszeitalter – Eine Analyse der strategischen Geschäftsmodelle, Zürich 2004.

KPMG, Beyond the baby boomers – the rise of Generation Y, 07 / 2007.

Krauss, P. J., Financial Planning in der Praxis – Private Finanzplanung erfolgreich umsetzen, Wiesbaden 2006.

Leone, D., Der Wealth-Management-Teamleiter im Spannungsfeld von Leadership und Management. Erfolgsfaktoren und Entwicklungsdimensionen, Zürich 2005.

Lips, T., Welche Rolle für die Auslandsbanken in der Schweiz, in: Schmid, C. / Varnhold, B. (Hrsg.): Finanzplatz Schweiz – Probleme und Zukunftsperspektiven, Zürich 1997, 109 – 142.

Maag-Ivanova, A., Auswirkungen des Internet auf die Kundenberatung im Private Banking, St. Gallen 2004.

Magicato, R., Customer Relationship Management in Banken, Zürich 2000.

Markowitz, H. M., Portfolio Selection, in: Journal of Finance 7 / 1952, 77-91.

Markowitz, H. M., Portfolio Selection – Die Grundlagen der optimalen Portfolio-Auswahl, München 2008.

Mathys, S., Der Kunde neigt zum Seitensprung, in: Schweizer Bank, Nr. 5 / 1998, 40 – 41.

Maude, D., Global Private Banking and Wealth Management, New York 2006.

Major International Private Banks, Global Anti-Money-Laundering Guidelines for Private Banking – Wolfsberg AML Principles (1st revision), Wolfsberg 2002.

McKinsey & Company, Private Banking Survey 2006 – Winning the marathon for profitable growth, Zürich 2006.

McKinsey & Company, Private Banking Survey 2007 – Rising bar for profitable growth, Paris 2007.

Meier, C. / Dammann, V., Schweizer Vermögensverwalter vor neuen Herausforderungen – Vontobel Equity Research Switzerland, Zürich 05 / 2004.

Mercer Oliver Wyman, European Wealth Management Survey 2004 – Wealth Management Strategies for Success, London 2005.

Merrill Lynch, Advise & Market Intelligence, http://www.individual.ml.com/index.asp?id=15261_15410_15416, 30.05.2009.

Merrill Lynch / Capgemini, Relationship Manager Survey, New York 03 / 2006.

Merrill Lynch / Capgemini, World Wealth Report 2004, New York 2004.

Merrill Lynch / Capgemini, World Wealth Report 2005, New York 2005.

Merrill Lynch / Capgemini, World Wealth Report 2006, New York 2006.

Merrill Lynch / Capgemini, World Wealth Report 2007, New York 2007.

Merrill Lynch / Capgemini, World Wealth Report 2008, New York 2008.

Michalski, S., Kundenabwanderungs- und Kundenrückgewinnungsprozesse, Wiesbaden 2002.

Miller, J. L. / Craighead, C. W. / Karwan, K. R., Service Recovery. A Framework and Empirical Investigations, in: Journal of Operations Management, Vol. 18, 2000, 387-400.

Morgan Stanley, Your Financial Advisor, http://www.morganstanleyindividual.com/customerservice/yourfa/, 30.05.2009.

Müller, W. / Riesenbeck, H.-J., Wie aus zufriedenen auch anhängliche Kunden werden, in: Havard Manager, 13 (3), 1991, 67-79.

Nigsch, M., Customer Valuation. Kategorisierung, Beschreibung und Bewertung ausgewählter Ansätze zur Messung des Kundenwertes, Witten / Herdecke 2005.

NorthStar, Wealth Management Trends Survey Results 2008, New York 2008, http://www.northstar.com/news/media/NorthStar_2008_WM_Trends_Survey_Results.pdf, 08.12.2008.

Obrist, P., Wertorientierte Führung im Private Banking – Eine anwendungsorientierte finanzwirtschaftliche Untersuchung moderner Ansätze, Bern 1999.

Oliver, R. L., Satisfaction. A behavioral perspective on the consumer, New York 1997.

Oliver Wyman - Financial Services, The Future of Private Banking: A Wealth of Opportunity?, London 2008.

O.V., Abgeflossene Gelder kommen zurück, in: Tages Anzeiger, 25.10.2003, 25.

Pechlaner, H., Private Banking – Eine Wettbewerbsanalyse des Vermögensverwaltungs- und Anlageberatungsmarktes in Deutschland, Österreich und der Schweiz, Zürich 1993.

Pfeffer, J., Power Management, Wien 1992.

PriceWaterhouseCoopers, European Private Banking Survey 1996 - An Examination of the Key Trends, Challenges and Opportunities facing Private Banks in Europe towards the Millenium and Beyond, London 1996.

PriceWaterhouseCoopers, Client Relationship Managers – the key to outgrowing the market, Further Analysis – Global Private Banking / Wealth Management Survey, Zürich 2006.

PriceWaterhouseCoopers, Global Private Banking / Wealth Management Survey 2005, Zürich 2005.

PriceWaterhouseCoopers, Global Private Banking / Wealth Management Survey 2007, Zürich 2007.

Prinz, P., Strategische Angebotsgestaltung im Private Banking – Eine systemorientierte Betrachtung der Private Banking-Marktleistung, St. Gallen 2001.

Purushothaman, R. / Wilson, D., Dreaming with BRICs: The Path to 2050, Goldman Sachs, New York 2005.

Rauen, C., Handbuch Coaching, 3. Auflage, Göttingen 2005

Reichheld, F., Lernen Sie von abtrünnigen Kunden, was Sie falsch machen, in: Harvard Business Manager, 02, 1997, 57-68.

Reichheld, F. / Sasser, E. W., Zero-Migration – Dienstleister im Sog der Qualitätsrevolution, in Havard Manager, 13 (4), 1991, 108-116.

Reinecke, S. / Sipötz, E. / Wiemann E.-M., Total Customer Care – Kundenorientierung auf dem Prüfstand, Wien 1998.

Riegler, C. E., Kunden- und ertragsorientierte Ansätze der Preisgestaltung für Beratungsleistungen im Private Banking, Basel 2005.

Robert, A., Ein Teamleiter trägt die Verantwortung, seine Kundenberater zu entwickeln, in: UBS AG, TOPics, http://bw.ubs.com/page/print/1,1209,379-235546-2-0,00.shtml, 21.07.2006.

Rudolf, M., Berufsbild „Private Banker", in: Unternehmermagazin 1 / 2 2007, 48-49.

Rutsatz, U., Kundenrückgewinnung durch Direktmarketing, Wiesbaden 2004.

Sauerbrey, C., Studie zum Customer Recovery Management von Dienstleistern, Arbeitspapier 45, Hannover 2000.

Sauerbrey C. / Henning, R., Kunden-Rückgewinnung – Erfolgreiches Management für Dienstleister, München 2000.

SBVg, The World of Swissbanking, Basel 2002a.

SBVg, Vereinbarung über die Standesregeln zur Sorgfaltspflicht der Banken (VSB 03), Basel 2002b.

SBVg, Der schweizerische Bankensektor, Basel 2004.

SBVg, Der schweizerische Bankensektor, Basel 2006.

SBVg, Wealth Management in Switzerland – Industry Trends and Strategies, Basel 2007.

SBVg, Wealth Management in Switzerland, Basel 2009.

Schäfer, H., Die Erschließung von Kundenpotentialen durch Cross-Selling, Wiesbaden 2002.

Schäfer, H. / Karlshaus, J. / Sieben, F., Customer Recovery. Profitabilität durch systematisches Rückgewinnen von Kunden, in Absatzwirtschaft, 2000, Jg. 43, Nr. 12, 56-64.

Schäfer, M., Der Kunde im Mittelpunkt des Private Banking, in: Künzel, H. (Hrsg.), Handbuch der Kundenzufriedenheit, Berlin 2005, 323-345.

Schierenbeck, H., Private Banking in der Schweiz – Märkte, Kunden, Geschäftskonzeptionen, in: Baseler Bankenstudien (Hrsg.): Private Banking – Die Herausforderung für den Finanzplatz Schweiz, Bern 1998, 3–51.

Schmidt, M., Zufriedenheitsorientierte Steuerung des Customer Care – Management von Customer Care Partnern mittels Zufriedenheits-Service Level Standards, Wiesbaden 2007.

Schmitt, A., Total & Absolute Return-Fonds in Deutschland, in: Moritz G. (Hrsg.): Handbuch Finanz- und Vermögensberatung, Wiesbaden 2004, 53-76.

Schüller, A. M., Come back! Wie Sie verlorene Kunden zurückgewinnen, Zürich 2007.

Schumacher, J. / Meyer, M., Customer Relationship Management strukturiert dargestellt, Berlin 2004.

Schweizerische Eidgenossenschaft, Bundesgesetz zur Bekämpfung der Geldwäscherei im Finanzsektor, Bern 1997.

Schweizerische Eidgenossenschaft, Bundesgesetz zum Zinsbesteuerungsabkommen mit der Europäischen Gemeinschaft, Bern 2004.

Sharpe, W. F., Capital Asset Prices – A Theory of market equilibrium under conditions of risk, in: Journal of Finance, 19 / 1964, 425-442.

Sieben, F., Rückgewinnung verlorener Kunden, Wiesbaden 2002.

SNB, Die Banken in der Schweiz 2007, Zürich 2008.

Stahl, K. / Eichen, S. / et al., Kundenzufriedenheit und Kundenwert, in: Hinterhuber H. / Matzler, K. (Hrsg.): Kundenorientierte Unternehmensführung, 4. Auflage, Wiesbaden 2004, 243-262.

Statistisches Bundesamt, Sterbetafel für Deutschland, Wiesbaden 2007, http://www.destatis.de/jetspeed/portal/cms/Sites/destatis/Internet/DE/Content/Statistiken/Bevoelkerung/GeburtenSterbefaelle/Tabellen/Content100/SterbetafelDeutschland,templateId=renderPrint.psml, 08.04.2008.

Stauss, B., Rückgewinnungsmanagement, Verlorene Kunden als Zielgruppe, in: Bruhn, M.; Stauss, B., Wiesbaden 2000.

Stauss, B. / Fiege, C., Kundenwertorientiertes Rückgewinnungsmanagement, in Günter, B. / Helm, S. (Hrsg.): Kundenwert. Grundlagen – Innovative Konzepte – Praktische Umsetzungen, 2. Auflage, Wiesbaden 2003, 523-544.

Stauss, B. / Seidel, W., Beschwerdemanagement, Unzufriedene Kunden als profitable Zielgruppe, 4. Auflage, München 2007.

Simonovic, B., Bewertung von Vermögensverwaltungsinstituten, Zürich 2003.

Swiss Private Banking Guide 2006, Zürich 2006.

Thomas, J. S. / Blattberg, R. C. / Fox, E. J., Recapturing Lost Customers, in: Journal of Marketing Research, Vol. 41, 2004, 31-45.

Tilmes, R., Financial Planning im Private Banking – kundenorientierte Gestaltung einer Beratungsdienstleistung, Uhlenbruch 2001.

Tomczak, T. / Dittrich, S., Erfolgreich Kunden binden – Eine kompakte Einführung, Zürich 1997.

Tomczak, T. / Dittrich, S., Kundenbindung – bestehende Kundenpotentiale langfristig nutzen, in: Hinterhuber, H. / Matzler, K. (Hrsg.): Kundenorientierte Unternehmensführung, Wiesbaden 1999, 61-83.

Tomczak, T. / Karg, M., Grundstrategien der Kundenakquisition, in Thexis 1999, 16. Jg., Heft 2, 4 – 8.

Tomczak, T. / Reinecke, S., Best Practice in Marketing – Auf der Suche nach Marketing-Spitzenleistungen, in: Tomczak, T. / Reinecke, S. (Hrsg.): Best Practice in Marketing – Erfolgsbeispiele zu den vier Kernaufgaben im Marketing, St. Gallen / Wien 1998, 9 – 34.

UBS AG, Jahresbericht 2002, Zürich 2003.

UBS AG, Unser Beratungsansatz. Im Zentrum stehen Sie und Ihre Bedürfnisse, Zürich 2004.

UBS AG, Talententwicklung – Aus eigenem Anbau, in: Our Times, Zürich 2006a.

UBS AG, Wealth Management Campus – Asia Pacific, Learning & Leadership in Asia Pacific, Ausgabe 1 / September (Newsletter), Zürich 2006b.

UBS AG, Product Information / Product House – Wealth Management Schweiz HNWI, Zürich 2007a.

UBS AG, Global Wealth Management & Business Banking – Strategy, Zürich 2007b, 3.

UBS AG, Cold Calling – Direkte Ansprache von Neukunden (interne Publikation), Zürich 2007c.

UBS AG, Kunden-Risikoprofil und Portfolio-Risikoprofil, Version 1.2., Zürich 2007d, 3.

UBS AG, UBS Mandatslösungen (interne Publikation), Zürich 2007e.

UBS AG, Investment Research, Q-Series ®: Swiss Private Banking, Zürich 2007f.

UBS AG, Unser Beratungsansatz, http://www.ubs.com/1/g/ubs_ch/wealth_management_switzerland/relationship/advisory_approach.html, 30.05.2009, Zürich 2008a.

UBS AG, Geschäftsbericht 2007, Zürich 2008b.

UBS AG, Client Solutions Special, Nr. 7, 28.01.2008, Zürich 2008c.

UBS AG, UBS Portfolio Management – Classic, Referenzwährung EUR, Stand per 30.09.2008, Zürich 2008d.

UBS AG, New Client / Defection Survey (interne Publikation), Zürich 2008e.

UBS AG, BankUnit Global OrgChart, 23.04.2009, Zürich 2009a.

UBS AG, Geschäftsbericht 2008, Zürich 2009b.

UBS Wealth Management – Das Magazin für Anleger, Ausgabe April 2008 (Schweiz), Eine Frage des Stils – Absolut, Relativ, Total, Zürich 2008.

Verwilghen, N. S., Kundensegmentierung, Risikodialog und Risikomanagement für gehobene Privatkunden – eine Betrachtung aus finanzmarktökonomischer Sicht, Bank- und finanzwirtschaftliche Forschungen, Band 244, Bern / Stuttgart 1997.

Walbert, G., Der Erfolgsfaktor Marke im Private Banking aus Sicht des Markeninhabers - Eine auf theoretischen Grundlagen basierende sowie empirische Analyse des Private Banking-Geschäfts der in der Schweiz ansässigen Bankinstitute, Zürich 2006.

Whitmore, J., Coaching für die Praxis – Eine klare, prägnante und praktische Anleitung für Manager, Trainer, Eltern und Gruppenleiter, Frankfurt 1994.

Wöhle, C. B., Private Banking in der Schweiz – Geschäftspolitische Ansätze zur Kunden und Ertragsorientierten Steuerung, Bern 1999.

Zeltner, J., Globalisierung und Integration als Antwort auf wachsende Herausforderungen im Wealth Management, in: Spreiter, M. (Hrsg.), Private Banking – Kundenbindung und Ertragssteigerung in der Praxis, Wiesbaden 2006.

Zenker, C. A., Relationship Equity im Private Banking, St. Gallen 2006.

Zimmermann, C., Bankmarketing im Anlagegeschäft mit institutionellen Kunden, Bank- und finanzwirtschaftliche Forschungen, Band 224, Bern / Stuttgart 1996.

Von der Promotion zum Buch

WWW.GABLER.DE

Sie haben eine wirtschafts- wissenschaftliche Dissertation bzw. Habilitation erfolgreich abgeschlossen und möchten sie als Buch veröffentlichen?

Zeigen Sie, was Sie geleistet haben.
Publizieren Sie Ihre Dissertation als Buch bei Gabler Research.
Ein Buch ist nachhaltig wirksam für Ihre Karriere.
Nutzen Sie die Möglichkeit mit Ihrer Publikation bestmöglich sichtbar und wertgeschätzt zu werden – im Umfeld anerkannter Wissenschaftler und Autoren.
Qualitative Titelauswahl sowie namhafte Herausgeber renommierter Schriftenreihen bürgen für die Güte des Programms.

Ihre Vorteile:

- Kurze Produktionszyklen: Drucklegung in 6-8 Wochen
- Dauerhafte Lieferbarkeit print und digital: Druck + E-Book in SpringerLink Zielgruppengerechter Vertrieb an Wissenschaftler, Bibliotheken, Fach- und Hochschulinstitute und (Online-)Buchhandel
- Umfassende Marketingaktivitäten: E-Mail-Newsletter, Flyer, Kataloge, Rezensionsexemplar-Versand an nationale und internationale Fachzeitschriften, Präsentation auf Messen und Fachtagungen etc.

▶ Möchten Sie Autor beim Gabler Verlag werden? Kontaktieren Sie uns!

Ute Wrasmann | Lektorat Wissenschaftliche Monografien
Tel. +49 (0)611.7878-239 | Fax +49 (0)611.7878-78-239 | ute.wrasmann@gabler.de

KOMPETENZ IN SACHEN WIRTSCHAFT   GABLER